対中外交の蹉跌

上海と日本人外交官

在上海日本国総領事
片山和之 著

日本僑報社

まえがき

２０１５年、筆者は上海在勤を命ぜられ、同年8月に総領事として赴任した。中国生活は5回目であったが、過去4回とも北京であったので、江南の地である上海に赴くのは初めてであった。戦時中の最盛期には10万人に上る在留邦人が住んでいた町である。ここは、中国、そして日本を含む欧米列強の利害が渦巻き、政治、経済、外交、軍事、諜報、文化、芸術、宣伝、更には闇世界に関わる様々な人物が交錯する、正に「魔都」という名に相応しい都市であった。そして、戦前期日本の対中外交の蹉跌の跡も、ここ上海を舞台に多く残されている。

戦前の旧制高校における教養主義教育が、ある種の懐古的思いを含んで時折語られることがある。その復活を唱える声も聞かれる。確かに、将来のエリートを半ば約束された特権的な学生が、10代後半から20代前半の多感な青春の時期に、寮生活をしながら哲学、思想、文学や外国語を、優れた教師や書物から徹底的に学び、同級生や先輩・後輩と語り合い、人生や恋に悩み、社会や国家のことを考え、時には羽目を外し、生きることの意義や社会のあるべき姿につき深く思索した旧制高校での自由と自治の学生生活は、彼らの人生観を深いところで形成し、人間性を磨き、知識と教養を身につける上で大きな役割を果たしたであろうことは疑いもないであろう。

旧制高校・帝国大学は、一高・東京帝大法科を中心に、本書で触れる外交官を含め、戦前の高級官僚や政治・経済の指導者を輩出して来た文官のエリート・コースであった。明治憲法下で「天皇の官吏」であった彼ら高級官僚は、強烈な選民意識を有し、「全体の奉仕者」である現憲法下の1種（総合職）公務員に比べても、政治家との関係や社会的地位、権力の行使や権威の象徴といった様々な面で遙かに高い地位を享受していた。

しかし、このような教養主義教育を受けた彼ら文官エリートは、結局、陸軍士官学校・陸軍大学や海軍兵学校・海軍大学を卒業した武官エリートである高級軍人、特に陸軍の大陸での暴走を押しとどめることができず、日本の進路を正しく導くことに失敗した。これら文官エリートが、国家の命運を決する重大な局面において、正しい判断と政策の選択を主導し、実行する力を有しなかった一事をもってしても、戦前の旧制高校における教養主義エリート教育が成功したとは残念ながら言えないであろう。

上海は、戦前の中国において、日本の対中外交上の一大拠点であった。総領事館と共に、公使館（1935年以降は大使館）事務所も併置され、南京国民政府を承認して以降は、公使や大使も上海に常駐して、必要な場合に南京に赴くことが多かった。ここには、中国の専門家であるか否かを問わず、外務省の優秀な外交官が派遣されていた。彼らの中には、中国及び欧米列強との国際協調主義を基調とする伝統的な霞ヶ関正統外交の信望者も少なくなかったはずである。

それでは、なぜ、彼らは、中国との関係を外交的にマネージできず、軍、特に陸軍に翻弄され、あるいは、同調し、場合によっては先行さえすることによって、明治の開国以来、近代日本が血と汗をもって営々として築き上げて来た遺産を崩壊させてしまったのか。戦前期上海で活動した代表的な日本人外交官の足跡を辿ることによって、霞ヶ関外交の果たした役割と限界、そして蹉跌の背景を考えてみたい。

なお、本書の内容は個人的見解であり、筆者の属する組織を代表するものでないことを予め断っておく。

また、本文中には、今日の一般的な国際慣習に照らして、不当・不適切と思われる語句や表現があるが、当時の日本における時代背景や歴史的文脈を考え合わせ、表記をそのままとさせていただいた。特段他意はない点を、ここに申し添えたい。

もくじ

まえがき……3

❖第一章　私と中国、そして上海

1　外務省を志したきっかけ……9
大学時代の思い出／外交官試験への挑戦

2　私と中国の関わり……18
外務省入省／通算5度の中国赴任／大使館外交官補時代／大使館二等書記官時代／大使館一等書記官時代／大使館経済公使時代／上海総領事時代

3　初めての上海訪問……43

4　上海（中国）と郷里福山……46
歩兵第41連隊／影佐禎昭／今井武夫／森下博と仁丹／戦後の文化・経済交流

5　上海内山書店と福山との縁……67

第二章　上海租界の発展と日本

1　上海の歴史……74
2　戦前期上海と日本の関係……77
3　上海東亜同文書院……84
4　上海と日本人ジャーナリスト……92
尾崎秀実／松本重治
5　上海のユダヤ難民と日本人……114
上海におけるユダヤ人／日本の対ユダヤ人政策／上海ユダヤ難民記念館／日本とユダヤ人、そして中国
6　韓国人の「聖地」上海……125
大韓民国臨時政府／天長節爆弾事件

第三章　戦前期上海と日本人外交官

1　戦前の上海総領事館……133
2　上海と日本人外交官……136
船津辰一郎／有吉明／芳澤謙吉／松岡洋右／佐分利貞男／有田八郎／重光葵／石射猪太郎／堀内干城／須磨弥吉郎／岩井英一
3　日本人外交官の挫折と教訓……250

第四章　最近の上海と日本

1　戦後の上海総領事館と個人的思い出……258
杉本信行総領事／加山泰書記官
2　現総領事公邸の歴史……266
総領事公邸の由来／総領事公邸と豊田佐吉邸の関係／豊田佐吉邸跡＝現在の上海新村
3　天皇皇后両陛下の上海御訪問……275
4　上海と日本の今……283

第五章　今後の日本外交と中国

1　私と戦後日本社会の発展過程……293
2　最近の日中関係……295
3　今後の日中関係……297
引っ越しのできない隣人関係／戦略的互恵関係の推進／世論外交の重要性／脆弱さを残す日中関係／冷静・客観的な中国分析の必要性／基本的価値や体制を異にする国／中国との差別化／内向き志向の打破

あとがき……306
外務大臣・中国大使（公使）・上海総領事歴任表……322
その他の在中国公館長歴任表（戦後）……319
戦前期上海関連年表……327
人名索引……332

第一章　私と中国、そして上海

1．外務省を志したきっかけ

大学時代の思い出

著者が子供の頃は、外国イコール欧米の時代であり、憧れの対象はもっぱら西欧社会であった。中波ラジオのチューニング時に時折流れてくる中国語や韓国語の放送は、子供心になぜか奇妙で滑稽な発音とイントネーションを持った不思議な言葉として記憶に残っている。英語やフランス語を話す人を単純に格好良いと思っていた。

京都にある大学の法学部に入学したが、もともと中学時代から英語は好きな科目であった。しかし、高校時代まで広島の田舎育ちで、外国人と英語で会話する機会は当時全くなく、大学に入ってから何とか実践で使って見たいとの思いが強くなった。そこで、1年生の時に米国カンザス州から、また2年目からはワシントン州シアトルから来日した若い米国人宣教師宅に通って、聖書を通じて英語でのコミュニケーションを学んだ。そのことがきっかけで、国際関係や異文化コミュニケーションに関心を強く持ち始めた。

ちなみに、2014年に話題になった「STAP細胞」問題に関連して自死した笹井芳樹理化学研究所発生・再生科学総合研究センター副センター長は、当時医学部の学生で、一緒に聖書と英語を学んだ仲間であった。大学卒業後、再会することはなかったが、36歳の若さで京大教授となり、遺伝子研究分野の世界的権威となっていたことは、畑違いのせいか知らなかったが、余りに悲しすぎる最期であった。

筆者の大学時代の思い出に戻れば、大学1年の夏休みに1ヶ月程、北海道根室の農家に住み込み、援農アルバイトをしたことがあった。約100ヘクタールの牧場に乳牛約100頭を飼育する酪農家であった。その際に、住み込み先の村山久郎さんという御主人が、戦前拓殖大学でロシア語を学び、当時社会党の北方領土墓参団に通訳として同行し、また、自宅ではソ連共産党機関誌「プラウダ」を購読していたインテリゲンチャであった。晴れた日には国後を望める場所から、当時の日ソ関係について二人で議論したことも国際関係への自分の関心を誘ってくれた。

いずれ、海外に行ってみたいと思いはしたが、当時、「地球の歩き方」が1979年に創刊され、大学卒業旅行や夏休み・春休みの個人旅行で海外に行く学生が増え始めた頃ではあったものの、貧乏学生であったので、なかなか実現も難しかった。そこで、なんとか安く海外に旅行したり、留学したりする方法はないものかと考えていたところ、下宿の大家さんから、むかし、この下宿に大学卒業後に外務省に入った学生がいたが、在学中に政府の主催する青年交流事業に参加して東南アジアに何ヶ月か出かけていたという話を聞いた。調べてみると、当時の総理府青少年対策本部が実施していた、「東南アジア青年の船」であった。

現在は制度が変更しているが、当時は参加青年が実質負担する費用は一切なかった。この事業は、1974年1月に当時の田中角栄首相が東南アジアを訪問した際に、タイやインドネシアで反日抗議デモが発生し、日本は戦前の軍事力から今度は経済力で東南アジアを侵略しようとしているとの批判に晒されたことの反省から、対東南アジア外交立て直しの一環として発足したと聞いている。日本の青年と東南アジア各国の青年が商船三井の「にっぽん丸」に乗り込み、共に船上生活をしつつ、各寄港地で現地政府・民間の関係者と交流し、ホームステイもしながら心と心の触れあいを通じた相互理解を促進することが目的であった。

この事業を探し当て、各都道府県レベルの1次試験を受けて、最終試験に無事合格した。そして、1981年、大学3年生の9月末から11月にかけての1ヶ月半程、「第8回東南アジア青年の船」の日本参加青年として、ASEAN5ヶ国（当時のASEANは、フィリピン、インドネシア、シンガポール、マレーシア、タイの5ヶ国で構成されていた）を巡り、初めての海外訪問が実現し、アジア各国青年と寝食を共にする貴重な体験をすることができた。

今でこそ、日本にも大型のクルーズ船が複数あるが、当時日本が所有する船で世界のどの海洋にも航海できる大型船は、このにっぽん丸1隻のみであった。確か、1万トン級で、ユーゴスラビアから買い受けた中古船であった。現在は、その2倍以上の大きさの2代目にっぽん丸が就航して久しい。

この頃から、欧米先進国のみならず、途上国、特にアジア諸国との関係に興味を持ち始めた。ちょうど、通っていた京都大学の附属機関として「東南アジア研究センター」（現東南アジア地域研究研究所）があり、新進気鋭の東南アジア学者が活躍していた時期であったので、それら学者の書籍をかたっぱしから読んだり、彼らが主催する研究会に首を突っ込んだりした。ちなみに、この研究センターには、後に1985年から翌年にかけて、ミャンマーのアウン・サン・スーチー女史が、父親であるアウンサン将軍の研究のためにロンドンから客員研究員として滞在しており、彼女は、自由の身となって後に何度か再訪している。

大学2年生時、教養課程での「自主ゼミ」では、野林健先生（のちに一橋大学教授）の下で国際政治学を学んだ。当時話題になったエズラ・ヴォーゲル（Ezra Vogel）の「ジャパン・アズ・ナンバーワン」等を取り上げて議論したことを覚えている。その後、ヴォーゲル教授がハーバード留学時代の筆者の指導教官となり、今に至るまでお付き合いが続く関係になるとは不思議な縁である。野林先生とも一橋大学退官後、夫妻どうしで親しくさせて頂いている。また、法学部専門課程の外書購読では、高坂正堯先生の授業を選択し、当時出版されたばかりのスタンレー・ホフマン（Stanley Hoffman）の〝Primacy or World Order : American Foreign Policy Since the Cold War〟を教科書に厳しい指導を受けた。１９９０年代半ばの早世は本当に悔やまれてならない。

大学の第2外国語はフランス語であったが、4年生の時には、第3外国語として中国語の授業を受けたり、大学の近くにあった日伊会館でスペイン語初級クラスを取ったりした。

外交官試験への挑戦

小学生の頃はスポーツ選手に憧れた。先ず、野球。巨人の王・長嶋全盛時代であり、子供にとってのヒーローはプロ野球選手であった。また、１９７２年、小学6年生の時にミュンヘン・オリンピックが開催され、日本男子バレーが準決勝対ブルガリア戦で2セット先取された後に3セット取り返して奇跡的な勝利を収め、決勝でも東ドイツを破り、見事金メダルを取ったことがあった。その数ヶ月程前から、民放テレビ放送のドキュメント・アニメで「ミュンヘンへの道」という番組が放映され、男子バレーの金メダル獲得は、注目の的だったので、いやが上でも盛り上がった。中学に入学した際、野球部に入るかバレー部に入るか悩んで、バレー部に入った思い出がある。

高校時代は、一時、言語の構造に関心を持ち、大学は文学部に入って言語学者か文学者、あるいは、朝日新聞のコラムニスト深代淳郎の「天声人語」を読んでからは、マスコミに入ってジャーナリストになることに憧れた時期もあった。

大学生活も後半にさしかかる中、卒業後の自分の進路を決めるにあたって、常に念頭にあったのは、前述の通り国際関係である。政府部門でも、民間企業でも、あるいは個人でも、とにかく国際分野の仕事をしたい、そのためには、どういう職業が良いかいろいろ考えた。そして、たどり着いた1つの結論が外交官である。

思えば、広島県東部の田舎に生まれて以降、公立保育園、公立小学校、公立中学校、国立大学附属高校、国立大学と、人間形成の成長過程で一貫して公的教育機関のお世話になった。外務省勤務は、不遜な言い方をすれば、ある意味、自分を物心両面で支援し、育ててくれた日本社会に対する恩返しの気持ちもないではなかった。

外務省を志すきっかけになった要因の1つに、中国という存在があった。もともと、明治以降の日本と中国との近代関係史には、中学生の頃から強い関心を持っていた。そして、中国への関心を更に強めた出来事が、大学時代に読み、あるいは観た様々の書物や映画との出会いであり、友人との議論であった。その中で、「戦争と人間」や「人間の條件」という小説や小説を元にした映画は、特に印象に残った。

共に五味川純平原作、後に前者は山本薩夫監督、後者は小林正樹監督によって左翼的傾向の強い映画として撮られた。前者の映画の中で、１９３１年の満州事変の発端となった柳条湖の満鉄線爆破事件に際し、「既に統帥権の発動を見たのに総領事館は容喙、干渉せんとするのか。統帥権に容喙するものは容赦しない」と関東軍少佐に抜刀され、威嚇されるのにも怯まず、石原裕次郎扮する奉天（瀋陽）総領事館領事が「今、日本の命運の決定的瞬間が我々の上をよぎろうとしているこの時に、白は白、黒は黒として対処できないなら、私たち外交官は存在意義を失う。」と立ち向かうシーンがいかにも格好良かった。かつて読んだ森島守人著「陰謀・暗殺・軍刀　一外交官の回想」（岩波書店）の中に、奉天総領事代理であった森島が、事件勃発後、特務機関にかけつけ、板垣征四郎高級参謀、花谷正少佐相手に外務省が外交交渉によって解決する旨述べ、同様のやり取りをする場面がある。

映画は、歴史的事実とフィクションを交えた戦争大河ドラマであったが、外交という手段で中国との共存を図ろうと、地道な努力を傾注していた人物や組織が当時の日本にあったのかという素朴な驚きを持った。そして、それが、外務省への関心とある種の憧れにつながった。もっとも、実際の歴史は、陸軍を「悪」、外務省を「善」とする程には単純ではなかったはずであり、そのことは本書で触れたい。

ちなみに大学1年生の時、映画にエキストラで出演した。これも今から考えると中国との縁の始まりと言えるかも知れない。題名は、井上靖原作、熊井啓監督の「天平の甍」である。１９７９年に日本映画としては戦後初めて中国ロケを敢行し、中国側が撮影に協力した、いわば改革開放後初めての「日中合作」映画であった。翌年に日中で劇場公開され評判も悪くなかった。5度の失敗にもめげず遂に日本渡航に成功した鑑真和上を迎える奈良時代の貴族の役回りであった。京都から奈良西大寺でのロケに参加したことをよく覚えている。

いずれにせよ、司法試験や国家公務員上級職試験の試験科目を余り熱心に勉強しなかった筆者にとり、当時独立して存在した外務公務員上級職試験（外交官試験）は、科目も自分にとりとっつき易く、興味のわく勉強であった。なお、余談になるが、１８９４年（明治27年）に第1期の合格者を出して以来、名称を変更しながら戦中・戦後の一時期を除き継続していた外交官試験は、その後、中央省庁再編の中で廃止され、２００１年度に国家公務員Ⅰ種試験に統合された（２０１２年度からは国家公務員総合職試験に変更）。

年に1回大学で行われた外務省説明会にも顔を出した。外務省人事課及び大学ＯＢの若手外務省員の話から受けた印象も極めて良かった。外務省は決して特殊な階層の人々の集まりではなく、また、仕事のやり甲斐を大いに感ずる説明に勇気づけられ、期待感も高まった。

約1年近くの試験勉強を経て、１９８２年、大学4年生の6月下旬に、京都で1次試験を受験した。一般教養科目に加え、憲法、国際法、経済原論の主要3科目、そして、外交史、更に、選択科目として行政法又は民法の1科目及び経済政策又は財政学の1科目の計6科目の論述試験が3日間に亘って行われた。選択科目は、行政法と経済政策を選んだ。

2日目、3日目と試験会場に空席が増え、受験者が目に見えて減っていくのがわかった。受験者数は多いが、本当に真剣に受験している者は、全体の一部であることが見て取れた。ともかく、3日間全科目をちゃんと受験するだけでも意味があると自分を奮い立たせ、初夏の蒸し暑い試験場で汗をかきながら頑張った。後で知ることとなるが、この年の外務公務員上級試験受験申込者は、1、２３０名（うち女性１２９名）で、1次試験全科目受験者は４８３名であった。

行政法で失敗し、ほぼ諦めかけていたが、幸運にも1次試験の合格通知の書類が7月下旬に下宿に届いた。現在のインターネットの時代では考えられないが、合格発表日の翌日の、しかもその日2回目の郵便配達の時間にやっと届いたので、9回裏逆転サヨナラの気分であった。但し、あくまで1次試験に合格しただけであり、この先まだ難関が待ち受けている。

2次試験準備の余裕もなく、8月上旬に上京し、外務省での2次試験に臨んだ。この時、往路は、熱海付近で架線事故のため新幹線が1時間程遅れ、帰路も岐阜羽島付近で落雷のため乗車していた列車が1時間停車した。とても縁起の悪い往復であった。

2次試験は月曜日から土曜日まで6日間に亘る長丁場であった。主要3科目の口頭試験、英語作文、総合作文、個別面談、集団討論があったと記憶する。口頭試験は、くじで順番が決められ、1日目の経済原論の試験は2番くじをひき、あっという間に終わってしまい、その日の残り時間をつぶすのに苦労した。10~15分程度であった。雇用問題に関する新古典派とケインジアンの考え方、自然失業率とインフレ等につき、3名の試験官の前で口頭試問を受けた。他の試験も同様であるが、試験官は3名で、うち2名は外務省が委嘱した学者、残る1名は外務省の幹部であった。2日目は、くじでビリをひき、午前の最後（といっても実際は正午を回っていたが）に国際法、午後の最後に憲法の試験を受けて、午後6時半頃にやっと終了した。

大学のゼミは国際法（香西茂先生）であり、この科目には多少の自信があった。当時、この分野での2大巨頭であった西の田畑茂二郎京大名誉教授、東の高野雄一東大名誉教授（当時上智大学教授）の両氏が、国際法口頭試験の面接官であったのをよく覚えている。筆者の番では、主に高野教授が中心に質問をされ、田畑教授は少し疲れ気味にそばでやり取りを聞かれていた。

3日目は、総合作文と英作文が課せられた。総合作文では、「日米欧経済摩擦」又は「国連と国際平和」の一つを選択しての小論文、英作文は「私とスポーツ」という題であった。4日目は、身体検査があり、5日目は、個別面談が実施された。事前に提出済みの身上調査に沿って、約20分程度の質疑応答があった。

そして最終日6日目は、集団討論を、筆者を含め6名の受験者で受けた。始めに問題用紙を与えられ、15分程度考えをまとめる時間があり、その後、一人ずつ意見を述べ、自由討論を行った。テーマは、当時発生したイスラエルのレバノン侵攻であった。官僚としてのバランス感覚を見る要素が強いと聞いていたので、ディベートのように、相手を徹底的に論破する極端な議論ではなく、さまざまな要素を踏まえたバランスのとれた議論、また、他の参加者との間で建設的なやり取りを行うように心掛けたのを覚えている。

2次試験段階では、60名が残っていた。最終合格者は約半分になると聞いていたので、必ずしも自信はなかったが、自分としては、その時点での実力をそれなりに試験に反映できたとのある種の満足感はあり、後は運を天に任す感じであった。

2次試験の締めくくりとして、8月下旬に再度個別面接が外務省で行われた。この時に、面接官から、合格した場合、外務省に入るつもりかと聞かれたので、これは脈があると思い、もちろん、そのために受験勉強をして今日まで頑張って来たつもりであり当然第一志望であると即座に答えた記憶がある。実際、商社や銀行への就職活動も併行して行っていたが、これは本音であった。

9月に、人事課から家庭訪問をしたいとの連絡が入った。これは、ほぼ内定確実を意味した。人事課担当者が、受験者の自宅を訪問し両親等と直接会って、外務省の職業柄、海外勤務も多く、実家に不幸等があっても直ちには対応できない生活が、将来待っていることを家族が十分認識し、納得しているかを念のため確認することが家庭訪問の主たる目的であった。

10月23日に最終合格発表が行われた。申込者1、230名（うち1次試験全科目受験者483名）、1次試験合格者60名、最終合格者26名であった。形式倍率47・3倍、実質倍率18・6倍の狭き門であった。

合格後、法学書院から次年度に出版する「外交官試験問題集　'84年版」に合格体験記を書くよう依頼があった。30数年の外交実務を経た今、それを読み返すと、外交官・外務省という第1希望の職業に就くことができた喜びと高揚感に満ちていて少し気恥ずかしい思いがすると同時に、志の高さが文章の端々に見受けられ、我が事ながら初心忘るべからずと改めて思う次第である。

2. 私と中国の関わり

外務省入省

１９８３年4月、外務省に入省して最初の4ヶ月間は、当時茗荷谷にあった外務省研修所で、語学を中心に外務省の現役・ＯＢの諸先輩や日本の第1線の学者や文化人等から、外交実務や日本文化、会食のマナーを含めたプロトコール等の研修を受け、学生の延長のような楽しい生活を送った。

中央省庁機関の東京23区外への移転方針にしたがい、外務省研修所は、１９９４年に神奈川県相模大野に新たに建設され移転したが、それまではこの研修所が使用されていた。研修所の組織自体は、占領期の１９４６年に、いずれ来る国際社会への復帰と外交再開に備え、外務省員、特に若手職員の養成を目的に設立された。

お茶の水女子大学や拓殖大学の近くにあるこの建物を最初に見た時は、玄関の両脇に獅子の石像が置かれており、中国的な雰囲気が印象的であった。建物は唐招提寺を模したと言われている。この建物自体も中国と深い関係にあったことは、後に知ることになる。

１９２０年代に中国内で激しくなった抗日・排日運動を踏まえ、当時の日本政府は、これを緩和するための対中文化事業を実施することを考えた。そこで１９００年の義和団事件の処理で中国から得た賠償金を元に、外務省に対中文化事業特別会計が設けられることとなった。この事業は、中国側の協力が当初の思惑通りに得られず、事業内容を再考する必要に迫られたが、その一環として１９２９年、東洋学研究のための東方文化研究院を発足させ、東京と京都の２ヶ所に研究所が設置された。

茗荷谷の元外務省研修所の建物は、もともと、１９３３年に建造されたこの東京研究所の施設であった。戦後、東方文化研究院は廃止となり、東京研究所は組織的には東大東洋文化研究所に、京都研究所は京大人文科学研究所に吸収された。そして、東京のこの施設を外務省が引き取り、１９４６年に研修所として使うこととなった。外務省研修所が相模大野に移転した後、現在、この建物は拓殖大学国際教育会館として使用されている。

外務省研修所での４ヶ月の研修は、今振り返っても懐かしい。中国語については、上級職入省者26名のうちから筆者を含め２名、専門職入省者40名のうちから２名の計４名が研修を命じられた。上級職は２名とも大学は法学部、専門職の方は外国語学部の英語学科と独語学科出身であった。筆者は大学４年時に、週１回、初歩的な中国語を学んだが、所詮片手間の学習でほとんど初心者並、残る３名は全くの初心者で、４名とも初級クラスで「アー、アー」と声調を伴う発音を大きな声で練習するところから始まり、廊下を歩く英語やフランス語研修者の同期からよく冷やかされたものである。

研修所内での語学や外交実務の授業、お茶やお花等の日本文化の講座に加え、米軍との交流、自衛隊訪問、日産や日本鋼管（当時）視察、京都・奈良旅行等外交官の卵として多方面からの勉強をさせてもらった。

そして、研修所での４ヶ月研修を終え、８月から翌年６月までの本省での実務研修は、正に早朝から夜中までの雑巾がけの丁稚奉公であった。最初の半年はアジア局中国課で、後半の半年は経済局国際経済第二課で研修を行った。前者は文字通り日本の対中外交を取り仕切る課であり、モンゴルも管轄していた。後者は世界経済のマクロ分析の他、ココム（対共産圏輸出管理）等の戦略物質の安全保障上の管理を行っていた。

中国課での実務研修で印象に残っているのは、１９８３年11月に実施された胡耀邦総書記（当時）の公式訪日である。中国課の新人として、その受け入れ準備作業のお手伝いをした。初めて迎賓館に入ったのもこの時である。胡耀邦は東京での公式日程を済ませると、北海道から九州まで精力的に日本全国を回り、日本と協力して改革開放を推進していく中国の姿勢を体現するような人物であった。中曽根首相（当時）との首脳間の個人的な関係も築き上げつつあった。小さい身体を大きく揺らしながらあちこちで中国ブームを巻き起こした。

訪日の直前、福岡県と長崎県が、中国総領事館誘致合戦を繰り拡げていた。福岡からすれば九州の政治・経済の中心地であり、九州に総領事館を設置するなら当然福岡という立場であった。長崎にとっては鎖国の時代にも清との貿易の窓口となり、また、戦前は上海との間に定期航路を持ち、中国との関係では自分たちの方が先輩であるとの思いであった。胡耀邦がこれをどう処理するか注目されたが、彼は、双方を立て、福岡と長崎双方に総領事館を設置するとの政治判断を行った。さすが、中国の指導者は、戦略的でスケールが違うと感心したものである。

江西省共青城の胡耀邦元総書記墓地

「日中友好21世紀委員会」の設立が決まったのもこの時であったし、翌年の中国建国35周年に3千名の日本青年を招待することを発表したのもこの時であった。中ソ対立の時代であり、日本が自衛力を増強することに反対しないと胡耀邦は日本の防衛力整備に理解を示した。従来の「平和友好」、「平等互恵」、「長期安定」に、「相互信頼」を加えて日中関係4原則を確認したのもこの時である。

思えば筆者は、日中友好関係の絶頂期に外務省に入省し、中国課での勤務を始めた訳である。今では、対中軟弱外交と批判されることの少なくない外務省であるが、当時の外務省に対する世論からの批判は、もっと中国に暖かく対応すべきであるとの趣旨の内容が多かったと記憶する。

通算5度の中国赴任

その後の30数年の外務省生活の中で、目まぐるしく東京と海外勤務を繰り返した。外務省入省以来、赴任した場所を時系列に並べると次の通りである。東京、香港、北京、ワシントン、パロアルト、ボストン、北京、東京、北京、ワシントン、東京、クアラルンプール、北京、ブリュッセル、デトロイト、上海。

その中で、中国在勤は、（1）香港及び北京の大学での研修（1984～1986年）、（2）第1回目の大使館勤務（1987～1989年）、（3）第2回目の大使館勤務（1997～1999年）、（4）第3回目の大使館勤務（2008～2010年）、（5）上海総領事館勤務（2015年～現在）、と5回に亘る。これは、外務省のいわゆるチャイナ・スクールの中でも多い部類に属する。但し、毎回の勤務は、2年と比較的短期間であった。

この間、天安門事件、東西冷戦の終焉、ドイツの再統一、ソ連の崩壊、中露関係の改善、バブル経済とその後の日本経済の長期デフレ、中国をはじめとする新興経済国の台頭、北朝鮮の核・ミサイル開発、国際テロ、市民の情報アクセス（インターネットの普及）をはじめ国際関係・市民社会の大きな構造転換が起こり、日本、中国、そして日中関係も大きく変化した。その中で、これまでの外務省勤務30数年間のうち、約3分の1は国内外で直接中国関係に従事して来たことになる。

大使館外交官補時代（第1回目の中国生活：1984～86年）

話は前後するが、外務省採用の2次試験が行われた際、提出する身上書の中に、確か、採用された場合、外国語は何語の選択を希望するか記入する欄があった。英語はありふれて希少価値がないと思い、大学時代第2外国語で勉強していたフランス語を第1希望にして提出した。

しかし、内定後、健康診断のため同期が外務省に集う機会があり、その中に幼い頃にフランスに在住し流暢なフランス語を話す同期がいることを発見した。そこで、もともと、アジアに関心があったことから、希望を変更して中国語を第1希望として提出し直した経緯がある。そうしたところ、特に他に第1希望者もおらず、人事課長から、君には中国語を研修してもらうと口頭で言い渡しを受けた次第である。ちなみに、同期入省の外務公務員上級職26名の内訳は、英語12名、仏語4名、西語2名、独語2名、露語2名、中国語2名、韓国語1名、アラビア語1名であった。

中国語を選んだのには、前述の格好良い理由に加え、実際的な理由もあった。当時、入省者は最初の1年間は本省で勤務し、2年目から一斉に語学研修のため、在外公館に官補として所属しながら実際は各地の大学に留学するという制度であった。留学期間は、英語、フランス語、ドイツ語、スペイン語等は2年間であるのに対して、中国語、ロシア語、韓国語、アラビア語等は特殊語と位置づけられ、研修期間が3年間と長く、そのうち、1年乃至2年は英米で学ぶことができるので、通常より幅広い経験ができると思ったからである。

実際、そのおかげで、筆者は日本の大学を卒業して後、海外では、香港中文大学、北京語言学院（現北京語言大学）、北京大学、スタンフォード大学、ハーバード大学の各大学に籍を置かしてもらい、研修期間中にハーバード大学で修士号を取得することができた。ついでに言えば、マレーシアの日本大使館に次席として勤務していた際に、縁があってマラヤ大学博士課程に入学を許可され、その後、北京、ブリュッセル転勤を経て、勤務の傍ら4年間かけて、博士号まで取らせてもらった。

1984年6月、約1年の本省勤務を終え、期待と不安に包まれながら、成田から同年入省の2名（前年に一緒に入省したもう1名は、留学前に外務省を辞職し、郷里の秋田に戻って高校の英語教師になった）と共に計3名でJAL便に乗り香港に赴任した。飛行機に乗るのは人生で2回目、海外便は初めてであったので、緊張してシートベルトの外し方もよくわからず、客室乗務員に手助けしてもらったのも恥ずかしい思い出である。当時は外務省といえども、入省時には外国にまだ行った経験がない者も珍しくなかった時代である。

9月からの北京での本格的な語学研修に備えて、先ず、香港に赴任し、現地の香港中文大学サマー・スクールに参加して勉強した。初めて長期に滞在する海外生活で不慣れなことも多かったが、開放感と好奇心で、香港の2ヶ月はあっという間に過ぎて行った。

特に、北京に行くと厳しい生活が待っていることが容易に想像できたので、この香港の2ヶ月は、東京での1年間の厳しい生活と北京で待っているであろう厳しい生活の間のつかの間のパラダイスという気分であった。そして、北京に行く前に本省では、勤務優先のために中国語の学習が疎かになった分、ここでできるだけ取り戻して起きたいという気持ちもあった。

香港中文大学での研修は、午前中のみで午後は大学で自習したり、プールで泳いだり、街中に出て飲茶を楽しんだり、書店やカフェで過ごした。週末には香港の離島やマカオ、更には当時まだ経済特区として発展を開始したばかりの深圳等を日帰り旅行して見聞を広めた。

大学では大陸から香港に脱出した先生方から普通話の授業を受けたが、街では広東語と英語の世界で、余り習った中国語を実践する環境ではなかった。香港が中国に返還され、大陸から多くの人がビジネスや観光で香港を訪れる現在では、事情はだいぶ異なるであろうが。

１９８４年は、サッチャー英国首相（当時）と鄧小平主任（当時）との間で会談が行われ、香港返還に関する英中合意がなされた年でもあり、13年後の香港返還を前に香港市民が少し浮き足立っているような印象を受けた。しかし、まだ13年後のことでもあり、その間、大陸の情勢も大きく変わるかもしれないとの思いもあった。

我々外務省組は、３名ともまだ初級に毛が生えたようなレベルであったが、先に留学していたインドの若手外交官は皆、中国語のレベルも高く、洗練もされていた。その中にSujanとVijayという優秀な二人の若者がいた。その後、久しく会うこともなかったが、最近になってお互いの外交官人生が再び交差し、彼らと再会を果たした。一人は駐日大使に、もう一人は駐中国大使に出世していた。

香港中文大学での２ヶ月のサマー・スクールを無事修了して、９月５日、いよいよ初めての北京である。香港から中国民航の定期便に乗って、北京首都空港に到着した。空港から市内への旧街道を通った際は、香港という猥雑な大都会から来たせいか、街路樹の緑が美しく、第１印象は悪くなかった。しかし、徐々に当時の北京の不便さと陰気さを日常生活のあちこちで経験することとなる。

鼓楼の北の胡同を入ったところにあった竹園賓館に荷を下ろす。後でガイドブック等を読んでみると、ここは由緒ある場所であった。四合院式のホテルで、かつては盛宣懐、董必武、康生等有名な人物の居所となっていた、なかなか風情のある場所であったが、当時それを楽しむ精神的な余裕はなかった。ちなみに、上海の日本総領事公邸は、かつて盛宣懐一族が20世紀前半の一時期住んでいたところであり、不思議な歴史の縁を感じる。

夜食事に出て帰路道に迷い、通りすがりの中国人にホテルへの行き方を聞いても、知っているのかいないのか、当方の中国語が下手なのか、あるいは外国人への警戒感のせいか、まともな返事が返って来ず、明かりのほとんどない見知らぬ地の夜の街で、泣きそうになったのを覚えている。大使館での諸手続を終え、３日後に北京市西北部の学園地区に位置する北京語言学院に移動し、いよいよ本格的な留学生活を開始した。

夜は漆黒の暗闇であった北京の町に到着した84年当時、北京語言学院の留学生寮には管理人部屋にダイヤル式の黒電話が1台しかなかった。そして、この黒電話は通信回線事情が悪いせいか、回し終わる前によく話し中の音になり、留学生泣かせであった。こちらからの国際電話はできず、必要な場合は、自転車で30分くらいのところにある友誼賓館まで行かねばならなかった。現在中国は携帯電話契約件数13億台（２０１４年）、インターネット人口利用者は7億3千万人（２０１６年）を越え世界最大の通信市場になった。ネット通販利用者は5億人、市場規模も年間売り上げ60兆円（２０１６年）を記録し米国を抜いて世界最大である。アリババの年間売り上げは、アマゾン、ｅＢａｙ、楽天を合計した売り上げを超過していると聞く。

当時知り合った貧しい中国人学生たちは、その後、ビジネスに成功し、再会を果たした旧友の多くは筆者の収入を大きく超え、日本円で数億円の豪華マンションと高級外国車の生活を送っている。プライベート・ジェットで日本を往来している者もいる。語学研修中、日本企業派遣留学生の寮の部屋に夜な夜な集まっては、「親方五星紅旗」のシステムに慣れきった中国社会が発展することが如何にとてつもなく困難かを、ある種の優越感をもって日本人どうしで語っていたものである。しかしながら、銀行関係者の親元でその当時のまま残っているところはほとんどなく、経営破綻し営業を譲渡した企業もある。奢れる者久しからず、である。

1984年の建国35周年に、3千名の日本青年が胡耀邦総書記に招待されて訪中、彼らとともに筆者も留学生の一人として、文革後初めて行われた10月1日の軍事パレードに招かれた。そして、天安門広場近くで改革・開放の「総設計師」と称された鄧小平の姿を間近に眺める機会に恵まれた。中曽根首相と胡耀邦総書記との首脳間の親密な個人的関係もあり、ある意味で日中友好関係時代のクライマックスを迎えた時期であった。

しかしながら、翌年1985年は戦後40周年、中国から見れば、反ファシスト戦争・抗日戦争勝利40周年という年であった。テレビ放送では老舎の「四世同堂」がドラマ化され、日本占領時の北京の庶民の哀歌が語られていた。その年の8月15日に中曽根首相の靖国神社公式参拝が実施され、同じ頃に問題となっていた日本製品の欠陥問題（中国に二流品を売りつけているとの批判）も絡み、日中関係は一転して厳しい局面に入った。満州事変発端の柳条湖事件記念日である9月18日には、留学先の北京大学学生による反日デモが組織・実行された。

また、当時は、囲碁の世界では、日本が中国や韓国を凌駕して本場となっていたが、日中囲碁対抗戦で中国の「鉄のゴールキーパー」と言われた聶衛平が、日本の並みいる超一流の棋士を次から次に打ち負かし、中国側が逆転優勝するという出来事があった。この時も北京大学キャンパス内では、「日中関係史上の最良の日」として、学生寮に寄宿する中国人学生が夜遅くまでお祭り騒ぎを続けていた。まだ、日本に対するコンプレックスが色濃く残っていた時代であった。

思った通り、北京の生活は単調で厳しく、夏休みや旧正月の休みにたまに香港に脱出した際は、自由世界の空気とおいしい食事やショッピングを楽しんだ。今も覚えているのは、北京に行って最初の旧正月の休みが巡って来た際に、5ヶ月振りに香港に戻った。先ず、香港島セントラルにあったマクドナルドに行き、ビッグマックとコカコーラを食べて、しみじみ自由世界の味だと涙が出そうになった。今や、北京の街角にはいたるところマクドナルドやケンタッキー、スターバックスが店を構え、これらの外食産業にとり、中国は米国外では世界最大の市場に成長している。正に隔世の感ありである。

香港から北京に戻る際には、香港大丸で箱形ティッシュ・ペーパーのような日用雑貨品から長期保存のできる飲食品を含めて大量に購入し、担当者に何箱も段ボールに詰めて輸送してもらった。当時、香港には大丸をはじめ、伊勢丹、東急、三越等日本の百貨店が勢揃いしていた。その後、日系百貨店が姿を消し、訪問客も大陸の中国人が圧倒的となった現在の香港からは想像もできない時代であった。

中国語の習得も進み、日常生活にも慣れた2年目には北京大学に移った。ちなみに、香港から中国大陸に語学研修でやって来た外務省の同期（上級職・専門職）3名のうち、留学先大学につき、第1希望が叶えられなかった者は一人もいなかった。もっとも中国教育部から言わせれば、我々の要望を真剣に検討した結果ということではあったが。

筆者は、第1希望を北京大学と書いたところ、まだ、中国語が不十分なので1年目は北京語言学院で学んで、2年目に北京大学に移るよう指導された。同期の1名は、南京での研修がしたくて南京大学と書いて希望を提出した。所属希望学部まで書く必要があったので、便宜上、法学部と書いたところ、法学部だったら人民大学が良いとして同大学に配属されてしまった。もう一人は、1年目北京語言学院で中国語を学び、2年目武漢大学への移動を希望したところ、いきなり武漢大学への配属となった。

という訳で、筆者は最初の1年間、北京語言学院で中国語を中心に学び、翌年1985年の8月に北京大学に移った訳である。所属は国際政治学部であった。当時、この学部には留学生が25名いた（ソ連人4名、パレスチナ人4名、日本人3名、米国人3名、西独人2名、東独人1名、英国人1名他）。学部生約500名、大学院生は修士課程が70名、博士課程が2名、幹部コース毎年100名等計約760名が学び、教授3名、助教授9名、講師10名を擁していた。客員教授も4名程おり、その中にハーバード大学の韓国系学者張純（張勉韓国元国務総理の息子）もいた。現在この学部は国際関係学院に発展している。

大使館二等書記官時代（第2回目の中国生活：1987〜89年）

北京での2年近くに亘る留学を終えて米国に移動し、スタンフォード大学でのサマー・スクールを経て、ハーバード大学院での3年目研修を行った。東アジア研究分野でエズラ・ヴォーゲル教授の指導を受け、修士号取得の上、1987年6月、再び北京に戻って来た。ハーバード滞在中のその年のはじめ、胡耀邦総書記辞任のニュースが飛び込み、当時仲の良かった中国人留学生夫妻と中国の政治改革の行く末を心配したことを覚えている。

第2回目の北京、実質的には最初の大使館勤務となるこの時は、光華寮裁判等台湾や歴史に係る政治的に困難な問題や高知学芸高校修学旅行生の上海郊外列車事故（1988年）という痛ましい出来事もありながら、日中関係は「天安門事件」まで総じて順調に推移して行った。残留日本人孤児の集団訪日調査も本格的に始まり、筆者の赴任と前後して厚生省（当時）の残留孤児担当官の大使館への増員出向が実現した。

筆者は、1年目は、中江要介大使、中島敏次郎大使の秘書（儀典）、2年目は、経済部及び総務部で勤務した。

１９８８年は、日中平和友好条約締結10周年の記念すべき年でもあり、竹下登首相（当時）が8月訪中した。筆者は訪問先の西安班に属して事前準備や現地での首相一行の受け入れを担当した。この際、第三次円借款（１９９０~９５年度）総額８、１００億円の供与方針が発表された。本省での研修時代記録係として交渉に参加した日中投資保護協定も締結にこぎつけた。

しかしながら、胡耀邦総書記の辞任、そしてその後の死去、天安門事件、趙紫陽総書記の失脚等の一連の政治状況の変化により、中国は、経済面での改革・開放政策を進めながらも政治改革が頓挫した時期であった。

天安門事件の際には、大使館も北京飯店に部屋を借り、政治部を中心に全館的に情勢分析及び情報収集を行っていた。筆者も4月頃から続く一連の天安門広場での動きを時折現場に行って観察していた。5月20日に戒厳令が敷かれた日は週末土曜日であり、ちょうど自宅で中国人の先生から書道を習っていた時であった。上空低く軍のヘリコプターが舞うのを苦々しく眺めていた先生の顔を思い出す。事件前の6月2日にも北京飯店前の長安街上で駆り出された非武装の人民解放軍兵士が市民・学生に説得され、また、服や靴を脱がされて追い返されるのを目の前で見た。

知り合いの中国人も「鄧小平打倒」、「李鵬打倒」の垂れ幕や看板を持ち、民主化のスローガンを連呼しながらデモに参加していた。本当に中国の政治体制が変わるかもしれないと思ったものである。学生が天安門広場周辺を占拠し、管理していた際は、四つ辻の交通規制も通常よりもむしろ効率良く仕切っていた。

現場にいると、得てして全体像が俯瞰的に見えにくくなることがある。弁解になるが、当時筆者は、事態は政治的な改革が進む方向で収拾されるのではないかと希望的観測を含めて楽観的に考えていた。市民や学生がよく言っていたように、「人民の軍隊である解放軍が人民に銃口を向けることはない」という言葉を筆者も無邪気に信じていた。

6月3日の夜は土曜日でもあり、親しくしていた企業駐在員が北京西北郊外にある友誼賓館の自宅で、ビデオ上映会を兼ねた食事会をやるのでどうかと誘われ参加した。ビデオは、ベトナム戦争をリアルに描いたオリバー・ストーン監督作品の「プラトーン」であったのをよく覚えている。楽しくビデオを見ているうちに、近くにある人民大学あたりで騒ぎが起き、どうも天安門広場で大変なことが発生しているという話で持ちきりであった。外出すると危険だということで、夜明けを待って自宅に戻り、すぐ大使館に駆けつけた。

いろいろな情報が錯綜し、交通が規制され、また、銃声が散発的に聞こえる中、十分な情勢把握もままならず、事態が正確に予測できない混乱した状況が数日続いた。先ず、在留邦人の安全確保が重要ということで、現在程多くの邦人数ではなく、また、家族は既に一時帰国していた者も多かったが、企業駐在員、留学生、特に所属先の支援のない後者を中心に、大使館の確保したバスを派遣し、とにかく空港に運び一時帰国してもらうことを優先した。

このような危険な状況下で、バス及び運転手を確保することは容易ではなかったが、大使館が日頃培った人脈と破格の報酬により何とか確保できた。日航、全日空とも臨時便を含めフライトが中断することもなく、日本人の犠牲者がなかったのは不幸中の幸いであった。

その後、事態が「反革命暴乱」として収束していくと、海外に脱出した活動家や国内で細々と活動を続けている一部を除き、多くの庶民は、まるで何事もなかったかのようにこれまでの生活に戻って行った。政治に翻弄され続けた歴史を経験して来た中国人のある種の生活の知恵やしたたかさを見た思いであった。「潔さ」を旨とする日本人にはなかなか真似できない処世術である。

この時、ある中国の友人が、「共産党は国民党よりもひどい。このような事態は北京市民にとり、義和団事件以来である。日中戦争時代も市内での銃撃はほとんどなく、『解放』の際も国民党は無血で明け渡した。文革時代もこのように酷くはなかった。共産党は人民の側にはない」と共産党を見限っていたのが印象的であった。但し、この彼も現在では立派なビジネス・エリートに変身し体制の恩恵を受けているのは皮肉である。

後の中国政府公式発表による事件の死者は319名である。筆者は直接の現場を見た訳ではないので、この数字が正確か否か判断する立場にない。

当時、筆者は大使館近くの外交官アパート（当時建設中の長富宮飯店（ホテル・ニューオータニ）の向かいにあった建国門外の外交官アパート1号楼）に住んでいた。ここには、各国外交官、新聞記者、航空会社職員とその家族が住んでいた。その自宅は、6月7日午前、人民解放軍による威嚇射撃を受けた。自宅は8階建ての建物の7階にあったが、威嚇射撃された銃弾は自宅を含む上階に集中していた。後日、外から建物の外観を眺めたが、正に、蜂の巣状であった。

当日夜、大使館の職場から恐る恐る帰宅し、部屋の扉の鍵を開け、灯りをつけて部屋の中を眺めて唖然とした。一瞬、現実と空想が交錯して混乱した。道路側に面した窓ガラスは蜘蛛の巣状にヒビが入り、内壁は弾丸が炸裂して埋まり込み、大きな穴を開け、安普請の白壁の粉が部屋中に積もって床一面が白くなっていた。散乱した銃弾を10数発部屋の中で見つけた。

事件発生当時、各国外交官を含め家族や一部館員が自宅に残っていたが、幸いこの威嚇射撃によって死者が出たとは聞いていない。しかしながら、いずれにせよ、外交官住宅に対するこのような許しがたい行為は、明らかに外交関係に関するウィーン条約違反である。

大使館で総務書記官をしていた筆者は、事件発生後、総務公使に同行して外交部日本課を往訪し正式な抗議を行った。中国政府の回答は、中国側もこのような事態は望んでいなかったが、しかし、それには理由があるということであった。外交官アパート側からの攻撃に対し、解放軍兵士が応戦したものであるとして自らの行為を正当化し、最終的に物的損失は補償したものの、最後まで謝罪を表明することはなかった。

天安門事件は、共産党という「権力」の本質を見た思いであった。１９２１年の結党以来、囲剿、長征、日中戦争、内戦の苦難を経て、１９４９年にやっと手に入れた政権党の地位。その共産党の一党支配体制を脅かす者の存在は何人たりとも断じて許さないという共産党の断固とした論理からすると、ある意味至極当然の結果を思い知らされた。共産党に対する「幻想」を抱いた自分の浅知恵を恥じる思いであった。

「人民」の軍隊であるはずの「解放軍」が市民・学生に銃口を向けたことに対して、「幻想」を裏切られた主観的な感傷もあり、中国共産党の命脈もそれ程長くはないと筆者は当時考えたものである。しかしながら、２０２１年には結党１００周年を迎えることとなる。70年余りで終焉した「大日本帝国陸海軍」よりは、少なくとも歴史の試練に耐えて来たと言えなくもない。

大使館一等書記官時代（第3回目の中国生活：1997～99年）

天安門事件から約2ヶ月後、5年間の海外生活を終えて帰国し、1989年8月、本省勤務となった。経済局経済安全保障室を経て、1992年には2回目となるアジア局中国課勤務となった。

国交正常化20周年となるこの年には、4月の江沢民総書記の公賓としての訪日、10月には歴史上初めてとなる天皇訪中も実現した。このような日中関係の歴史的な場面に立ち会えたのは幸運であった。天皇訪中については、後述する。

その後、大臣官房外務報道官組織海外広報課では広報事業に携わった。当時、ソフト・パワーという言葉はまだ一般的でなかったが、ここでは、「リアリティー」と同様に重要な意味を持つ「パーセプション」を改善することの広報上の役割を強く認識した。インターネットが拡大し始めた頃で、1995年に海外広報課で外務省のホームページを立ち上げた。

その後、1996年に内閣官房に出向し首相官邸で勤務する貴重な機会を得た。橋本龍太郎内閣の古川貞二郎内閣官房副長官（事務）の下で秘書官を1年3ヶ月務めたことは、官僚組織のトップの行政能力を身近で体験し、日本の権力中枢から政治の一端を学ぶ上で、また、外務省から離れてオール・ジャパンの観点から日本の国益を考える上で、非常に有意義であった。外務省からは初代の秘書官であった。

事務担当内閣官房副長官は、官僚機構の頂点に位置するポストであるので役人としての能力がずば抜けているのは当然として、外務省の上司にはなかなかいないタイプの苦労人であり優れた人格者であった古川副長官の下で勤務する機会を得たことは、筆者の役人人生にとっても非常に幸運であった。

古川副長官は、大学受験に失敗し、大手損害保険会社の入社試験に失敗し、最初の国家公務員上級職試験に失敗し、地元佐賀県庁は1957年に財政再建団体に指定され採用試験が行われず、1958年4月長崎県庁に入る。しかしながら厚生行政への思いは断ちがたく、翌年再度国家公務員試験を受験する。学科試験に合格して厚生省の面接を受けるため上京する際に、伊勢湾台風が日本を襲い、死傷者四万四千余名を出す大災害となる。試験前日の早朝、佐賀駅を出発して三十六時間後にやっと東京にたどり着く。しかしながらあえなくいったんは不合格となる。ここからが古川副長官の真骨頂であるが、翌朝、人事課長と会い、厚生省に入って国のためにいかに仕事をしたいかを全身全霊、情熱をもって直談判して訴えた。その思いが通じてその日の夕方に内定通知の朗報がもたらされる。「道は必ず開ける」という精神がその後様々な場面で自分を支えたと副長官自ら回想している。その夜は、日比谷公園の松本楼でカレーライスを食べて祝ったという。後年、筆者が上海総領事として赴任する際、古川副長官夫妻が我々夫妻の歓送会を松本楼で開いてくれたが、ここは副長官の役人人生の開始地点でもあったのである。

官邸勤務を開始した直後の4月に、橋本首相とモンデール駐日大使（共に当時）が官邸記者会見場で沖縄普天間飛行場の返還につき合意発表したことは、国民の選挙によって信託を受けている政治家の政治生命をかけた決断のすごさを間近で痛感した。但し、その後、紆余曲折があり現在に至るも最終的な解決がなされていないのは非常に残念である。在ペルー日本国総領事公邸人質事件が発生し、年末年始を挟んで約4ヶ月間、休みがとれなかったのもこの時期である。

20代末から30代のこの時期は、役所の中でも物理的に最も働かされる時期であり、また、課長補佐として様々な方針や施策を起案する末端に位置することから多くのことを学ぶことができた。

このような国内での貴重な8年間を経て、１９９７年7月、3度目の北京勤務を開始することとなった。経済部一等書記官としての勤務である。佐藤嘉恭大使、谷野作太郎大使の時代である。

第3回目の勤務は、中国人及び中国社会の大きな変化を、身をもって感じた時期であった。中国は、天安門事件や東西冷戦の終焉という厳しい国内外の環境に耐えながら、１９９２年の鄧小平の南巡講話以降、経済面での改革・開放路線はむしろ一層加速された。

アヘン戦争以来の屈辱の近代史の残滓である香港・マカオの返還（１９９７年7月及び１９９９年12月）も平穏に実現した。北京においては市民の生活水準の向上に伴い、思想・生活面での開放感が最初の勤務時とは比較にならない程度に進展していた。その結果、生活・仕事遂行上のストレスがかなり緩和された。カウンターパート等中国人へのアクセスは容易となり、お互いの間に共通基盤がかなりできているので意見交換が普通に成立し、食事や娯楽の選択肢が大いに拡大した。

１９８０年代の北京勤務では、外国人と中国人は体よく分断管理されていた。外国人が出入りするホテルに中国人は自由に入れず、外国人は外貨兌換券の使用を義務づけられ、中国人が使う人民元ではテレビ、冷蔵庫、洗濯機等外国製電化製品の購入が制限されていた。現在の中国からは想像しがたいが、当時中国語の先生に香港に旅行することを告げると、電気冷蔵庫を代理で購入して来るようお願いされたこともある。さすがに大きな荷物となるので断った。

レストランでも1階の中国人席と2階の外国人席とに分けられ、外国人は料理内容は良く、より衛生的な環境ではあるが何倍も値段のする料理を食べさせられた。航空賃や列車賃、博物館・記念館、公園の入場料も中国人・外国人別料金であった。

そのような社会上のストレスが解消され、外国人も比較的「普通に」生活できるようになった。その上で、まだ、彼我の生活水準の差が残っていたので、外国人として北京で生活する上でのメリット（安い人件費での使用人の雇用、安い価格での飲食、服飾品等高級品の購入、旅行等）を享受できていた。

行財政改革、金融改革、住宅改革等一連の改革が江沢民・朱鎔基体制の下で行われた時期でもあった。その一方、社会の急速な変化の中で、都市住民の多くが従来の価値観や方向性を見失い、新たな自分の人生を求めて離婚が増加し、「法輪功」の流行といった精神的安らぎを求める気分が庶民の中に広がっていた時期でもあった。

法輪功は、信者が一時期共産党員数を上回り、党幹部にも愛好者が多いと言われていた。1999年5月のある日、突然、当局が十分把握しない状況下で中国政治の中枢である中南海を抗議のために約1万人の信者が囲むという前代未聞の衝撃的な事件が発生した。当局も対応を慎重に部内で検討した様子が窺える。歴代王朝の末路が太平天国の乱や義和団の乱のように民衆の宗教的な反乱の多発によって特徴付けられる過去の歴史と重ね合わせると、共産党にとっては、法輪功への対処はある意味死活的な重要性を持つ。中国共産党に対抗し得る団体・組織の形成を断じて許し得ない立場からは当然の帰結として、まもなく、法輪功は、「邪教」として徹底的に弾圧される運命となった。

バブル経済崩壊以降、当時「失われた10年」と言われ始め、重苦しい時代を経験中の日本に対し、米国主導のグローバリズムの風潮の中、経済発展を加速する中国には、「もはや日本の時代は終わった」、「日本から学ぶものはない」といった威勢のいい意見も散見された。当時の大蔵省から出されたアジア通貨基金（AMF）構想は、米国の強い反対のみならず、中国の同調により頓挫した。

1999年5月に起きたNATO（米国）軍の在ベオグラード中国大使館誤爆事件を受けて、北京では天安門事件以来10年振りと言われる大規模のデモが組織された。米国大使館は日本大使館の比較的近くにあったこともあり、筆者は学生たちの組織する反米デモの集団に紛れ込んで、身近に彼らの行動を観察したが、彼らの用意したプラカードや垂れ幕、口々に叫ぶスローガンを見たり聞いたりしながら、当時の若者を含めた中国人にとり、アヘン戦争以来の近代史の屈辱感が未だこれ程深く心に刻み込まれているのかと彼らの心情を再認識した。

政府関係者・知識人を含め、筆者が接したほとんどの中国人は米軍による意図的な爆撃だと信じて疑わなかった。その理由は、中国がまだ弱いから侮辱されるのだというものであった。そして、その論理的帰結は、中国は米国に侮りを受けないよう、更に強くなる必要があるということである。その後の中国は、基本的にこの路線を歩んで来た。

１９９８年の江沢民主席（当時）の国賓としての訪日は、宮中晩餐会での挨拶を含め歴史問題を繰り返し強調する姿勢が目立ち、中国側からは未来志向の日中関係への積極的な姿勢が残念ながら見受けられなかった。その結果、この訪日は、日中関係のある種の分水嶺となった。これまで、どちらかと言えば中国に同情的な日本国内の世論やマスコミも、この時は、辟易した感があった。

核実験、台湾総統選挙を意識したミサイル威嚇実験、軍の急速な近代化、対中ＯＤＡに対する過小評価等も相まって、中国への暖かい思いが日本社会の中で急速に失われた時期であった。「日中友好」の時代が終わり、「政冷経熱」の時代が始まる時代であった。

大使館経済公使時代（第４回目の中国生活：２００８〜１０年）

筆者は、その後１９９９年にワシントン勤務となり、ジョージ・Ｗ・ブッシュ・テキサス州知事とアル・ゴア副大統領との熾烈な大統領選挙キャンペーンを現場で見る機会に恵まれ、そして、９・11の悲劇を経験し、２００２年に帰国した。本省では、国際エネルギー課長及び文化交流課長を務めた後、「東南アジア青年の船」に参加して以来、25年振りにマレーシアを再訪し、クアラルンプールの日本大使館に２年間勤務することとなった。

そして、前回勤務から更に約10年が経過し、オリンピックを無事終えた直後の北京に、２００８年８月に４回目の在勤として赴いた。今度は、経済部長（公使）としてである。宮本雄二大使、そして伊藤忠商事会長から民間登用された丹羽宇一郎大使の時代であった。

当初、オリンピック期間中に赴任することを求められたが、当面宿泊しなければならないホテルの部屋代がどこも異常に高く、通常の何倍にも跳ね上がり、個人負担の限界を超える高額となるため、本省及び北京の大使館と調整の上、ぎりぎり、オリンピック閉幕式翌日着任ということで同意を取り付けたのであった。

北京の街は、オリンピックに併せて整備されたせいか、道路が拡張乃至付け替わり、街区全体が再開発されて、昔の面影が全くなくなってしまった場所も多く、唖然とした。昔は生活は不便であったが「老北京」の風情があちこちに残っていた。もっともこれは、余所者の無責任な感慨なのかもしれない。

１９９０年代にはしばしば、「中国にとり日本は最大の貿易相手国、日本にとり中国は第２の貿易相手国」との表現が日中双方により枕詞のように使われたが、この間、中国経済は更に存在感を急速に増し、現在では「日本にとり中国は最大の貿易相手国、中国にとり日本は第２の貿易相手国」と立場が逆転した。中国は統計発表ではよくＥＵやＡＳＥＡＮをひとまとまりとして言及するので、そうすると日本の順位は更に下がる。

現在、世界の約70ヶ国にとり中国は最大の貿易相手となっている。２０１０年には、中国のＧＤＰが日本のそれを超過、現在では2・5倍以上に拡大した。筆者は2000年前後、ワシントンに勤務していた折に米国人の日本経済への関心を喚起するために、「日本経済の規模は中国経済の規模の4倍である」とよく話していたが、正に隔世の感がある。日米貿易摩擦が激しかった1990年、日本の対外貿易に占める米国の割合は27・4％、中国はわずか3・5％であった。しかし、2014年、中国は20・5％となり、逆に米国の比率は13・3％に低下した。2014年の日中貿易額は3、437億ドルで1972年の国交正常化時の実に300倍以上に拡大した。

政治的には、小泉政権下の5年余りに亘り、靖国神社参拝を巡って日中関係が不安定化し、日本の国連安保理常任理事国入りの運動への反発も相まって、2005年春には中国各地で反日デモが発生し、一部は暴徒化した時期もあった。しかしながら、2006年の第一次安倍政権発足後、両国政府は、「戦略的互恵関係」を発展させ、筆者の任期中は日中政治関係も比較的安定していた時期であった。

ちなみに、2010年9月に発生した尖閣諸島領海内における海上保安庁巡視船と中国漁船の衝突事件や2012年9月の尖閣諸島の民間から政府への所有権移転に伴う日中関係の危機はいずれも筆者離任後の出来事であった。

この時期までに、日中関係を取り巻く環境は大きく変化した。先ず第1に、両国は、戦略的互恵関係を推進することに合意した。1972年の国交正常化から1989年の天安門事件までの「友好」の時代、1990年代半ばから2000年代半ばまでの「政冷経熱」の時代を経て、2006年10月の安倍首相の訪中以降、「戦略的互恵関係」の時代を迎えた。2008年5月の胡錦濤主席（当時）訪日の際には、その時点での集大成とも言える「戦略的互恵関係推進に関する共同声明」と「交流・協力強化のための共同プレス発表」が行われ、政冷経熱の時代に比べると、政治と経済が両輪となって大きく日中のＷＩＮ‐ＷＩＮ関係を推進する環境が形成されて来た。

第２に、中国人の対日コンプレックスが、払拭されつつあった。中国が、経済的にも大きな発展を遂げて世界から注目される大国となり、また、北京オリンピック、上海万博を成功裏に開催するまでに至ったことに対する自負と共に、その過程においてアヘン戦争以来の近代史を通じて、トラウマとして中国人の深層心理に残っていた欧米に対する屈辱感が徐々に払拭されつつあり、日本に対し抱いていた劣等感と優越感が綯い交ぜになったコンプレックスもある程度解消され、より冷静、客観的に日本を眺める目を持ち始めたことを感じた時期であった。

第３に、しかしながら、同時に日中関係が脆弱さを残す面を忘れてはならないことも痛感した。戦略関係の本来意味するところは、両国関係が、その時々に発生した出来事によって感情的に左右され、ぶれる関係ではなく、共通の利益に根ざした安定した関係であるべきであるが、日中関係はそこまで安心できる程まだ成熟しておらず、歴史、台湾、領土に係る問題等民族感情を刺激する問題の展開次第では不安定化する可能性を常に孕んでいることには留意する必要がある。

第４に、世論外交の重要性である。昨今、ソフト・パワー、パブリック・デプロマシーへの関心が世界的に高まっているが、インターネットや携帯電話が普及する中、また、中国市民の権利意識が高まる中で、中国共産党と雖も世論への配慮や働きかけという広報マインドなしでは政策の円滑な遂行が達成しにくくなっているという現実を強く認識していることが窺えた。

このような、日中関係の構造的変化に伴い、筆者が属していた大使館経済部の業務内容にも質・量的変化が見られた。

第１に、経済関係が、ＯＤＡを柱とした垂直協力から水平協力に移行して来た。前回勤務までは業務の核にＯＤＡ事業があり、大使館業務としては垂直協力が主であったが、ＯＤＡについては、新規円借款が２００７年度には終了し、一般無償も２００６年度に終了した。その結果、対中ＯＤＡは規模的に大幅縮小し、一部の技術協力と草の根無償のみとなった。その一方で、日中両国が対等な立場で科学技術やマクロ経済問題等共通のグローバルな経済課題に取り組む時代となった。

第２に、中国経済の台頭に伴うマルチの場における中国の存在感の拡大が感じられた。世界経済に占める中国経済の比重が高まり、よりグローバルな存在になったことに伴い、日中バイの文脈に留まらず、ＷＴＯ関連業務、国際金融面での対話や協力、アジア地域協力（日中韓、ＡＳＥＡＮ＋３、ＥＡＳ、ＡＰＥＣ等）等マルチの場における中国との協力の必要性や、主要第三国との対中政策調整、また、中国経済の動向（国内経済活動及び外国の対中投資のみならず中国の海外投資・援助を含めた対外経済活動も）そのものをこれまで以上に広くかつ深く調査分析する必要性が高まって来た。かつての中国専門家中心のアプローチから、オール・ジャパン体制での各分野の専門家の緊密な連携による中国経済への総合的な取組がより一層求められる時代となった。

第３に、危機管理業務が増大した。日中経済関係の緊密化と利害の錯綜に伴い、冷凍餃子事件に代表される食品安全問題や新型インフルエンザ対策、日系企業の労使紛争や欠陥品問題への対応等危機管理的業務が経済部の重要な仕事のひとつとなって来た。この業務には、特に中国の政治社会体制の特殊性故に政府間で直接、公式・非公式のコミュニケーションを取っていくことが、一層物事の円滑な解決に資することに加え、個別の問題が日中間の政治問題に転化する可能性を絶えず孕んでおり、個別企業・個人支援という観点を超えた性格をこの国では往々にして持つことがあるという特殊性がある。

第４に、日系企業支援が経済部の重要な業務となって来た。日本商会、ＪＥＴＲＯ、日中経済協会、個別企業等との日常的な情報交換はもとより、必要に応じて関係政府部門への口上書、書簡、往訪、首脳会談等要人往来の機会の活用等を通じた大使館・政府からの直接的働きかけを積極的に行った。

第5に、経済部体制も規模を拡大して来た。1990年代末に勤務した当時、20数名であった部内日本人スタッフは、この時、計32名に増えていた（内訳は、外務省7名、経産省3名、農水省2名、財務省2名、厚労省3名、公取1名、内閣府1名、国土交通省2名、文部科学省1名、総務省1名、環境省1名、信金中金1名、連合1名、最高裁1名、専門調査員2名、草の根委嘱員3名）。中国人職員7名を加え、在外公館の経済班としては最大規模の組織となった。

ちなみに、筆者が一等書記官であった前回勤務時（1999年）、館内の序列は10番目であったが、今回の勤務では、19番目まで参事官で占められており、最もシニアの一等書記官ですら20番目に位置していた。筆者が務めた外務省経済公使（経済部長）に加え、経産省も在英国大使館公使ポストを振り替えて、北京に新たに公使ポストを設けた。また、筆者離任後には、財務省も公使ポストを新設した。

上海総領事時代（第5回目の中国生活：2015年～現在）

留学を含め過去4回住んだ中国であるが、以上の通り毎回北京であった。北京という中国の首都であり、政治の中心であり、歴史と伝統のある町を、1980年代前半から30年近くに亘って定点観測できたことは、中国の変化を立体的に捉える上でとても有意義であった。

そして、2015年8月から、初めて別の場所、しかも北京とはいろいろな意味で対照的なもうひとつの代表的な国際的都市上海で、いよいよ生活を始めることとなった。

上海は、後述するように、1984年12月に初めて旅行で訪問して以来、1992年10月の天皇皇后両陛下の御訪問への同行を含め、何度も出張や個人旅行でやって来た都市であるが、これまでは、所詮、短期間の経験に基づく印象論の範囲を超えるものではなかった。

今回、実際に上海に住んで仕事をし、上海人と交わることを通じて、上海、そして江南地域の歴史と現在、更には日本との関係について、多くを学ぶことができた。本書執筆のきっかけも、正に今回、上海に勤務するという貴重な経験を得たからに他ならない。その詳細は、追って触れることとしたい。

3．初めての上海訪問

１９８４年12月下旬、留学先の北京語言学院の冬休みを利用して、初めての上海旅行をした。同じ大学で学ぶ数名の企業留学生と共に、夜の凍てつく北京駅を寝台列車に乗って上海に向かった。今では、高速鉄道で5時間弱の距離であるが、当時は15時間程かかった記憶がある。

その頃は、中国のどの町を訪問しても、灰色の古くくすんだ建物と石炭とニンニクと消毒液と塵埃の混じった独特の臭いが鼻を突いたが、上海も例外ではなかった。

バンド（外灘）沿いに租界時代に造られた西洋建築群や南京路の百貨店、共同租界とフランス租界の境界近くにあった大世界（ダスカ）の建物等に「魔都」と言われた往事を偲ぶことはできたが、久しく眠り続けている巨人という印象が拭いきれなかった。

現在日本総領事公邸として使っている淮海中路にある総領事館事務所を訪ねたのもこの時が初めてであった。その31年後にこの建物の主として自分自身が住むことになろうとは、その当時は思いもよらなかった。

　当時、上海で最も高いビルは、1933年に建てられた南京路の国際飯店（パークホテル）であった。地上22階83・8メートル、1960年代半ばまで極東一高いビルと言われていたが、それが、その頃も代表的なビルであったことが、上海にまだ改革・開放政策が本格的に及んでいないことを如実に物語っていた。

　庶民の住む住宅の軒先には、まだ、「馬桶」があちこちに干されていた。トイレ事情が悪く、市民の多くは排泄のためにまだ「おまる」を使っていた時代である。風呂やトイレがない住居も少なくなかった。

　バンド沿いにある和平飯店では、戦前も演奏していた年輩のジャズメンのグループが、昔取った杵柄とばかりに改革・開放政策に乗って、バーでの演奏を再開していた。「上海バンスキング」でも描かれている通り、戦前期の上海は、極東におけるジャズのメッカであり、日本のジャズ演奏家にとってとても憧れの場所であった。

　ちなみに、2015年に上海勤務となって、現在はフェアモント・グループと提携し超高級ホテルとなっているこのホテルのバーを再訪したことがある。相変わらず70歳を越えた老ジャズメンが楽しそうに客を前に演奏していた。さすがに戦前の演奏経験を持つものはないだろうと思っていたら、なんと、一人、戦前も演奏していた90歳を越える老人がいたのには驚

アスター・ハウス（現浦江飯店）。日中戦争中陸軍偕行社が設置される

かつて「中国人と犬は入るべからず」との掲示のあった旧パブリック・ガーデン（現黄浦公園）

いた。

最初の上海訪問では、このホテルに宿泊した。ユダヤ系不動産王ヴィクター・サッスーンが租界時代の１９２９年に建てたアール・デコ風の建物であり、当時彼の事務所やキャセイ・ホテル等が入居していた。

上海人居住区の古い下町である豫園にある南翔饅頭店で、列に並んで名物の小籠包を食べたり、かつてセント・ジョーンズ大学当たりのミッション系大学で学んだのであろうか流暢に我々に英語で話しかける老人に遭遇したり、黄浦江沿いのバンドを散策したり、黄浦江のクルージングを楽しんだり、昔パブリック・ガーデンと呼ばれ、「犬と中国人入るべからず」の掲示があった黄浦公園やそこから虹口に伸びているガーデン・ブリッジ（外白渡橋）、近くにある旧日本総領事館や旧英国総領事館、ブロードウェイ・マンション（上海大厦）、浦江飯店（アスター・ハウス。日中戦争中偕行社（陸軍将校倶楽部）が置かれた）等租界時代の代表的な建物群を歩いて見て回った。

戦前のフランス倶楽部は当時錦江倶楽部と名前を変えていたが、クリスマスの日、旧フランス租界にあったこの倶楽部の２階グランド・ボール・ルームで開かれたダンス・パーティーに参加したことを覚えている。31年後に同じ場所に立って上海総領事として天皇誕生日レセプションを主催することになるとは当時は思いも寄らなかった。

しかし、当時の上海はなんとなく沈鬱としており、余り深い印象は残らなかったのが正直なところである。足早に杭州、蘇州に向けて出発したのを記憶している。

4. 上海（中国）と郷里福山

福山は、広島県東部の中心都市である。戦後の高度経済成長期に日本鋼管（当時）が誘致され、東洋一の溶鉱炉を建設する等第二次産業と共に発展した町である。その後の沈滞は否めないが、平成の市町村合併の結果、人口は約47万人に拡大し、広島市に次ぐ県下第2の規模を有する。かつては備後藩の城下町であった。筆者が生まれてから高校卒業まで18年間を過ごした故郷の町である。

この福山と上海そして中国との間には、心暖まる交流も不幸な歴史も含め、近現代史においていろいろと浅からぬ関係があることを、上海総領事館勤務を経験して改めて気づかされた。

魯迅と上海内山書店及びその従業員であった児島亨氏、更には御子息の佐藤明久氏との縁は別項で改めて言及するとして、筆者が知り得た主要なものだけでも以下のような事例がある。

歩兵第41連隊

戦前、福山には旧陸軍歩兵第41連隊が置かれていた。第5師団隷下の歩兵連隊として、1896年に設置された連隊であり、正に郷土の軍隊として、福山経済を潤した。このようなこともあり、福山は1906年に市制を施行し、2016年には100周年を迎えた。

戦後、跡地は広島大学福山分校として使われ、現在は緑町公園となっている。筆者の母校である広島大学附属福山高校も移転前はこの敷地にあった。

1930年11月に福山で陸軍特別大演習が実施された際には、統監のため昭和天皇が行幸した。福山に向かおうとした濱口雄幸首相が東京駅頭で狙撃されたのもこの時である。

１９３３年から、樋口季一郎連隊長の下でこの歩兵第41連隊付将校であった相沢三郎中佐が皇道派青年将校に共感し、１９３５年8月、台湾への転勤の途次、東京の陸軍省で永田鉄山軍務局長を執務室で白昼堂々惨殺する衝撃的な事件が起きた。

当時、永田は統制派の中心人物で、世に「永田の前に永田なく、永田の後に永田なし」と言われた陸軍の逸材であった。この統制派と皇道派の抗争は翌年の２・26事件に発展し、皇道派の粛正の下に政党政治が実質的に終わりを告げ、軍部主導の時代を迎えることとなる。

盧溝橋事件が発生して約三週間後の７月27日、歩兵41連隊に動員令が発せられる。８月１日、連隊長山田鉄二郎大佐に率いられ駐屯地を出発した連隊は、軍用列車で福山駅から広島駅へ向かった。宇品港を出発し釜山から朝鮮半島を北上し、満州経由で南下、山海関、天津、そして北京まで鉄道を利用した。満州と関内の境にある山海関に到着したのは8月10日、天津着は11日、北京は12日であった。初陣は河北省での戦闘であった。中国大陸での激戦の結果、出征２ヶ月後の10月２日には、将兵百二十柱が白木の箱に入って福山に無言の凱旋をした。

奉天、北京、河北を転戦した後、10月18日、柳川平助中将を軍司令官とする第十軍が組織され、41連隊はその配下として杭州湾敵前上陸の最先頭となった。これは陸軍が日清戦争で創設以来初めて外敵と戦闘し緒戦に勝利したのが広島第五師団であったことによる。また、各常備師団にはそれぞれ特技が割り当てられており、第五師団の特技は「敵前上陸」であった。

塘沽から乗船し、11月上旬、上海郊外の杭州湾金山衛城付近上陸に成功し、占領する。11月19日、第十軍は41連隊に浙江省湖州攻撃を命令し、24日占領。今度は南京の対岸浦口攻略を命じられる。但し、南京の市街戦には加わっていない。浦口に留まっていた翌年1月3日、転戦して今度は上海経由青島上陸を命じられるが敵の抵抗は全くなかった。その後、徐州会戦に参加。更に10月にはバイヤス（白耶士）湾に上陸し、広東攻略戦にも参加した。その後も転戦を続け、中国大陸では、北支、中支、南支、満州の広範囲に及んだ。転戦の過程では、何度か上海に集結している。

１９４０年には北部仏印進駐、太平洋戦争では真珠湾攻撃の数時間前に開始されたマレー上陸作戦に参加し、最後は１９４５年、比レイテ島で玉砕（全滅）している。ちなみに、レイテにあるタクロバン市と福山市は、この関係で１９８０年に友好都市提携をしている。

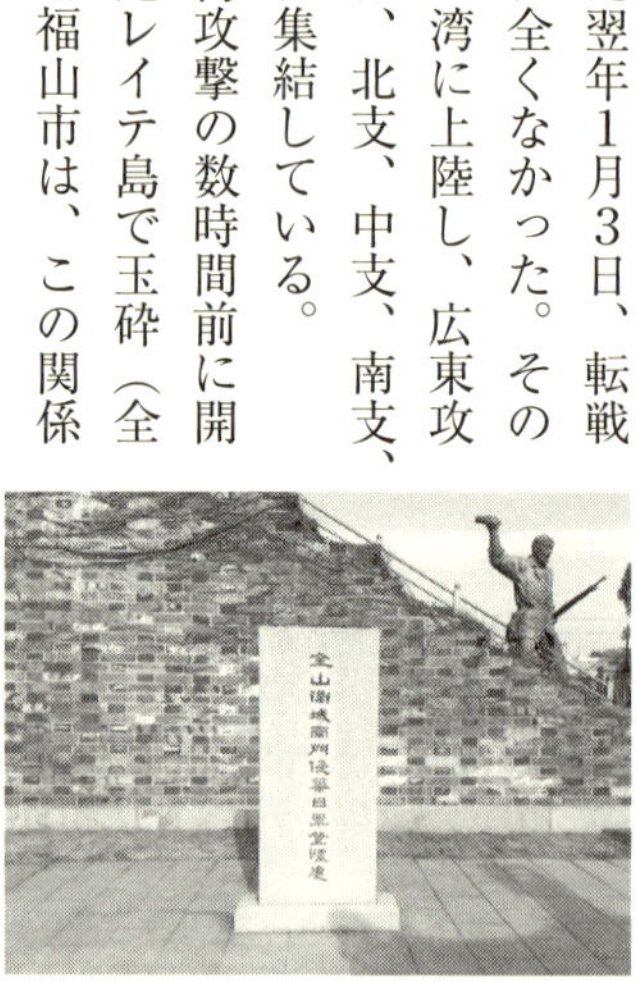

柳川兵団杭州湾敵前上陸地点付近

このように41連隊は平型関から杭州湾敵前上陸、南京攻略戦、徐州作戦、広東攻略戦、ノモンハン、南寧、北部仏印進駐、マレー作戦、ニューギニア戦、フィリピン戦と歴戦を繰り返した連隊であった。

生前、日常生活でなぜかよくゲートルを巻いて作業していた父方の祖父から直接戦争の話を聞いたことは全くない。筆者が高校時代に亡くなったが、その後暫くして、筆者が外務省から中国に派遣される頃に、祖母から祖父は職業軍人ではないが、確か戦時中に中国大陸での事変に召集されたという話を聞いたことが記憶の片隅に残っていた。

それから20年程経過した後、一度軍歴を調べたことがある。陸軍の軍歴は都道府県、海軍の方は厚生労働省で管理されていると聞き、広島県に照会して必要書類を送ると、何日かして祖父の軍歴のコピーが郵送されて来た。それを調べると、祖父は確かに日中戦争に関わっていた。１９３８年、香港からの援蒋ルートを遮断するための広東攻略戦に輜重兵（二等兵）として参加していた。

輜重兵は、兵站を担当する後方支援部隊であり、戦前は、「輜重輸卒が兵隊ならば蝶々トンボも鳥のうち」と歩兵からはまともな兵士扱いされず、軽蔑されていた存在である。祖父は年も若くなく、前線での活躍は期待されていなかったのであろう。

作戦自体は第18師団と第１０４師団が10月12日にバイヤス湾上陸を開始し、中国側からの抵抗もほとんど受けず、10日後には広東（広州）を占領。41連隊はその後に広東に入ったらしい。いずれにせよ、平時であれば海外渡航等夢にも考えられなかった当時の田舎の人間である祖父や郷土の軍隊が中国大陸と浅からぬ関係を持っていたことに歴史の因縁を感じてしまう。

第41連隊の戦死者数は、約7千名と言われている。そのうち、日中戦争の犠牲者は、１、２３９名である。

影佐禎昭

戦前、陸軍参謀本部支那課長を務め、陸軍の対中政策に深く関与した「陸軍支那通」を代表する2名の軍人が共に福山と接点を持っている。その一人、影佐禎昭（１８９３—１９４８）は、陸軍中将まで登り詰めた軍人である。現在の福山市柳津町に生まれ、陸軍士官学校（26期）、陸軍大学（35期）を卒業する。１９３７年の日中戦争が開始された頃には、参謀本部の支那課長を務めていた。その後、対中諜報活動に従事し、民間人里見甫に上海での阿片売買のための機関を作らせ、関東軍等の資金源となる。

また、１９３９年には、影佐の下にいわゆる「梅機関」が設立され、上海を舞台に汪兆銘政権樹立を画策する。戦後、中国により戦犯容疑で拘束され、病気により国内で獄死する。

柳津と言えば、筆者が通った松永中学校の校区に存在したが、地元にいた当時、このような軍人が隣町とも言える地区から育ったことを知る由もなかった。

影佐は、南太平洋ニューブリテン島ラバウル師団長時代の1943年12月、部下に口述筆記させ、「曾走路我記（そぞろがき）」（曾て踏める道の手記の意）との題名で、中国で行って来たことを書き残している。ラバウルでメモもろくにない状況でここまで詳細に記録を残しているのは驚異的である。

それによれば、影佐が日中の提携に微力を尽くしたいと思い立ったのは1921年頃であるが、1929年になって2年間、参謀本部から華北に派遣され研究の機会を与えられる。満州事変勃発時は、参謀本部支那課支那班員であった。彼は、戦闘行動が一旦起こってしまうと、食うか食われるかの状況になってしまい、その中で不拡大方針を政府が宣言してもその実現は困難であったと述べている。

1932年には、支那駐屯軍司令部付として半年天津に駐在した。この時、日中関係の根本的解決は、日本が満州を含む中国の権益を一切譲歩するか、最後まで徹底的に戦うか、両極端しかないと悲観的かつ本質的な認識を述べている。そして、満州事変以降の日本の行動は正しかったとあくまで日本を擁護するが、中国の民族主義に対する理解に欠けていたと反省している。

更に、約1年の参謀本部支那班長を経て、1934年には公使館付武官補佐官として上海に赴任する。この頃のことを、影佐は、陸軍、海軍、外務省関係者の対中観が互いの努力にも拘わらず一致し得なかったとして後悔している。その頃、上海総領事であった石射猪太郎は、影佐のことを称して、面と向っては態度慇懃、話が軽妙で外面的には練れた人物であったが、一寸も油断のならない鋭い謀略家である、謀略にかけては、鶏鳴狗盗の雄にすぎない土肥原賢二等よりは、はるかに冴えた手腕の持ち主というべきであった、と辛辣ながらある面での影佐の能力を高く評している。

一方、同じく当時連合通信上海支局長を務めていた松本重治によれば、影佐を誰のどんな話にも真面目に耳を傾ける誠実で寛容な人柄の持ち主として褒めている。また、西義顕満鉄南京事務所長は「悲劇の証人」の中で、「影佐はその俊敏な資性と相俟って軍閥軍人中においても特にレベルを抜く存在であり、謙虚に中国民族の歴史性を認識する識見深く、その識見が軍閥中において誠に異色である」と影佐の能力や中国への理解度の深さを高く評価している。

１９３５年には陸軍省軍務局課員として、東京で日中関係に従事する。しかしながら、１９３７年7月7日には、北京郊外盧溝橋で日中両軍が衝突、紆余曲折を経ながら事変は上海に飛び火し、日中全面戦争へと発展する。ドイツ大使オスカー・トラウトマンによる和平工作も功を奏さず、翌年1月に近衛首相は、「爾後国民政府を対手とせず」との声明を出す。

同年2月に元南京政府外交部アジア局日本課長の董道寧が、松本重治（同盟通信上海支局長）、西義顕（満鉄南京事務所長）、伊藤芳男（満鉄嘱託）の紹介により、和平の方途を探るため来日し、また、7月には、高宗武アジア局長も来訪する。この際に、蒋介石政権を否認した日本の現状としては、和平実現のためには汪兆銘を求めるしかないと高は語った。松本たちは、影佐が軍人としては珍しく他人の意見に謙虚に耳を傾け、柔軟で寛容な人物であることを高く評価して密使と影佐を取り持った。彼らとの接触を通じて影佐の汪兆銘政権樹立工作が始まる。

犬養健は、「揚子江は今も流れている」の中で、当時盧溝橋事件後の日中全面戦争の収拾を図ろうとしていた影佐の和平工作を回顧している。犬養は、５・15事件で海軍青年将校の凶弾に倒れた犬養毅首相の三男であり、衆議院議員、逓信省参与官、中華民国派遣特派大使、法務大臣等を務めた人物である。

１９３８年、犬養は、松本重治の紹介で、当時参謀本部支那課長をしていた影佐と初めて会う。その際、かつて対中強硬論者であった影佐は既に石原莞爾作戦部長の影響を受けて、中国本土で戦争をやることは大変な脱線であり、限られた兵力は最大限大切な地域に戻し、もっと意味のある事柄のために保存しなければならないとの考えを犬養に告げる。そして、現在陸軍で密かに和平工作をやっていることを紹介して、中国人の愛国心を尊重することが新しい第一歩である、是非、一肌脱いで欲しいと犬養に要請する。

犬養は、生まれて初めて軍人に対して人間としての親しみを抱いたと述懐している。そして、影佐の方も犬養の日中提携に賭けた誠意に痛く感激したと回想している。

上海重光堂（土肥原賢二公館）での日中双方の水面下の会談等を経て、汪兆銘は、1938年12月、重慶を脱出しハノイに到着する。しかしながら、それに呼応した近衛首相の声明には、軍中央の強硬派の意見を反映して、日本軍撤兵時期について明示する内容を含まず、影佐らを失望させ前途多難を予想させる。当時の情勢からすれば、撤兵を言えば日本の世論一般の神経を刺激し、駐兵を言えば中国国民を刺激するという極めて微妙な状況であった。

影佐は、1939年、上海虹口北四川路の路地に梅華堂（通称梅機関）を設立し、汪兆銘工作を行う。ここには、陸軍の他、海軍、外務省、民間の関係者が集い、犬養も民間の立場で参加する。影佐によれば、梅機関は、陸軍のみの機関ではなく、予算・人事も各系統が責任を持ち、かつ、特務機関でもなく、五相会議の指示に基づく政府・軍の実施機関であったという。

紆余曲折を経て、1940年3月30日、汪は、南京政府樹立を宣言する。11月30日、日本政府は、汪兆銘政府を正式承認した。梅機関は、所期の任務を終え解散した。南京の汪兆銘政権承認は、重慶の蒋介石政権を閉め出すものではなく、南京と重慶両者の合流を日本政府も汪兆銘政権も期待していた。しかしながら、汪にとっても、影佐にとっても、当初の思惑とは異なった形での政権樹立となり、中国民心からも、国民党内有力者からも無視され、独自の軍事力を持たない不本意な性格の政権となってしまった。

影佐は、汪兆銘工作は結局は失敗であったと後に回顧している。おそらく、汪兆銘自身も同様に考えていたであろうとも付加している。影佐は、汪がハノイから船で上海に移動する途中、船上で汪の性格に触れ尊敬の念を強めたという。一方で影佐は蔣介石に対する不信を抱いていた。しかしながら、中国の人心を掴んでいたのは残念ながら蔣介石の方であった。

影佐は、手記の最後の方で、これは、日本側の失敗史であり反省録であるが、汪兆銘政権が日本の傀儡政権であったとの批判については、最後まで否定している。

犬養によれば、影佐は、誰にも寛容で誠意をもって接した人間であった。犬養が、東条英機内閣時代に軍機保護法違反の容疑で拘束された際も、影佐は弁護に回った。頭脳明晰、温厚で、寛容精神の持ち主、小事に拘泥せず、大局を把握し、常に沈着冷静、明朗闊達、天衣無縫、親しみ溢れる人物という積極的評価が多くの関係者から聞かれる。詩人草野心平は、汪兆銘政権の宣伝部に属していたことから影佐の人となりに触れていたが、彼は影佐のことを、背の高い学者が軍服を着ているようであり、暖かい理性の持ち主であったと語っている。

「日中戦争裏方記」を著した岡田酉次は当時の和平工作の失敗原因を同書の中で次のように述べている。岡田は陸軍経理学校を卒業し、参謀本部支那課課員、上海駐在武官、興亜院調査官を歴任し、梅機関設置後は影佐の部下として仕え、汪兆銘南京政府成立後は同政府軍事・経済顧問として終戦に至るまで南京に勤務していた。失敗原因の第一は、中国の内政事情である。満州から華北へと勢力圏を拡げる外敵日本に対して国論を統一して国共一致して抗日に当たるべしとの世論の強い意向である。第二に、日本側に伊藤博文や陸奥宗光のような日露戦争当時の優れた政治家や外交家が日中戦争時にはいなかった。第三に、当初は局地的解決を目指した日本であるが、日清戦争以来の対中蔑視感が無反省に中国膺懲論に転換し、これに権益意識が拍車をかけた。第四に、様々な和平工作ルートが乱立し重慶政府を混乱させ真剣に対応させることに失敗した。そして、和平工作に直接携わった経験から得た結論は、何と言っても隣人中国との信義を無視した日本の暴走が最大の原因であり、もし戦争に正義の戦いというものがあり得たとしたら、この戦争はおよそそれとは縁遠いものであったと述べている。

東条は、影佐が中国に寛大過ぎるとして彼を左遷したと言われ、影佐は、南太平洋ニューブリテン島ラバウルの師団長に任命されてそこで終戦を迎える。1946年に復員するも、肺結核の病状が悪化し、1948年9月10日、東京国立第一病院で息を引き取った。享年55歳であった。戦前の福山と上海、そして中国に深く関わった軍人であった。

今井武夫

福山と上海に縁のあるもう一人の軍人は、今井武夫（1898―1982）である。彼は、また、前述の影佐とも、日中戦争後の和平工作で上海、南京、香港、東京において一緒に仕事をした間柄であり、これもまた、不思議な因縁である。

最終階級は陸軍少将。長野県に生まれ、陸軍士官学校（30期）、陸軍大学（40期）を卒業、日中戦争中、和平工作に従事する。奉天特務機関員、北京大使館付陸軍武官補佐官等を務め、1937年の盧溝橋事件発生後、その年末に帰国して参謀本部支那班長、支那課長を歴任する。

彼は、「支那事変の回想」という著書を残しており、淡々とかつ克明に日中戦争と対中和平に関わった自らの歴史を回顧している。彼は、日中戦争の全期間、陸軍軍人として勤務し、その大部分を中国問題に関与した。盧溝橋事件の際には北京の公使館付武官補佐官であり、敗戦の際には支那派遣軍総参謀副長として南京に勤務し、降伏調印式に出席するという巡り合わせを味わう。

今井は、自分自身の努力は失敗の連続であり、個人の和平への努力は怒涛のような民族の激動を転換し得ないことを痛感した。共に傷付くことは自明であったにも拘わらず、戦いを中止して歴史の流れを阻むことは困難であり、その結果、日本は国を滅ぼし、勝利した国民党政府も大陸を追われてしまったと慨嘆する。彼は、「支那事変の回想」を執筆して失敗談を率直にありのまま記することにより、自ら深く反省し、今後は紛争に際して武力に訴えずに最後まで和解の精神を失わないことを切望すると述べている。

今井は、南京の支那派遣軍総司令部から転任の命令を受け、１９４１年8月、福山にある歩兵第１４１連隊の連隊長に任命される。これが彼と福山との接点である。

福山への転任の際に、陸軍省の上司から海外勤務が長かったので、福山には家族を帯同するよう勧められた。国際情勢が風雲急を告げる中、まもなく動員が下され、結局は、3ヶ月程の短い福山滞在であったが、家族ともども楽しい一時を過ごした。

出征してフィリピン作戦に出動する。第１４１連隊は、もともと福山にあった第41連隊が日中戦争に出動した後、その兄弟部隊として、１９４１年9月に、この福山の兵営で新たに編成された連隊である。もともとは国内に留まって警備する留守部隊となるはずであった。上司から家族帯同を勧められたのも、そのような背景があったからである。今井は、9月10日、宮中に参内して新たな軍旗の親授を受けた。

松山歩兵第１２２連隊、松江歩兵第１４２連隊と共に、福山第65歩兵旅団として臨時編成された。第

141連隊は、11月13日、歓呼の声に送られて福山城下を後にして宇品港を出帆し、19日、台湾基隆に上陸する。12月8日の太平洋戦争開戦後、フィリピン戦線に投入された後、ニューブリテン島ラバウルで敗戦を迎えている。

今井は、フィリピン戦線の後、1942年8月31日付で、支那派遣軍参謀として上海に戻ることとなり、9月に連隊を去ることとなる。上海には、もともと大使館や総領事館の他、海軍特別陸戦隊が常駐しており伝統的に海軍の影響が強かった。しかしながら、日中戦争後は陸軍の大部隊が上陸し、1939年以降は第13軍司令部が置かれていた。また、興亜院、満鉄の現地事務所があり、今井によれば、日本政府・軍各機関がそれぞれバラバラに活動し不統制を極めていた。更に11月には大東亜省が新設され、現地機関が北京と上海に置かれることとなった。そして、今井は、大東亜省参事官に任命され、東京に戻り、1944年9月まで勤務することとなる。

時期は前後するが、今井が大使館付陸軍武官補佐官（通称北平（北京）武官）として北京に勤務していた際に、盧溝橋事件が起きる。1937年7月7日のことであった。事件直前の華北情勢は、梅津・何応欽協定、土肥原・秦徳純協定により国民党は止むを得ず兵力を撤収して南下し、宋哲元の冀察政務委員会、殷汝耕の冀東防共自治委員会、関東軍、天津軍と日中双方とも微妙な対立関係が複雑に絡み合っていた。

1936年11月には綏遠事件が起こり、日本軍恐るるに足らずという風潮を中国側に醸成した。今井は、ある時、中国人に混じって北京の映画館で綏遠事件に関する映画を観る機会があったが、中国人観客が熱狂し興奮しながら鑑賞し、蒋介石や傅作義の大写しに嵐のような拍手を送って愛国の熱情をたぎらしている様子を見て、全くそら恐ろしい気持ちがしたと述懐している。

これまでは、ただ日本軍の威力を恐れていたが、綏遠事件で日本の実力が「麻桿児打狼」（麻殻で狼を打つ。麻殻が硬い棒ではなく単なるこけおどしと分かってしまうと狼は立ち向かってくる）と認識し始め、中国はもはや日本の恫喝や脅迫には屈しないとの危険信号が今井にも感じられた。

ちなみに、今井は、長い間、中国民族が経験した苦難の結果が、人情の酸いも甘いも噛み分け、ほのぼのとした暖かい人間味を感じさせるものがあり、中国人のこうした相互信頼感と人間的暖かさに触れ、こうした民族を抱擁する中国大陸に深い愛着を持ったと述べている。

他方で、日本側は、満州事変以来、軍内部の下克上と出先関東軍の独断専行が瀰漫していた。そして、多年山積した懸案解決のため、この際、実力行使による処理といった無謀な強硬論を唱える中堅軍人が少なくなかった。

今井は、現地停戦交渉に尽力し、7月11日、一旦停戦は成立するが、事変はその後も拡大し、遂には日中全面戦争となる。現地交渉では、日中双方とも相手国の言語に関する知識不足のため、しばしば意思疎通を欠いたという初歩的な問題まで起きていたという。今井は、日中両民族は同文同種であるから当然に理解し合えるという観念論はむしろ有害であり、双方の言語や民族性を学び、独断的な中国通を気取ることを強く戒めている。

日本政府の当初の不拡大方針にも拘わらず、内地三個師団の動員が閣議決定され、17日には蒋介石が「最後の関頭」演説を行う。廊坊事件、通州事件が起こり、上海では大山中尉殺害事件、第3艦隊の派遣、そして8月13日には第二次上海事変へと発展していく。

11月のトラウトマン工作については、政府の交渉打ち切り論と統帥部の交渉継続論が鋭く対立した。統帥部としては、ソ連に対する備えや日本の国力の限界から事変の早期解決を望んでいた。しかしながら、内閣倒壊の可能性もあり、結局統帥部が妥協し、翌年1月、近衛首相は「爾後国民政府を対手とせず」との声明を発出し、日中戦争は泥沼化していく。日本は、日本軍の威力をもってすれば中国軍のごときは鎧袖一触で屈服させ得るものと自らを過信していたと今井は反省している。

今井は、1937年末帰国し、参謀本部支那班長、支那課長となる。そして、参謀本部から今井、陸軍省から影佐が代表となり上海に派遣され、共に汪兆銘工作に従事する。上海重光堂で中国側との秘密会談を重ね、1938年11月、日華協議記録と了解事項に署名する。帰国後、その結果を陸軍大臣、参謀次長等に報告、板垣陸軍大臣は、影佐と今井を従え首相官邸に赴き、五相会議の関係閣僚の同意を求めて、第三次近衛声明として発表することとなった。日本と交渉するか徹底抗戦するかで汪兆銘と蒋介石との対立は解けず二人は袂を分かち、結局汪は12月、重慶を離脱してハノイに脱出する。汪の脱出を受けて、近衛声明が発出されるが、肝心の日本軍撤兵に関する文言は入っていなかった。

汪は重慶を脱出した後、ハノイ経由で上海に移り、1940年3月に南京政府樹立を宣言する。今井は、南京政府樹立構想については、その成果に懸念を感じ、必ずしも支持しかねていたと回顧している。というのは、日本軍占領地域内の政権樹立は中国側から見れば傀儡政権との批判を免れないからである。

全面和平のためには、南京政府と重慶政府との調整が不可欠と認識し、今井は、汪兆銘工作と並行して、重慶政府との連絡ルート開拓のため努力していた。今井は、事変の根本的解決のためには、重慶の蒋介石国民政府との直接交渉が必要と判断し、1939年秋に支那派遣軍総司令部に転出して以降、12月から、香港において宋子文の弟、即ち、蒋介石の義弟宋子良と称する人物との接触を開始した。

重慶政府の行政院長や財政部長を歴任した宋子文は蒋介石夫人宋美齢の実兄であるが、政府と相いれず、次弟宋子良等と共に香港に居住し、宋美齢も時折重慶から飛行機で香港を往復していた。今井は、満鉄社員佐藤正を名乗り、宋子良と自称する男と接触する。参謀本部及び陸軍省の承諾を得て、汪兆銘政権樹立のために日本側が提示した内容と同じ条件で密かに交渉を開始することとなった。これを「桐工作」と命名した。

しかしながら、宋子良が偽物である疑いが生じ、香港ペニンシュラ・ホテルでの会談の機会を利用して、鍵穴から会談中の宋子良の写真を撮った。しかし、これは真偽を判断する決定的な材料にはならず、結局、自称宋子良は替え玉である可能性も少なくないが、利用価値がある限りは真偽に拘泥しないとの了解の下に日本側は交渉を継続した。

交渉において、蒋介石、汪兆銘、板垣征四郎支那派遣軍総参謀長の三者会談の実現を図ることで意見が一致した。東京では第二次近衛内閣が発足し、陸軍大臣が東条英機に交代した。今井は、１９４０年７月末に上京して東条陸相に桐工作の経緯と現状を報告したところ、東条は不機嫌そうに語気鋭く質問した後に日中直接和平のような政策的行動は支那派遣軍の越権行為とも言わんばかりの勢いであり、明らかに桐工作に否定的な反応であったという。他方で、前日の近衛首相との会見では、首相は熱心に今井の話を聴取し成功を希望して激励してくれた。

その後、重慶からは、満州問題及び日本軍の駐兵問題につき合意が得られぬ限り、三者会談を当面見送るとの方針が伝えられ、そうこうするうちに9月には日独伊三国軍事同盟が成立した結果、桐工作は中止される。

今井は、自ら進んで和平工作を担当しながら成果を挙げ得ず責任を痛感して10月8日、進退伺を出すが、総司令官からいずれ再び停戦交渉を行う時期があるであろうから機が熟するのを待つように慰撫激励された。そして、翌年に福山歩兵第１４１連隊の連隊長として転任する。

ちなみに、宋子良には後日談がある。１９４５年6月、上海の憲兵隊に逮捕された中国人の中に藍衣社の曽広と称する人物がいた。囚人の戸外運動中、たまたま桐工作の際に通訳を担当した日本人嘱託が彼を見て香港での記憶が蘇って驚いた。彼こそ、宋子良の替え玉であった。

今井は、１９４４年8月、支那派遣軍総参謀副長兼大使館付武官（陸軍少将）となり、終戦時には、岡村寧次大将らと共に南京での降伏受諾式に立ち会うこととなる。戦犯に指定されることもなく、１９４６年12月28日に上海を立ち大晦日に佐世保に入港、翌年1月16日に第１４１連隊のあった福山に立ち寄り、妻の実家の富山に向かった。

今井は対中和平工作を振り返りこう述べている。暴支膺懲論が横行し、大東亜共栄圏の建設が叫ばれ、一億国民が聖戦の夢に酔わされている時、うっかり和平解決を口にしようものなら、国賊としての汚名を被ることとなるのでいわばタブーとなっていた。和平工作に挺身することは相当の決断と勇気を必要とした。戦後様々な関係者により発表された文書によれば、当時同様の意見を持っていた人は少なくなかったようであるが、当時は同志の獲得もできず、敢えて危険を冒す者もおらず、一部人士の憂国の至情に発した和平工作が成果を挙げなかったのは当時の事情から無理からぬことであったと総括している。

参謀本部支那課の本流であった磯谷廉介元中国公使館付武官は、自分の後継者は影佐であり、その次は今井である、と二人への期待を語っていたという。戦前陸軍の「支那通」を代表する二人が共に福山と関係するのは、何かの縁であろうか。

森下博と仁丹

福山市内の南部、瀬戸内沿岸に鞆という街がある。宮崎駿監督の「坂の上のポニョ」で話題となり、古くは大伴旅人らによって万葉集にも4首に詠まれ、江戸時代には朝鮮通信使も潮待ちとして立ち寄った旧い街である。

この鞆出身の森下博により、1893年に大阪で森下南陽堂、現在の森下仁丹が創業された。昔程の人気はないが、今でも薬局の棚の隅の目立たない場所に仁丹が置かれているのを見ることがある。最近では老舗ブランドに安住せず、「オッサンも変わる。ニッポンも変わる」という触れ込みで、新しいことに果敢に挑戦するベンチャー精神を持った中年の人材を積極的に採用している。

森下は、1869年、備後国沼隈郡鞆町（現広島県福山市鞆町）に神社の宮司の長男として生まれる。しかし、祖父の出身である森下家に世継ぎがないことから同家を継ぐこととなった。長男には学問よりも実業の方が将来のためになると、9歳の年に学校を辞めさせられ見習い奉公に出される。

年季が明けた森下は再び勉学の道に戻るが、父親の病気のために再び学業を諦めることになる。15歳の年に大阪で医者を開業していた叔父宅に身を寄せ、心斎橋の舶来小物問屋に丁稚奉公に出て、9年勤めた後に別家を許され、1893年に薬種商の森下南陽堂を大阪に開く。森下はまだ25歳であった。

彼は、創業に当たり、事業の基本方針として次の3ヶ条を掲げた。第1に、優良品を製造販売する。第2に、外貨の獲得を目指す。第3に、広告を重視する。

1900年に販売した梅毒新剤「毒滅」は、画期的な新薬であることに加え、商標にドイツ宰相ビスマルクを使用し、家財の一切を広告費につぎ込んで日刊紙等で大々的に宣伝したことが功を奏し、瞬く間に有名になる。

現在の銀粒仁丹につながる赤大粒仁丹が売り出されるのは1905年のことであった。時あたかも日露戦争最大の難所とされた旅順要塞陥落の報道に国内が沸き返っていた頃である。日清戦争で台湾に出

森下仁丹の現在の商標

征した森下が現地で常用されていた丸薬にヒントを得て、丸薬の本場富山にも行って学んだ。薬学の権威であった学者からも協力を求めて研究した結果発売された仁丹は、２年で売薬中の売上高１位を記録するまでに高い評判を得る。

　仁丹のトレードマークである大礼服の帽子を被り、カイゼル髭をたくわえ、謹厳でりりしい男性の商標の由来については諸説あるが、森下の孫は、森下がかつて、「あれは軍人ではなく、外交官である。つまり、仁丹は薬の外交官である」と言っていたのを聞いたことがあるそうである。

　森下は、仁丹製造に当たり、中国をはじめとする世界の人々の健康のために広く役立ちたいとの目標があった。仁丹という名称も中国を意識し、「仁義礼智信」の最初の「仁」に台湾の丸薬に使われていた「丹」の文字を組み合わせて作った。中国大陸での仁丹販売に成功した森下は、これで恩返しができると大いに喜んだそうである。

　１９０７年に会社内に輸出部を設け、中国での販売拠点網つくりに取り掛かった。１９０８年、中国全土４千ヶ所の郵便局に仁丹と宣伝ビラを小包で送り、委託販売を要請した。前後して、上海、天津、漢口に出張所を設け、社員を派遣した。

　１９１３年には大野立看板を上海呉淞の長江河口に建設した。東亜同文書院第26期の西里竜夫は、１９２６年、同書院入学のために長崎から日本郵船の連絡船で上海に渡った際に、揚子江から呉淞で大きく左に旋回し支流の黄浦江に入った時に、最初に目に入ったのが左岸に立っていた大きな「仁丹」の看板であった、とその著書「革命の上海で」の中で述懐している。

森下の志とは異なり、森下仁丹を象徴する大礼服の看板は、皮肉なことに戦前の中国で日貨の象徴的存在として捉えられ、1920年代以降断続的に中国で発生した日貨排斥運動、いわゆる日本製品ボイコット運動の攻撃対象となってしまった。戦前の日中関係を描く映画の中に、森下仁丹の看板の横に、「打倒日本帝国主義」のスローガンがペンキで殴り書きされている画面がよく出て来る。ちなみに、ホーロー製の大礼服の商標の入った看板は、日本でも中国でも骨董屋で高価な値段で取引されている。

1937年に勃発した盧溝橋事件、それに続く日中全面戦争の下、医薬品は国民の保健に欠かせない重要な商品として物資統制が強化される中でも比較的自由に製造販売ができ、広告規制も緩やかだったらしいが、宣伝広告活動はその後、縮小を余儀なくされる。しかしながら、仁丹の売り上げは順調に推移し、日貨排斥の中で輸出も好調が続いた。そして、1942年の仁丹生産額は1千3百万円を超え、医薬品業界のトップに登りつめた。

「不況にも非常時にも強い仁丹」であったが、1945年に本格化した米軍の本土空襲そして敗戦の結果、国内に残された工場はごくわずかとなり、海外店はすべて接収・閉鎖され、仁丹市場の6割を占めた中国・東南アジア市場を失うこととなる。

戦後の文化・経済交流

もちろん、福山と上海、そして中国のつながりは、前述のような過去の戦争にまつわる不幸な歴史だけではないのは言うまでもない。多くの先人や同時代の人々が日中文化・経済交流に尽力している。筆者が上海地域で個人的に関係した交流だけでも、以下のような事例がある。

■栗原蘆水

栗原蘆水（1931―2010）は、福山市駅家出身の著名な書道家である。天満屋デパート勤務から脱サラして、書道を学ぶ。日展審査員・理事・常務理事、全国美術振興会常務理事、日本書芸院理事長等を務め、日本芸術院賞、勲四等旭日章等を受賞した著名な書道家である。ちなみに、上海の総領事公邸にも、生前、本人から寄贈された作品が3点、壁に飾られている。

福山駅前から西に歩いて5分程のところに「ふくやま書道美術館」がある。栗原蘆水が、長年収集した中国明・清時代の書画、文房四宝等の貴重なコレクションを市に寄贈し、2003年に開館した。書画等の美術品の9割が彼の寄贈と言われており、その中には有名な呉昌碩の作品が7点ある。呉は大正時代、日本の書道家、収集家に絶大な影響を与えた書道家、篆刻家であり、浙江省安吉の出身であるが、彼が住んでいた上海にも呉昌碩博物館がある。

戦前の上海において、高級日本料亭「六三亭」を経営していた白石六三郎は、虹口に6千坪の広大な日本庭園（六三園）を造り、在留邦人の活動のため無料で提供していた。この場で、呉昌碩の書画展覧即売会が開催され、日本人の収集熱を高めたと言われている。

現在、呉の曾孫の呉越氏が、上海の呉昌碩記念館館長をしている。福山とも縁があり、何度も講演や書道美術館との交流のために福山を訪問している。

■母校と上海の高校との交流

広島大学附属福山高等学校は筆者の母校である。2015年度、全国56校の一つとして文部科学省のスーパー・グローバル・ハイスクール（SGH）に認定された。SGHは、グローバル人材を高校レベルから育成することを目的に新たに予算化された事業であり、その一環として筆者が上海総領事時代の

2016年7月に、上海の有名高校である大同中学と学生交流を行うため、母校の高校2年生の代表団10名と教師3名が上海を数日間訪問した。

筆者は、事前オリエンテーションのため6月に一時帰国し、卒業以来なんと37年振りに母校の校門をくぐった。そして、中高校生約1、000名を前に、「日中関係と若者への期待」と題して講演する機会に恵まれた。ちなみにこの時には、福山在住の同級生が8名程駆けつけてくれ、彼らと卒業以来の旧交を温める機会にも恵まれた。

一行の上海訪問中には、両校学生代表の他、上海日本人学校高等部の学生代表を総領事公邸に招待し、関係教師や上海駐在広大附属福山高校OBも交えて交流レセプションを開催した。

母校の後輩諸氏にとり、大同中学の同年齢の中国人学生と討論や交流を行うことを通じて中国人若者エリートの英語表現能力の高さに刺激を受け、彼らの関心や悩み事の一端に触れ、中国や日中関係を学ぶ上で非常に貴重な機会となったものと思う。修学旅行を含めて日本から中国を訪問する中高生が少なくなっている昨今、母校後輩のパイオニア精神に敬意を表したい。そして、上海と郷里福山、そして筆者を繋いでくれた母校代表団の上海訪問を心から嬉しく思う。

■中川美術館

福山に中川美術館という美術館がある。地元実業家であり、中国現代絵画収集家である中川健造の個人コレクションが多く展示されている。その中には、中国現代女流画家である鄧琳（鄧小平の長女）の作品等も所蔵されている。1989年に開館した。

中川館長夫妻は、宣統帝溥傑（溥儀の弟。夫人は嵯峨公爵家の浩）の次女である福永嫮生女史から譲り受けた朝顔の種を各地に植える活動に従事しており、上海からも比較的近い江蘇省蘇州で毎年開かれる「朝顔芸術展」に出席する等、日中交流事業にも熱心である。

■福山通運

福山通運は福山に本社を置く業界を代表する運送会社である。1948年に設立され、1950年に現在の名称となった。関連の公益財団法人として渋谷育英会及び小丸交通財団があるが、北京や上海での大学日本語スピーチ・コンテストの支援を毎年行っており、小丸成洋社長（両財団法人の専務理事）が、上海に毎年9月頃に、スピーチ・コンテスト参加のため約30名の代表団を引率して訪問している。筆者も、関係者と公邸で親しく懇談したり、スピーチ・コンテストに来賓として出席した。

■常石造船

常石造船は、福山市常石に本社を置く中堅の造船メーカーである。1917年に塩浜造船所として創業、1942年に常石造船として法人化された。バラ積み貨物船を主力とする国内有数の中堅造船メーカーである。常石工場の他、海外展開にも積極的で、フィリピン（セブ島）及び中国の2ヶ所に造船所を持っている。中国については、2003年に浙江省舟山群島の秀山に、本社の3倍程の規模の造船所を立ち上げている。

舟山（秀山）では、10万トン以下の規模の貨物船や牛船を製造しており、また、中規模のクルーズ船建造計画もある。かつて、宮澤喜一元首相、橋本龍太郎元首相、習近平主席（当時浙江省書記）も視察に訪れている。筆者も2016年6月、上海総領事館管轄地域にある同造船所を視察し、関係者と意見交換した経緯がある。

常石グループでは、造船の他、最近ではゲスト・ハウスから発展した高級観光リゾートホテル「ベラ・ビスタ」を常石本社に隣接する尾道市浦崎町にオープンし、特に若い女性の間で人気を博している。

5．上海内山書店と福山との縁

戦前、ピーク時には約10万人の日本人が住んでいた上海の虹口地区に、岡山県井原出身の内山完造が開いた内山書店があり、魯迅等日中知識人のサロンの役割を果たしていた。２０１７年には開店１００周年を迎えた。ここでは、上海を舞台に活躍する様々な国籍の様々な人物が交錯している。尾崎秀実、鹿地亘、増田渉、谷崎潤一郎、佐藤春夫、金子光晴、鈴木大拙、火野葦平、魯迅、田漢、郁達夫、茅盾、郭沫若、アグネス・スメドレー等多くの知識人が内山書店を介して上海文化人の世界を形成していた。

内山完造は、１８８５年に現在の岡山県井原に生を受けた。広島県東部の備後地方に育った筆者には身近な地名である。また、筆者が１９８３年に上京し、外務省に入省して中国語を本格的に学ぶようになった際に、外務省研修所の講師であった中山時子（１９２２―２０１６）お茶の水女子大教授から紹介を受けた神田神保町すずらん通りにある内山書店（内山の弟嘉吉が開店）を、その後、仕事柄定期的に利用することにもなったので、個人的な思い入れも深い。

ちなみに、中山先生は戦前の北京に生まれ、北京大学に学び、戦後、東大中国文学科を卒業するという当時としてはとてもユニークな経歴を持っていた。その頃の外務省研修所が、お茶の水女子大の近くにあったこともあり、中山先生から、我々外務省若手チャイナ・スクール省員は中国語の薫陶を受けた次第である。中国語の時制・表現方法を先生が独自に作成されたプリントに沿って徹底的に訓練された記憶がある。老舍や中国料理の研究家でもあった。筆者が北京に留学した１９８４年の秋、中山先生の案内で北京飯店の北側の胡同にある老舍旧居を訪れ、未亡人の胡潔青女史を紹介してもらい歓談したこともある。

内山書店の話に戻れば、後述するように、筆者の郷里福山に繋がっていようとは上海に赴任するまで恥ずかしながら承知していなかった。

内山が上海で最後に使っていた書店の建物は、虹口地区の北四川路（現在の四川北路）に残されており、中国工商銀行の事務所となっている。2階、3階は内山書店に関する陳列室が設けられ、資料や写真が展示されている。また、近くの魯迅公園の中の魯迅記念館に、土産物屋を兼ねて内山書店が復元されている。内山完造については、自身が著した「花甲録」や「そんへえ・おおへえ　上海生活三十五年」等の著作が岩波書店から出ている。

内山は、京都の赤野商店で住み込みの仕事をしていた際に、商売上の付き合い人の紹介で京都教会（プロテスタント）に通うようになり、その後入信した。その時にお世話になったのが、牧野虎次牧師である。その後、牧野牧師が田口謙吉参天堂大学目薬社長に内山を紹介したことが縁で、彼は同社に入社し出張販売員として、1913年、上海に渡ることとなる。

翌年、一時帰国した際に、これまた牧野牧師の紹介で京都教会の信者である井上みきと知り合い、1916年に牧師の家で結婚式を挙げて、妻を上海に帯同することとなる。内山が31歳、みきが23歳の時であった。新婚生活ではあったが、内山は1年の半分は中国各地を行商で回り、上海を留守にしていることが多いこともあり、1917年、妻の内職用に自宅でキリスト教関

内山書店旧址のプレート

虹口にあった内山書店

係の書籍販売を始めた。内山書店の始まりである。最初の場所は、北四川路魏盛里169号であった。ビール箱に100冊足らずの主にキリスト教関係の本を並べて扱うこじんまりした店舗であったという。その後、一般書も扱うようになり、次第に店の利用客が増え、事業が順調に拡大して来た。そこで、内山本人も1930年には17年間務めた参天堂を辞め、書店経営に特化することとなった。もともと、参天堂社長の田口謙吉氏の縁で同社に入社して上海勤務となり、結婚に当たっては仲人もしてもらった間柄にあったが、本人によれば、その恩人である田口の死去も会社から知らされず、参天堂内で起こった社内人事抗争に愛想を尽かしたということもあったらしい。

書店の顧客は日本人のみならず、中国人、朝鮮人にも広がって行った。内山は、月末の付け払いについても、彼らを一様に信用し、日本人と区別せずに平等に取り扱った。中国の知識人にとっては貴重な日本語書籍であり、かつ、書店の心地良い雰囲気と相まって日本人であると否とを問わず、着実に顧客を増やして行った。1929年には、終戦の年まで続く場所、北四川路底施高塔路11号に新店舗を構える。

内山書店は、日本国内では当時手に入りにくかった左翼系の雑誌や書物も取り扱い、東亜同文書院の教授・学生やジャーナリスト、知識人が求めにやって来た。国内で発禁になる前に上海向けに船積みされ、店頭ではなく書店の上階の住み込み部屋等に収納し、馴染み客の求めに応じて販売していたという。また、内山の中国人及び在留邦人との人脈の広さから、上海を訪れる日本の文化人が、しばしば内山書店を交流の拠点としていた。

魯迅とは、彼が1927年に広州から上海に移り住んでまもなく交流が始まり、転々とする魯迅に住居を世話したのも内山である。1936年10月19日に魯迅が55歳で永眠した際には、葬儀委員会委員として、宋慶齢、毛沢東、蔡元培、アグネス・スメドレー、茅盾等そうそうたる人物と共に日本人として唯一名を連ねている。

1945年、終戦の年の1月に最愛の妻を失い、日本の敗戦後、内山書店は接収されることとなる。上海に骨を埋める覚悟であった内山は、1947年、傷心の思いで帰国することとなる。戦後は、日中友好協会理事長として日中友好に引き続き尽くすが、1959年、病気療養のため中国側の招きで北京滞在中、脳溢血のため客死した。日中交流に身を捧げた74年の生涯であった。現在、妻みきと共に、上海の宋慶齢陵園内の外国人墓地に眠っている。

福山駅前の天満屋百貨店の裏通り（元町通り商店街）に、佐藤明久氏の経営する児島書店がある。現在、福山で唯一の伝統的な古本屋である。同氏は、現在、福山市日中友好協会会長を務め、長年に亘る上海との交流の功績が評価されて、上海市から名誉市民表彰である「白玉蘭賞」を受賞している。父親の児島（旧姓中村）亨は、内山完造の親戚筋に当たり、井原内山家を継いだ完造の弟、内山和平の紹介で、上海内山書店に1933年から住み込みで勤めることとなった。理由は、亨の父親の破産であった。

亨は、魯迅が書店から程近い自宅で永眠した際、その最期を傍らで看取った人物でもある。子息の佐藤明久氏が、上海魯迅記念館が主催する2016年の魯迅生誕135周年・逝去80周年の記念シンポジウムに寄稿した文章によれば、亨が店番をしていると、ほとんど毎日魯迅がやって来たそうである。佐藤氏の調査によれば、亨は魯迅一家の身の回りの世話で、1ヶ月程共同生活をしたり、魯迅の食事や映画に付き合ったりしており、魯迅日記にも4ヶ所に亘って中村亨の名前で登場する。魯迅から直筆の「帰雁」の書ももらっている。筆者も一度佐藤氏の自宅で現物を見せてもらったことがある。結果的に魯迅の絶筆となった内山完造宛てのメッセージ（喘息がまた始まったので約束が果たせないこと、また、かかりつけの須藤五百三医師を呼んでほしいとの10月18日付の手紙）を、夫人の許広平から受け取ったのも亭である。

内山の判断で、その夜は亭を手伝いのため魯迅宅に泊まらせることとなった。しかし、関係者の努力空しく、魯迅は翌19日早朝、この世を去った。当日午後には遺体は万国殯儀館に移され、3日間に亘って通夜が営まれた。告別式には1万名、22日の葬列には約6千名が参列し万国公墓に向かったという。万国公墓の礼堂では錚々たる文化人の中で、内山も葬儀委員の一人として告別の辞を述べた。ちなみに、20年後に魯迅は、魯迅公園内の墓地に改葬されることとなる。魯迅記念館から歩いて数分のところである。

児島は、戦前ガーデン・ブリッジを渡り虹口側の黄浦江沿いにあった日本総領事館の東側に隣接していた日本郵船の専用埠頭に、定期的に日本から運搬される書物をマツダのオート三輪（バタンコ）やトラック、時にはリヤカーで受け取りに行き、内山書店に搬入していたという。１９４０年、内山和平の妹の娘静子と結婚した。

内山書店は、終戦後の１９４５年10月に、敵国資産として国民政府に接収された。内山は、その後も、日本への引揚者から本を買い集め、古本屋を経営していたが、翌年12月、強制帰国命令が出て家族と共に引き揚げた。彼は、日本の軍国主義と侵略主義の犠牲になって自分の夢が破れたと嘆いていたそうである。

児島の方は、一足先の１９４６年に上海から帰国し、戦後は静子夫人と福山市で児島書店を営んだ。２００１年に死去し、書店は、現在、子息の佐藤明久氏が引き継ぎ、今日に至っている。

佐藤氏とは職業柄、上海で何度もお目にかかったが、上海と福山の不思議な縁を感ずる一話ではある。佐藤氏は上海に来る度に、魯迅公園の中にある魯迅の墓に花輪を持って参拝することを欠かさない。

なお、佐藤氏は、魯迅研究者ではないが、専門家も顔負けの大きな業績を残している。同氏は魯迅の「藤野先生」の自筆原稿を調査分析し、冒頭標題の最初の部分が、書かれた後に削られていることに注目し、それが「吾師」（我が師）であることを突き止めた。魯迅は、もともと「吾師藤野先生」と書いた後に、何らかの理由により「吾師」を消し、最終的に「藤野先生」と題名を付けたことを明らかにしたのである。そして、この調査結果を、２０１１年９月25日に発表している。

魯迅について、筆者の直接経験した２つのエピソードを述べたい。一つは、２００８年の秋、北京に赴任してまもなく、週末の午後、国子監周辺を散策していると、たまたま、中にある建物の一角で魯迅の独り息子である周海嬰氏の写真展が開かれていた。参観した後、パンフレットに署名してもらったことがある。その時は、人も多く、実質的な会話を交わすことができなかったのが残念である。２０１１年４月７日に81歳で北京で亡くなったので、これが最初で最後の出会いであった。

ちなみに、周海嬰は１９２９年９月27日に上海の福民病院で生まれている。虹口にあった日本人の代表的な病院であり、重光葵が１９３２年４月29日の天長節爆弾事件で担ぎ込まれた病院もここである。

もう一つは、２０１６年の上海で、ある夜、魯迅の孫、即ち周海嬰の息子である周令飛氏を総領事公邸に招き、食事を取りながら親しく懇談したことがある。魯迅とのあまりの生き写しのような容貌に驚いた。本人も意識しているのかもしれないが、背格好が魯迅とはずっと大きい以外は、本当にそばに魯迅が立っているような幻覚を見たくらいである。同氏は日本留学中の１９８２年、台湾人女性張純華と結婚、共産党を脱党して台湾に移り住み、当時新聞紙上を賑わした。１９９９年、大陸に戻り、現在は、魯迅文化発展中心の主任をしている。

筆者は、中学３年生の国語の授業で、魯迅の「故郷」を学んだことを鮮明に覚えている。「主人公」

と幼なじみの閏土との子供時代の懐かしい想い出と埋めがたい現在の身分の違い、紹興にある主人公の没落した実家、そして暗澹たる現状の中で、「希望というものは本来あるとも言えないし、ないとも言えない。それはちょうど地上の道のようなものである。もともと地上に道はないが、歩く人が多くなればそれが道になるのだ」と、将来の若い人々に希望を託して終わるこの小説は、なぜか深く筆者の心に刻み込まれている。そして、その後、筆者自身が、中国、そして魯迅と関わり、それが郷里福山とも浅からず交差していくことになろうとは、当時15歳の筆者には想像する由もなかった。

魯迅公園内の魯迅の墓

第二章　上海租界の発展と日本

1. 上海の歴史

江南地方は、南北朝時代から開発が進み、南宋の時代に杭州（臨安）に都が置かれたことから、この地域の発展が急速に進むこととなった。水運交通の便を活かして、蘇州、杭州、無錫等の諸都市が発達して行った。

長江河口流域に位置する上海は、もともと漁業や塩業を中心とする小寒村であったが、13世紀末の南宋の時代に上海県が設けられてから、港町として発展を始めた。明代には城壁に囲まれた町となり、17世紀になると、海上交通の要所となり、揚子江沿岸諸都市はもとより、日本とも交易が行われていた記録が残っている。

しかしながら、周辺の蘇州、杭州等の諸都市と比較すると、主要な産業や特産品にも欠き、その繁栄は遠く及んでいなかった状況であった。即ち、上海は、近代に入るまでは、中国内外で必ずしも重要な地位を占めることなく経過した場所であった。

このような上海の様相は、19世紀半ばに起きたアヘン戦争（１８４０～４２）及び南京条約（１８４２）

によって一変する。対中茶貿易で莫大な赤字を抱えた英国は、それを解消するため、植民地であったインドで栽培されたアヘンを中国に売りつけることでこの赤字を解消するようになった。それに反発し、危機感を募らせた清朝は、林則徐を欽差大臣に任命し、広州でアヘン約2万箱を没収して焼却処分にした。それに反発した英国人商人たちが本国に働きかけ、英国と清との戦争になる。およそ戦争というものは、当事国双方の利害や思惑が複雑に絡み合い、単純に一方を善、他方を悪と評価できない性格をもっているものであるが、アヘン戦争はその意味では、英国側にほとんど正義のない戦争であった。

産業革命を経て、近代的国家を成立させていた英国にとって、東アジアの老大国清は敵ではなく、圧倒的な軍事力で勝利を収めた。そして、南京条約によって、香港島の割譲を受けると同時に、広州、廈門、福州、寧波と共に開港させたのが上海である。このことが、現在の上海の発展に繋がっていく訳である。その意味では、歴史というものは皮肉である。

1845年、上海に英国租界（settlement）が設置された。その後、欧米列強が後を追うこととなる。1848年、米国租界が蘇州河を挟んで英国租界の北側に設けられ、1849年には、フランス租界（concession）が英国租界の南側に設置された。

英国租界・米国租界は、土地自体はあくまで中国側に帰属し、政府間に土地貸借関係はなく、外国人個人による中国人所有者との直接交渉によってそれを租借する形となっているので、settlementと呼ばれた。他方、フランス租界の方は、concessionと呼称していたが、この元々の意味は、政府間で一定の地域を永久に租借し、自国の領事を通じて個人に払い下げる形式である。上海のフランス租界は、形態的には英米租界と実質的に変わりはなかったが、フランスは、租界における自国領事の権威を強めるために、敢えてこのような呼称を当初から使用したらしい。

英国租界と米国租界は、1863年に合併して共同租界となる。租界面積はその後徐々に西側に拡張を続けていく。

租界の発展と共に、外国人及び中国人の人口も増え続け、上海は世界有数の大都市になっていく。上海は極東における経済、金融、商業、文化の中心地となり、1930年代、中国映画のメッカとしても黄金時代を迎えた。約四十余の民族資本の映画会社が集中し、年間映画制作本数約百本、映画専門館約40軒を数えていた。魯迅も自宅からハイヤーで繁華街の映画館によく通っていたらしく、特に「ターザン」はお気に入りだったらしい。

1930年代の上海はまた内外の作家の小説の舞台となった場所であり、また、時代であった。茅盾の「子夜」、横光利一の「上海」、アンドレ・マルローの「人間の条件」等の作品が発表された。

しかしながら、1937年に勃発した日中全面戦争により、租界は日本の占領地に囲まれた「孤島」となり、1941年の太平洋戦争開始以降は、共同租界に日本軍が進駐、フランス租界はヴィシー政権の管理下であったが、実質的には日本が上海全体を支配することとなる。1943年に形式上、租界の管理権を汪兆銘政権に返還することで租界の歴史は終焉することとなる。

日本の敗戦後、最盛期10万人の日本人が暮らした上海から、ほとんどの日本人は引揚げ、50ヶ国を越える国籍を持つ外国人が暮らした上海は、再び中国人の町となる。

1949年の中華人民共和国成立以降は、長い経済停滞期を迎えるが、1978年の改革・開放政策の実施以降、特に1992年の鄧小平の南巡講話以降、本格的な波が上海にも押し寄せ、浦東大開発が始まり、再び、中国、そして世界を代表する経済・金融センターとしての様相を世界に示しつつ今日に至っている。

2．戦前期上海と日本の関係

東アジアの地図を見ればわかる通り、上海は日本から最も近い中国の港の1つである。中国の古い記録によれば、三国時代（4世紀）に上海あたりにやって来た阿知使主と都加使主という日本人親子が記されているらしい。600年代初から800年代末の遣隋使・遣唐使の歴史では、上海周辺の地に船がたどり着き、また、その地域から日本に戻って行った。この地域と日本との縁は、和服屋を「呉服屋」というところからも窺える。

その後、14〜16世紀にかけて、上海はしばしば倭寇の被害に遭ったという。もっとも、その中には中国人も少なからず含まれていたようである。その後、江戸時代になって鎖国政策が始まると、長崎での貿易に関わった一部の清国商人が、彼らの商船を使って上海や浙江省の港を往来していたが、日本人にとり大陸との関係は希薄になり、上海と日本人との縁も途絶えた。

上海と日本人との縁が本格的に始まるのは、アヘン戦争が日本に西洋列強の脅威を認識させ、南京条約以降上海が開港し、日本にも黒船が襲来して開国を迫られた19世紀である。1843年に上海が外国に開港して以降は、上海を拠点とする西洋の商人たちが、上海・長崎間を往来して利益を上げた。日本語の「東洋人」は、アジア人を意味するが、中国人は、この頃から、日本人のことを東の海を隔てた島に住む隣人として「東洋人」と呼ぶようになった。

日本は、1853年の黒船襲来及び翌年の日米和親条約によって開国を余儀なくされ、長崎も1859年、最初の貿易港として開港することとなる。そして、この長崎から1862年に上海に向けて出航したのが、幕府の「千歳丸」であった。この船には、江戸幕府・各藩の武士、商人等が乗り込み、その中には長州藩の高杉晋作や薩摩藩の五代友厚らが含まれていた。高杉は、初めて見る異国上海の様子に驚愕すると共に、清と西洋列強との関係についての鋭い分析と日本への警鐘を鳴らしているのはさすがと言うべきである。

彼らは約2ヶ月に亘って上海に滞在し、繁栄した側面と共に、西洋列強の下で半植民地化された上海、その中で欧米人に使役されている中国人の姿をつぶさに観察した。そして、日本が改革をせずにもたもたしていると、この清のように、今日の上海の姿はそのまま明日の日本の運命となるという危機感を強烈に認識したのである。そういう意味では、上海の姿は、近代日本の民族主義を覚醒する役割を果たしたと言えるかもしれない。

日本は、1868年に明治維新を迎え、近代国家を目指して新たな船出を始める。1870年に、7名の日本人が上海の租界工部局で最初の正式な居留登録を行った。そして、1871年に清との間で日清修好条規を締結し、外交使節の交換、開港場（中国側は上海を含む15港）における貿易の開始、領事官の派遣等を取り決めた。その結果、上海は、日中交流の最初の場となり、長崎出身者をはじめとする日本人が、貿易や商売で一旗挙げるために上海にやって来た。そして、その後、通称日本租界と呼ばれるようになる虹口地区（旧米国租界の端）に住みつき始めた。共同租界やフランス租界の中心部に住むことは当然できず、その周辺地域で家賃も土地代も比較的安価な地域を選んだ結果である。

外務省は、明治3年（1870年）に上海出張所を設けた。1872年には日本公館、そして、翌年には領事館となる。その後、総領事館となったり、領事館に戻ったり、必ずしも名称が定まっていなかったが、1891年6月12日の閣議において、ロンドン、ニューヨーク、ホノルルと共に上海の領事館の総領事館昇格が正式に決定された。

また、公使館（１９３５年以降は大使館）は、南京国民政府成立後は形式上南京に設置されていたが、公使（大使）は通常上海に常駐しており、必要に応じて南京に赴いていたようである。したがって、上海総領事館の建物には公使館が同居していた。

また、上海には、帝国海軍が常駐していた。１９２７年に、国民党の北伐に備えて在留邦人保護の名目で、呉鎮守府特別陸戦隊が派遣され、その後、上海海軍特別陸戦隊の名称で虹口区に本部を置き、約２千名の兵力が常駐することとなった。後の第一次上海事変（１９３２年）、第二次上海事変（１９３７年）には、陸軍の派遣による応援を得ながら、この海軍特別陸戦隊が中国軍と交戦している。

１８７５年には三菱商会が横浜―上海間定期航路を開始、また、１９２３年には日本郵船の長崎―上海定期航路が開設され、５千トン級の長崎丸と上海丸が運航される。１８７７年に三井洋行（三井物産）が上海支店を開設、１８９３年には横浜正金銀行が出張所を設ける。在留邦人の増加に伴い、東本願寺や西本願寺も進出し、日本人学校や病院、娯楽施設、倶楽部、日本人居留民団等も徐々に組織されていく。

１８７０年の調査では、わずか七人であった日本人は、１９１５年には、英国人を抜いて上海最大の外国人となり、１９２７年には２万６千人と外国人居住者の半分を占めるまでになった。日本領事館が１８７３年に英国租界から虹口に移り、東本願寺も近くに設けられたこともあり、日本人がこの周辺に集まってくるようになる。

旧三井ビル

満州事変発生翌年、即ち第一次上海事変の起きた1932年の統計によれば、旧満州在留日本人は約26万9千名で最も多いが、関内日本人5万4千名のうち、半分近くの2万4千名強が上海に住んでいた。ちなみに、2番目が青島、3番目が天津であった。上海の在留邦人の多くは長崎県出身者であり、「東京へは水杯で、上海へは浴衣がけで」と言われる程に長崎と上海との物理的、心理的距離感は近かった。当時、最も有名な日本料亭であった「六三亭」では、最盛期60人以上の芸者を置いており、ほとんどは、島原や天草出身者であったという。

第一次上海事変は、また、いくつかの「軍国美談」を生んだ激戦であった。代表的なものは、「肉弾（爆弾）三勇士」である。廟行鎮では、久留米混成24旅団が鉄条網とクリークに阻まれ、中国軍陣地の攻略にてこずっていた。そこで工兵3名が点火した爆薬筒を抱いて敢然として敵陣鉄条網に突撃、身を犠牲にして戦局の転換を図ったという「美談」である。この話は、新聞で連日報じられた。演劇界や映画界は先を争ってこの話を元に公演、上映を行い、NHKラジオも特別番組を放送、朝日新聞は「肉弾三勇士の歌」、東京日日（毎日）新聞は「爆弾三勇士の歌」を10万通を超える一般公募から選出、子供達は三人1組で「三勇士ごっこ」に興じた。

もう一つの「美談」は、金沢第9師団歩兵第7連隊空閑昇大隊長の自決である。戦場で意識を失ったまま中国軍兵士に発見され中国側看護によって一命を取り止めた空閑は、停戦後、捕虜交換によって日本側に引き渡される。しかしながら入院中の空閑は、病院を抜け出し気を失った戦場跡に自ら赴きピストルで自決を図った。後の1941年に当時の東条英機陸軍大臣が通達した「生きて虜囚の辱めを受けず」で有名な「戦陣訓」を先取るような行為であるが、このような軍国美談が、脚色を加えられながら、1930年代の大不況下で疲弊し閉塞した国民に熱狂的に受け入れられていくのである。

「日本人租界」と称された虹口地区が、名実共に日本人街の様相を呈するのは、第一次上海事変以降、本格的には1937年の第二次上海事変以降であったという。それまでの虹口は、日本人と中国人が混在しながら多くの商店を経営していた。そして、第二次大戦中のピークには日本人居留民人口は10万人を擁するまでに拡大していくのである。虹口地区には、上海在住日本人の8割が住んでいたと言われる。

在留邦人の増加に伴い、日本人学校も増え、最盛期には、初等教育学校10校、中等教育学校6校の16校があり、更に、高等教育機関である上海東亜同文書院（1939年より東亜同文書院大学）があった。

上海の日本人は、概ね3種類に分けられた。第1に、虹口地区に住む圧倒的多数は、上海に骨を埋める覚悟で移民としてやって来たいわゆる「土着派」である。彼らは、食堂、商店、旅館、理容店、土産物屋、写真館、カフェ、ダンスホール等を営んでいた。この地区には在華紡や財閥系資本はほとんど投下されていなかった。

第2に、在留邦人の約40％を占める中間層である。これには、紡績会社、銀行、商社等に勤務する給与所得者が含まれ、彼らの多くは虹口地区その他の社宅に住んでいた。

第3のグループは、約5％のエリート層であり、銀行や商社の支店長、会社経営者、高級官吏が含まれ、主に共同租界やフランス租界に住んでいた。2つ目と3つ目のグループは、いわゆる「会社派」の人たちで、「土着派」とは異なり、数年の駐在の後に日本や欧米等に転勤していくため上海を去る人々であった。

例えば、1931年に発行されている上海日本人倶楽部の会員名簿によれば、理事長は在華日本紡績同業会本部総務理事の船津辰一郎（元上海総領事）で、18名の理事の所属は、大阪商船、台湾銀行、住友銀行、上海日報社、朝鮮銀行、各路連合会、横浜護謨、三菱商事、日華紡織、横浜正金銀行、河端医院、日清汽船、三井洋行（三井物産）、上海運輸、義昌洋行、済生堂、大倉洋行、東方製氷とほとんどが大企業である。客員及び客員待遇には、軍人も名前を連ねている。上海日本人倶楽部は、エリート層を代表した組織と言えよう。

また、1935年の資料によれば、上海商工会議所は、108名の会員と103の賛助企業によって構成されていたが、日清汽船常務取締役が会頭、三菱銀行支店長が副会頭を務めている。

1930年の日中貿易額は、日本の総貿易額の4分の1を占めていた。そのうち対上海貿易額は、旧満州を除けば対中貿易の半分以上に上った。また、同じ年の対上海投資についても、4億3千万円と関内対中投資の66%であった。投資の中心は紡績業であり、上海には日系9社32工場が集中していた。

これら3種類の日本人は、住む場所も生活スタイルも異なっていた。ついでに言えば、中国側の反日・抗日の気運が高まり、満州事変や上海事変が起こると、皮肉なことに、現地で骨を埋める覚悟の「土着派」が、外務省の弱腰を批判し、軍の武力行使による断固たる強硬措置を要求するのに対して、「会社派」は、当初は比較的穏健な対中政策を支持していたようである。日貨排斥運動や排日運動が起こると、最初に直接的な影響を受け、生活基盤を脅かされるのは虹口地区の土着派に代表される零細で低所得層の居留民であった訳である。2度に亘る上海事変も主に彼らの居住地域で激しい衝突が発生した。

日清戦争以来、日本人の心内にあった対中蔑視観も、彼ら土着派を含めた上海在留邦人一般の対中膺懲論を助長する背景にあった。旧満州に対する日本の「特殊権益」を主張する論理が「満蒙は日本の生命線」であるとすれば、「長江は日本の栄養線」というのが上海に対する日本関与の論理であった。

工部局交響楽団は、日本軍占領下の1942年に上海交響楽団と名称を変えて定期演奏会を開いた。1943年からは朝比奈隆が指揮をとった時期もあった。1945年6月23日~25日の3日間の昼夜に

グランド・シアター

亘り、静安寺路（現南京西路）のグランド・シアター（大光明大劇院）で、李香蘭「夜来香幻想曲」の大がかりなコンサートが開かれ、大成功を収める。音楽監督は服部良一、指揮は服部と陳歌辛、演奏は上海交響楽団という豪華版であった。李香蘭は、8月9日には、上海国際競馬場でのサマー・コンサートに招かれ、再び上海交響楽団の音楽で歌った。戦前期上海と日本を象徴する最後の文化の徒花であった。

李香蘭こと山口淑子は、１９２０年に奉天（瀋陽）郊外に生まれ、撫順と奉天で育ち、北京に留学した。満映の女優として新京（長春）で主に活躍したが、１９４０年、「支那の夜」のロケで初めて上海を訪れる。１９４４年に満映を退社して以降はほぼ上海に居を構え、終戦もここで迎える。一時、「漢奸」の疑いをかけられるが、日本人であることが証明されて無罪となり、１９４６年4月に日本に引き揚げる。

１９４５年9月9日、南京において降伏式典が開かれ、岡村寧次支那派遣軍総司令官（大将）は、何応欽陸軍総司令の前で降伏文書に調印する。当時、中国大陸には、日本人戦争捕虜及び文民在留邦人併せて約２００万人が滞在していた。うち、上海には約7万人の日本人居留民がいた。同年12月に、最初の引揚船が上海を出航、翌年4月までに一部の留用技術者や戦争犯罪容疑者等を除き、12万4千人の邦人が上海経由で引揚げて行った。

「魔都」、「冒険家の楽園」、「東洋のバビロン」、「東洋のパリ」、「西のニューヨーク」、「長崎県上海市」と称され、上海はコスモポリタンで、アジアの最先端を走り、欧米の雰囲気を漂わせ、繁栄と退廃、悪徳が栄え、日本人を魅惑して止まない大都市であった。ちなみに、かつて、英語で〝Shanghai〟と言うと、酒、麻薬、暴力等を使って意識を失わせて船に連れ込み水夫にするという意味の動詞にもなったらしい。

こうして、明治以来、時として排日と戦乱の波を受けつつも拡大を続け、戦時中のピークには10万人を数えた上海の在留邦人社会は、一旦消滅する。特に、上海を終の棲家と考えていた土着派の日本人にとっては、財産と「故郷」を失っての挫折と喪失の帰国であった。

そして、「世界で一番上海を語りたがる」という日本人にとり、戦前の上海は、日本社会のエリートから庶民、果てはやくざ者までが集まる日本社会の縮図であり、それぞれの思いが複雑に交錯した、忘れ得ぬ、しかし、結局は異国の町であった。

3. 上海東亜同文書院

上海にかつて、「東亜同文書院」という日本が設立した高等教育機関があった。東亜同文書院は、「東亜同文会」（近衛篤麿会長）によって1901年に上海に設立された。

近衛は、欧米列強がアジアを植民地化する中で、文化、教育、経済の各分野の活動を通じて日中の提携を推進しようとした。そこで、彼の考えに共鳴する実業家、政治家、軍人、ジャーナリストと協力し、中国を研究し、中国の保全や支援、国内世論の喚起等を図ることを目的に1898年に東亜同文会が発足する。

東亜同文書院が使っていた上海交通大学キャンパス

その事業の一環として、教育的観点から、若者に現地中国で生活し、中国事情及び中国人のことを直接学ぶ機会を与えるため、1900年、南京に南京同文書院を設立する。但し、これは、義和団事件が南京にも及んだ影響で頓挫し、場所を上海に移し、1901年に上海の東亜同文書院が開校するに至る。

その後、1917年には、徐家匯虹橋路に新校舎が竣工して発展を遂げるが、1937年の第二次上海事変では中国軍によって校舎が接収され、その後、放火によって焼失。この時、校舎と共に約8万5千冊の書籍や商品見本等も灰燼に帰した。近くにあった上海交通大学が日中戦争中、重慶に移転したことから、東亜同文書院はその跡地を終戦まで使用した。1992年10月の天皇皇后両陛下上海御訪問の際には、この上海交通大学キャンパスにも立ち寄られている。

ちなみに、上海交通大学は、江沢民元国家主席も卒業した中国の名門大学であり、2016年に創立120周年を迎えたが、これは、盛宣懐が建てた南洋公学を起源とする。盛宣懐は清朝末期の郵伝大臣を務めた政治家・実業家であり、辛亥革命の際には日本に一時亡命していた。現在の日本総領事公邸は、かつての盛一族の邸宅であった。日中関係の歴史の因縁を感じる次第である。

同書院は、1939年12月の大学令により大学に昇格し、東亜同文書院大学となる。そして、1945年の敗戦により、わずか45年の歴史の幕を閉じる。この間、約4、500名の学生が学び、卒業後激動の日中関係の中で様々な役割を果たした。

戦後、関係者は日本での大学再建を図ったが、GHQによって認可されず、京城・台北両帝国大学等と共に外地の学校からの引揚げ学生・教職員を受け入れる教育機関という位置づけで、1946年、愛知大学（愛知県豊橋市）を設立する。実際の教職員・学生の多くは東亜同文書院からであったという。

また、東亜同文会の基本財産を引き継ぎ、中国との文化交流を促進する機関として「霞山会」（一般財団法人）が１９４８年に設立された。

愛知大学は、東亜同文書院時代に編纂が始まった「中日大辞典」を完成させたが、筆者も30数年前に中国語を学び始めた頃、この辞書に大変お世話になった。１９９１年には、中国研究を専門とする独立した大学院コースも設立し、日本における現代中国研究のひとつの拠点となっている。

東亜同文書院には、いくつかの特徴があった。先ず、日本国外に設置された日本の高等教育機関であったこと。第2に、４年間（当初は3年）の全寮生活であったこと。第3に、日本政府から補助金を受けていたこと。学生は主に各都道府県、外務省、満鉄、企業から選抜された優秀な人材であり、給費生として生活保障がなされていた（一部私費留学生及び１９２０～３４年の間は中国人学生を受け入れていた時期もあった）。第4に、授業は中国語、そして英語教育を重視し、ビジネスや国際関係の実務に即した内容であった。

そして、なにより同書院の名を今日まで知らしめた大きな業績は、最高学年において実施された調査旅行であった。学生たちは、5～6名でチームを組み、ヘルメットにゲートルという探検隊のような出で立ちで数ヶ月から半年に亘り、中国各地に留まらず東南アジア等近隣地域にも足を伸ばして、現地調査を行った。それをまとめた報告は「調査報告書」として、卒業論文となった。これらは、「支那経済全書」、「支那省別全誌」として刊行され、中国調査研究としてその内容が高く評価されている。「支那省別全誌」は、中国各省の気候、風土、人口、民族、地理、産業、交通等の情勢を取りまとめたもので、全18巻から構成されている。また、旅行中の日々のできごとは「大旅行誌」として別途まとめられた。学生が調査したコースは全体で７００を越えていた。

多感な青春時代を上海に過ごし、日中関係の諸矛盾を現地で体験した学生の中には、中国の民族主義に共感し、共産主義の影響を受け、学生運動に関わった者もいた。例えば、１９３０年には、当時朝日新聞上海支局員であった尾崎秀実と呼応しつつ、「日支闘争同盟」にも参加し、帝国海軍少尉候補生に対して、「支那から手を引け！侵略戦争反対！日本軍隊は撤退せよ！労働者・農民兵士万歳！」と書かれた反戦ビラの配布活動を行った中西功ら学生８名が検挙されたり、１９３１年の満州事変、翌年の第一次上海事変という日中関係の緊迫した時期に、学生による反戦運動が再び展開され、19名が検挙された事件があった。当時、書院内には「中国共産主義青年団」の支部が結成され、全校学生の約１割、30名を越える学生が所属していたという。さすがに、この時の領事館警察による逮捕、学校当局の退学処分により反戦運動は壊滅的終焉を迎えることとなる。

中西功は、その後、満鉄調査部に就職し、１９４２年、ゾルゲ事件に絡んで検挙され、無期懲役の判決を受けるが、占領軍の指令により１９４５年10月釈放される。戦後は、１９４７年、日本共産党から第１回参議院議員通常選挙に立候補して当選し、１９５０年まで在任、その後、党除名と復党を経るも国会議員返り咲きはならず、１９７３年に62歳で死去している。

中西は、満鉄調査部入社後、中国の抗日統一戦線の調査研究を開始し、１９３９年に「支那抗戦力調査」報告書を出版する。筆者も、かつて古本屋で手に入れて読んだことがある。調査報告作成の中心人物であった中西功は「中国革命の嵐の中で」で、同報告書作成に当たって利用された資料はすべて現地の新聞・雑誌等公開資料であり、日本側の特殊ルートで得た部外秘資料や軍、外務省のマル秘資料等は全く使っていないと述べている。彼及びその他の執筆者が心がけたのは、都合の良い勝手で非合理的な理論や調査を排して、政治的立場は異なってもあらゆる立場の人間が従うべき科学的客観的な方法論を採用することであり、その方法論によって政治、経済、軍事、文化各分野にまたがる総合的な中国の抗戦力を明らかにすることであった。調査報告は、抗戦力の基本要因として、中国の半植民地・半封建制、民族意識の高まり、農村経済の存在、対外関係、日本の占領地経営と遊撃戦及び政治経済戦といった可変的な要素を総合的に分析したものであり、毛沢東の「持久戦論」の方法論に基本的に一致していたと述懐している。結論は、「日本軍が軍事的にいくら攻撃をしても、封鎖しても、中国がそれによって軍事的、経済的に参ることはない、中国が抗戦を続けようとすれば、確かに困難は多いが、それを可能にする最小限のものは保有している。ただ政治的解決だけが『事変』を解決しうる」というものであった。事変から既に2年経過し、泥沼化した日中戦争であったが、このような卓見を軍が真剣に採用していれば、その後の展開も変わり得た可能性があり、歴史に〝ｉｆ〟は詮方ないことではあるが、悔やまれてならない。

毛沢東は、エドガー・スノーの「中国の赤い星」の中で１９３６年7月16日、盧溝橋事件の一年前のインタビューに応え、日本との戦いにつき日本が沿海の戦略的拠点を抑え封鎖を行っても抗日戦を停止させることはできないと予測している。紅軍に対する人民の強固な支持基盤が国民党の軍隊や一般市民の中にあり、また、中国経済の不均衡な発展は高度に経済が集中化している日本と異なり、例えば上海を中国の他地域と切断しても深刻な損害をもたらさない、ましてや日本が中国全土を支配することは不可能であるという、したたかで戦略的な発想である。中西らの作成した支那抗戦力調査報告にもこの毛沢東の発想と一脈通じる見方が反映されている。

東亜同文書院は、そもそも学校の所管官庁が文部省ではなく外務省であった。また、上海に学校が位置していたという特殊性から、学生が軍の要請により従軍通訳として戦地に駆り出されたこともあったらしい。更に、学生の調査報告書は所管官庁である外務省の他、陸軍省にも提出されていた。但し、軍から直接研究テーマにつき指示を受けたことや報告書提出を命ぜられたことは必ずしもなかったようである。

そもそも、調査のための大旅行が開始されたきっかけが、20世紀初頭、日英同盟を締結していた英国から日本の外務省に対し、ロシアの清国西部に対する浸透度の状況調査依頼が接到したことによる。

学生は、卒業後も、外務省、満鉄、特務機関等日本の国策に直接関わる諸機関に就職した者が少なくなかった。そのためか、1931年の満州事変以降は、地方調査旅行の便宜や安全が得にくくなり、日中戦争が開始された1937年には調査旅行そのものが一時中止のやむなきに至っている。戦後丸紅の社長や会長を務めた春名和雄は、彼が調査旅行に参加した1939年は日中戦争が激しくなっており、日本軍作戦地域以外は危険で行けなかったと回想している。春名は、江蘇省を主に担当し、崇明島、南通、揚州、張家口、大同、北京、天津、奉天、大連、承徳当たりを3～4名で約3ヶ月かけて旅行したという。

資料によれば、東亜同文書院からは、わずか45年の歴史ながら、学者、実業家、政治家、外交官、ジャーナリスト等多彩な人材が輩出している。当時の肩書で一部紹介すれば、原吉平（ユニチカ会長、ジェトロ理事長）、坂口幸雄（日清製油会長）、春名和雄（丸紅会長）、香川英史（東綿社長）、山西由之（TBS社長）、田中香苗（毎日新聞社長）、伊藤喜久蔵（東京新聞論説委員）、若杉要（駐米公使）、石射猪太郎（外務省東亜局長）、山本熊一（外務次官）、堀内干城（中国公使・上海総領事）、岩井英一（上海総領事館副領事）、里見甫（実業家、阿片王の異名）、大城立裕（芥川賞作家）、大竹省二（写真家）、中西功（参議院議員）、武藤嘉文（外務大臣、通産大臣）、大倉邦彦（東洋大学学長）、坂本義孝（東亜同文書院の教授。政治学者坂本義和元東大教授の実父）とそうそうたる人々である。

若杉、石射、山本、堀内、岩井の5名の外交官は比較的よく聞く名前である。うち石射、堀内、岩井の3名については、「戦前期上海と日本人外交官」の章で改めて触れることとするが、5名について簡単に紹介すれば次の通りである。

若杉要は、1906年、上海東亜同文書院を卒業し、外務省書記生試験、後に外交官試験に合格する。サンフランシスコ総領事、中国公使館一等書記官、上海総領事、ニューヨーク総領事等を務め、1941年には駐米公使として、野村吉三郎大使を補佐しながらハル国務長官との間で緊迫した日米交渉に携わった。当時、本省の寺崎太郎アメリカ局長と若杉公使との間の国際電話では、「マリコ」という暗号を使って会話を交わしたという。マリコは、寺崎アメリカ局長の実弟で当時駐米大使館一等書記官であった寺崎英成の娘の名前であった。

石射猪太郎は、1908年、東亜同文書院を5期生として卒業、満鉄経由で外交官試験2度目の挑戦で外務省に合格した苦労人である。上海の総領事を務め、シャム（タイ）公使を経て広田弘毅外相の下で1937年、外務省東亜局長に任命され、盧溝橋事件の対応に当たる。その後、ブラジル、ビルマで大使を命ぜられ、戦後はGHQから公職追放を受け、晩年は静かに過ごした。

山本熊一は、1912年、上海東亜同文書院を卒業し、1920年、外務省入省。駐満州国大使館一等書記官、本省通商局長、東亜局長、アメリカ局長を歴任し、外務次官、大東亜次官まで登り詰め、タイ大使で終戦を迎える。戦後は、国際貿易促進協会会長を務めた。

堀内干城は、1908年、上海東亜同文書院に入学する。同文書院時代の大旅行で当時北京公使館の三等書記官であった松岡洋右を訪問した際、外交官になることを勧められ、その決心を固める。同文書院卒業後、京都帝大を経て、1918年、4度目の外交官試験にやっと合格し、同年10月、外務省に入省する。この時、幣原喜重郎次官の謦咳に接する。都合31年外務省に奉職し、そのうちの16年間を中国で過ごしている。

岩井英一（書院18期）は異色の外交官である。ノン・キャリアであるが、日中戦争開始後、１９３８年に「国民政府を対手とせず」の近衛声明が出され、汪兆銘を担ぎ出す陸軍の影佐禎昭のいわゆる梅機関による工作に連動する形で通称「岩井公館」と呼ばれる調査機関を上海に設置した情報畑の外交官である。岩井の下には、20数名に亘る同文書院卒業生が参加していたという。ここでは、重慶の国民党蒋介石の抗戦力を調査・分析すると共に、「興亜建国運動」と呼ばれる汪兆銘政権に協力する中国人文化人の組織化にも従事していた。この過程で、袁殊（元国民党活動家）や潘漢年（共産党のスパイ）等も2重スパイであることを承知の上で、重慶国民党や共産党の情報を得ることとの見返りに機密費を使って定期的に多額の謝礼を渡すということもやっていたようである。また、総領事館内に特別調査班を組織して、情報収集体制を強化した。

大正時代に作られた「馬賊の歌」がある。その歌詞には「俺も行くから君も行け。狭い日本にゃ住み飽いた。海の彼方にゃ支那がある。支那にゃ四億の民が待つ。」という文句がある。文字通り狭い日本を脱出して大陸雄飛を夢見た志ある若者が集った場所の一つが東亜同文書院であったのであろう。

日本側から主観的に見れば、中国に身を置き、中国語と中国社会を理解し、日中関係の提携を真剣に考える人材を養成することを目的とし、実際上も、大旅行による当時としては画期的な調査研究成果の蓄積及び学生の卒業後の各界での多彩な活躍振りに東亜同文書院が設立された存在意義や果たした役割が反映されていると言いたいところである。しかしながら、中国側から見れば、「日本帝国主義」の尖兵として日本政府・軍とある意味一体となって、中国侵略の片棒を担いだ教育機関として一般的に否定的な捉え方をされている。岩井英一についても、中国では、しばしば、悪名が知れ渡っている（臭名昭著）日本の特務の親玉として紹介されている。

東亜同文書院は、日中関係の近代史に咲いた徒花であったのか、それとも、今後の日中関係を考える上での貴重な先例を提供してくれるものなのか、その回答への模索は今なお現在進行形であり、現代に生きる我々自身に投げかけられているとも言えよう。

4．上海と日本人ジャーナリスト

戦前、上海を舞台に活躍したジャーナリストは少なくない。特に、日本が満州事変、日中戦争と大陸への軍事的関与を強めるのに比例して、新聞社の特派員は増員され、中国大陸各地の戦闘での日本軍の「武勇」を連日紙面で書き続けた。

以前、あるビール会社幹部から、戦前、日本のビール会社は、軍隊の進出と共に市場を拡大して行ったと聞かされたことがある。軍隊が一定規模で駐屯すると、飲食でビール消費が増え、日本人コミュニティーも大きくなり、更にビール消費が増える。

その意味では、日本の新聞も、日本軍の中国大陸での「活躍」と共に部数を増やして行ったと言えるであろう。なにせ、テレビも、ましてやインターネットもなかった時代、国民は主に新聞やラジオ、雑誌、映画館での映像ニュースから最新情報を得ていた訳である。

例えば、朝日新聞は、１９３７年8月13日に始まった第二次上海事変以降、特派員増員を決め、更に

18日の紙面では、6名の追加派遣を報じている。そして、翌年3月22日には、「大阪朝日新聞中支版」が発行されるまでに至る。これは、変遷を遂げながら終戦の年まで続いた。

ここでは、時局に追随した新聞記者とは異なり、1920年代後半から1930年代の緊張した日中関係の中で、上海に身を置いて、中国との関係に真摯に向き合った二人の日本人ジャーナリストを取り上げることとしたい。尾崎秀実と松本重治である。

この二人は、一人は社会主義者、もう一人はオールド・リベラリストである。戦前、上海を舞台に活躍した日本人ジャーナリストの中で、その著書を通じて、筆者が日中関係を考える際に最も影響を受けた2名のジャーナリストでもある。

たまたま、尾崎と松本とは旧制一高時代の同期である。但し、上海では、尾崎が先に赴任し、ちょうど入れ替わる形で松本が着任しているので、現地では任期は重なっていない。しかしながら、両者とも一時は、内山書店裏手の同じ日照里・花園里のアパートに住んでいたこともある（尾崎は、1930年～1932年、松本は、1936～1938年）。

また、犬養健の「揚子江は今も流れている」によれば、1938年の第一次近衛文磨内閣時代に、首相官邸の離れの「日本間」で毎週1回、朝食会が開かれており、風見章書記官長を中心に、犬養、尾崎、松本らは、そのメンバーとして定期的に顔を合わせていたらしい。

拙著「ワシントンから眺めた中国」（東京図書出版会　2003年）のプロローグでも言及したが、松本は、米イェール大学に留学していた1920年代当時に、「日米関係の核心的問題は中国問題である」と米国人教授から言われて悟ったと、その回想録「上海時代」に記している。また、尾崎は、日中全面戦争が開始されて2年後の1939年に著した「現代支那論」において「支那問題は日本にとっては否応なしに今後幾十年に亘って国民的関心をつなぐものであろう。筆者にとってもまた一生の課題である」と述べている。現代にも続くこれらの本質的な対中観を戦前に体得した彼らの上海との関わりは一体どういうものであったのであろうか。

尾崎秀実

尾崎秀実（1901―1944）は、父親が植民地台湾の新聞社に赴任したことから台湾で育ち、台北中学から旧制一高、東京帝大法学部を卒業した。社会主義への関心を深めるのは大学時代である。一高、帝大独法科時代には羽仁五郎ともずっと一緒であった。上海赴任に当たっても、彼からいろいろアドバイスを受けている。

1926年に朝日新聞に入社し、1927年11月に大阪朝日新聞社から上海支局に赴任する。彼の対中認識の根本は、「目覚めつつある中国」であり、その中国に干渉をしようとする日本であった。異母弟の尾崎秀樹によれば、秀実は、朝日新聞入社直後、ウィットフォーゲルの「目覚めつつある中国」（1925）を読んで、5・30事件の反帝国主義、半植民地運動の本質に触れたという。

そして、多年憧れていた中国の地に特派員として赴任することを喜んだ。後に獄中から妻と娘宛の手紙に「最初に上海に入った時の感激は、一生のうちの最大のものの一つ」と記している。

上海には、1932年2月、第一次上海事変の最中に突然帰任となるまで4年余りを過ごすこととなる。上海に赴任する前年、妻英子と結婚し、夫婦揃っての上海赴任であった。ちなみに英子は尾崎のいとこであり、しかも、結婚する前は尾崎の兄秀波の妻、つまり義姉であった。

上海では、内山書店を通じて魯迅や郭沫若、夏衍等の中国左翼文化人と親しくなる。また、アグネス・

スメドレーやリヒャルト・ゾルゲといった社会主義シンパの外国人ジャーナリスト、米国共産党員で上海の満鉄関連の運送会社に勤務していた鬼頭銀一という日系人らを通じてコミンテルンとも関係を持つこととなる。

尾崎は読書家で、毎月末、内山書店に対する図書購入費の支払いが大変であったらしい。しかしながら、内地では、1928年3月15日の共産党員一斉検挙等があり、左翼活動への弾圧が厳しさを増す中で、租界を抱える当時の上海は、国内では到底望めない自由があり、尾崎はそれを十分味わった。

魯迅とも交流があり、魯迅は中国文学者の増田渉に尾崎のことを「ドイツ語のよくできる新聞記者だ。知識も広いし、人間もしっかりしている」と語ったという。

尾崎がゾルゲと初めて会ったのは、スメドレーの紹介であるとゾルゲは証言している。他方、尾崎によれば、鬼頭から最初に話があり、スメドレーに確認した後、スメドレーの紹介で南京路の中華料理店で会ったと述べている。彼らは、毎月2、3回定期的に会い、途中からは、スメドレーも加わることが多くなった由である。ゾルゲの獄中手記によれば、尾崎は彼にとって中国問題に関する先生であり、日本の対満、対シベリア政策につき詳しく説明してくれたという。

尾崎は、後のゾルゲ事件で逮捕され、尋問された際の上申書の中で、「私が、アグネス・スメドレー女史やリヒャルト・ゾルゲに会ったことは正に運命的であったと思います。私の狭い道を決定したのは結局これらの人との邂逅であったからであります」と述べているように、これら「同志」との上海での運命的な出会いは、彼の日中関係を見つめる思想的な骨格を形成すると共に、当時の日本社会の指導的な体制とは相容れない方向に彼を導くこととなった。

スメドレーとは個人的にも深い関係にあったようである。上海では頻繁に会っており、尾崎が処刑されたことを知らなかったスメドレーは、戦後、そのことを聞いて、「あの人は大切な人、私の夫だった」とつぶやいたという。上海で尾崎やゾルゲ、スメドレーと知り合い、彼らと同志関係になり、ゾルゲ事件では懲役10年の判決を受けた川合貞吉によれば、尾崎は女性に積極的で実際よくもてたという。

ハーバード大学教授を務めた米国における中国研究の泰斗ジョン・K・フェアバンクは、若い時分に研究のために上海を訪問した1932年、スメドレーと会っているが、彼の回想録によれば、その際スメドレーはしばしば魯迅に言及していたという。また、彼女はアメリカ共産党を軽蔑していたが、中国共産党には熱い期待を抱き、中国社会の不正義を解消する上での共産党の役割を高く評価しその指導を率先して受け入れていた。

1929年11月に、本省との打ち合わせのため一時帰国中であった佐分利貞男駐中国公使が、同月29日朝、箱根富士屋ホテルの部屋で、死体で発見される事件があった。佐分利は小村寿太郎の娘婿であり、将来を嘱望された外交官であった。田中義一内閣下での張作霖爆殺事件(1928)等で悪化した日中関係を打開すべく、幣原喜重郎外相の要請により、中国公使として1929年8月に南京に赴任した。南京政府と不平等条約改定のための交渉準備の打ち合わせを行うため一時帰国していた際の出来事である。

警察の鑑定の結果、自殺と断定されたが、左利きの佐分利が右手にピストルを保持していたこと、いつも所持していた護身用ピストルではなく、大型の拳銃が使われたこと等不審な点もいくつかあり、また、これから前向きな交渉を始めようという時期に、本人が自殺を選ぶ理由が考え難いということもあり、自殺説、他殺説と様々な憶測がなされた謎の事件である。

死亡当日の29日に、上海総領事館で開かれた重光葵総領事の記者会見は、尾崎が同僚に書き送った手紙によれば、徹頭徹尾総領事と尾崎の言い合いに終始したらしく、尾崎の主張によれば、佐分利の死は、自殺、他殺はさておき、彼を殺したものは結局日本帝国主義であったというものであった。

上海赴任中、東亜同文書院内に組織された中国問題研究会に、尾崎はチューターとして招かれた。学院内に共産主義青年団支部や日支闘争同盟が設立された際も尾崎は彼らと連携した。

1932年1月28日に発生した第一次上海事変では、尾崎は弾丸の飛び交う現場で取材を重ねた。しかしながら、事変最中で現場の新聞記者としては当然多忙の極にあったと思われる2月に、尾崎は朝日新聞大阪本社から突然帰国命令を受ける。もともとは、伝書使として重要な原稿やニュース写真を神戸港で本社関係者に直接引き渡し、また、上海に戻る予定であったが、結局、そのまま日本各地での帰国報告会に出席させられることとなる。一説によれば、上海での尾崎の身辺にスパイ容疑の調査の手が伸び始めたことから、本社の方で事前に手を打って帰国命令を出したとの見方もある。

内務省は国際共産主義の拡大に警戒を強め、朝鮮、中国、ロシア関係者の活動拠点ともいうべき上海に情報収集と監視を目的に、1921年、内務官僚を派遣することを決め、この頃には総領事館に担当官も配置されていたらしい。

日本に帰国後も尾崎は、上海で知り合った「同志」と関係を維持し、1933年9月にゾルゲが独紙「フランクフルター・ツァイトゥング」の東京特派員として赴任した後は、再び尾崎とゾルゲとの関係が復活する。そして、尾崎は「オットー」という暗号名でゾルゲに協力することとなる。ゾルゲはナチス党員という名目で、在京ドイツ大使館にも深く食い込んだ。

尾崎は、1937年、朝日新聞社を退社、近衛文麿の関連する政策研究団体である昭和研究会に参加し、一高同期であり近衛首相の秘書官であった牛場友彦の斡旋で近衛内閣の嘱託となる。犬養健の述懐によれば、尾崎は、よほどその識見と人柄を買われたと見え、首相官邸の中の2階の東南角に静かな一室を与えられていた。

１９４1年10月、満鉄調査部東京支社嘱託をしていた当時、尾崎はゾルゲ事件に連座し逮捕される。そして、１９４４年11月7日（ロシア11月革命記念日）に治安維持法違反他によりゾルゲと共に巣鴨拘置所で処刑される。

尾崎は、日本人が同時代の隣国中国のことをよく理解していないとの問題意識から、中国社会の半封建性、半植民地性、停滞性、そして、それらを踏まえて社会の基層で起こりつつある民族運動の特徴や本質を社会科学的に分析しようと務めた。そして、日中関係についての様々な時事評論を当時の「中央公論」や「改造」等に発表しているが、「尾崎秀実時評集　日中戦争期の東アジア」（平凡社）から、彼が当時の情勢や中国の将来をどう分析していたかいくつか見てみたい。

「中央公論」１９３７年1月号で、「張学良クーデタの意義」と題し、彼は、前年12月に発生した西安事件を、現代支那社会の持つ基本的な矛盾の単的な表現であるとし、今日支那における抗日意識の深刻なことは、かつての東北軍閥張学良をその戦線内に取り込む程になっており、日本は、自ら人民戦線と対峙することになると予想している。

「社会及国家」１９３７年2月号では、「西安事件以後の新情勢」で、今後日支外交が短期的に行き詰まりを打開したとしても、それは表面的であり、かつ一時的なものでしかないと見通している。

「支那論の貧困と事変の認識」（「セルパン」１９３７年10月号）では、日本国内の中国研究の方法論の欠如を批判し、一般日本国民は中国研究を放棄し、これを少数の軍人と外交官と一部商人と研究者の手に委ねており、国民は、中国を軽蔑する方法を以って対処していると、日本人の対中認識の貧困さを鋭く突いている。そして、中国論が、全体として日本の大陸政策の本源的方法の擁護者の役割を果たしているると述べている。そして、中国を相も変わらぬ混乱と無秩序が支配し、軍閥と土匪と貪欲と迷信が支配する遅れた封建社会であるという対中侮蔑観を戒め、統一と建設が着実に遂行され、やがて国力の充実する近代国家として中国が立ち現れる可能性を警鐘している。

日中全面戦争勃発後の１９３７年10月号「東洋」に「支那事変と列国」と題して寄稿した文章には、中国の日本に対する抵抗力が、単に武力に留まらず、広範な民族的な体当たりであることが、今後の事態を予測困難にしている最大の要因であると述べ、戦争が長期戦になることを既に想定している。そして、その民族運動が急速に左翼化していることを指摘している。

「実業之日本」（１９３７年10月15日号）では、「支那は果たして赤化するか」という寄稿で、尾崎がかつて受けた朝日新聞の入社試験の選択問題の一つが「支那は赤化するか」という設問であったと想起しつつ、２つの側面、即ち、日本の圧力に対する民族的抵抗感情及びソ連からの援助確保のための共産党との妥協という両面から、中国の赤化は大体間違いのない趨勢であるとの見通しを立てている。更に、それは、必ずしもソ連と同型とは限らない、なぜならば、中国の民族運動は自己解放を宿命としているからであると、その後の中国共産党の展開を鋭く予測している。

「敗北支那の進路」（「改造」上海戦勝記念・臨時増刊号　１９３７年11月）では、上海戦での日本軍の勝利にもかかわらず、中国の長期抗日は、日本が今後幾年かに亘って回避し得ない現実の課題であり、中国における統一の趨勢は、厳然たる事実として、それは砲火と爆弾とによっては容易に打ち破り難いものであると喝破している。

「長期抗戦の行方」（「改造」１９３８年5月号）では、日本人は中国という得体のしれない怪物に、正体を見極めずに取り組んでいるという事情にある、中国軍が上海から南京に退いた際に、先方から講和の要請が当然あるものと思っていたら、この見通しは見事に外れ、中国はさっさと奥地に退いてしまった、かつて、中国を征服した異民族国家元と清を調べてみると、軍事的に結末をつけるのにそれぞれ45年程かかっている、したがって抗日の抗争は長期に亘ることを覚悟しなければならない、とこれまた後の歴史を知る者にとっては卓見を述べている。

尾崎の日中関係に関する評論には、日本側の中国社会に対する無知識、無理解、関心のなさ、日本の軍事力に対する過信、中国社会で起きている民族統一と近代化の大きな流れを見過ごし、相も変わらず混乱と無秩序に明け暮れる遅れた中国という日本人が有する侮蔑感を強く戒め、批判している箇所が多く見られる。

彼の思想信条から来るイデオロギー的観点も影響しているのかもしれないが、当時の状況下にあって、中国社会の本質をこのように鋭く冷静に捉え、バランスのとれた、長期的視野に立った視点で分析していたことには本当に驚かされる。

植民地台湾で育ち、若い頃から他民族の心情につき鋭敏な感覚が養われたのかもしれない。事実、上申書の中で、尾崎は、台湾で統治民族（日本人）と被統治民族（台湾人）との関係を直接感得し、それが、民族問題、そして中国問題に対する理解の契機となったように感ぜられる旨自ら述べている。そして、中国民衆の抵抗運動が資本主義・帝国主義の変革を要求しているように尾崎には見えたのかもしれない。

尾崎の描いていた東亜新秩序の構想は、中国共産党によって指導される新中国、社会主義国ソ連、そして資本主義を克服する日本によって構成されるというのがその骨格であった。

尾崎は、上海生活を振り返り、上申書で要旨次のように述べている。「マルクス主義が中国問題への関心をそそったのではなく、逆に中国問題がマルクス主義理論への関心を深めるといった関係にあったのであります。……私が上海にあって当時若さと未熟な情熱とを持って完全にこの環境の虜となったことは、振り返って見ても極めて自然に思われるのであります。私は上海において、はじめは極めて初歩的な小グループ運動から、遂に最も大きな国際的な左翼組織に入って行きました。」

彼は、中国についてこうも述べている。「日本にとってあらゆる問題の中心は実に支那問題であります。日本の当面の運命を決するものは、実に支那問題であると私は断言するに躊躇しません。……我々は深く支那民衆の対日感情について思いを致すべきでありましょう。彼らは今次戦争の終わるまで少なくとも深い憎悪怨恨を蔵して変わらないものだということを前提とすべきであって、汪兆銘政府がいかに整備されても、それは結局、最後まで日本の武力的背景と政治経済的施設を条件としてのみ存在し得るという事実をはっきり知っておかねばなりません。」

松本重治

松本重治（1899―1989）は、1932年末～38年末の6年間、連合通信（後の同盟通信社）上海支局長として活躍した時代を、「上海時代　ジャーナリストの回想」（中央公論新社）として記録に残している。彼自身、この時期を自分の人生のハイライトの一つであり、その後の生き方を方向づけた体験であったと述懐している。これに沿って、彼の上海、ひいては中国との関わりにつき見てみたい。

東京帝国大学法学部を1923年に卒業した松本は、大学院に進んで研究を続けていたが、同年9月の関東大震災で自宅、研究室の蔵書や建物が甚大な損害を受けたため、当面の研究の場を求めて、1924年、米国イェール大学に留学することとなった。

結局、米国・欧州に併せて3年半滞在することになった。当初は経済学の勉強のつもりであったが、この時に、国際ジャーナリストの仕事及び中国問題に関心を持ったらしい。イェール大学で知り合ったチャールズ・A・ビーアド教授から大きな影響を受けたと述懐している。ビーアド教授から、日米関係の核心問題が中国問題（It's China）であることを松本は学んだ。そして、1927年、欧州を経由してマルセイユから帰国する頃には、将来の職業としてジャーナリストへの志望を心密かに固めていた。

東大法学部助手のポストを用意してもらいながら博士論文を準備していた松本は、国際会議の経験を積むのも良いとの判断から、1929年に京都で開催された第3回太平洋会議に、日本側代表団事務局の一員として参加することとなった。団長は新渡戸稲造であった。

最も中心的な議題は満州問題であった。満蒙は日本の生命線であるとして雄弁を振るった松岡洋右と、満州は終始中国の一部であるとして条約上の日本の権益を無効と主張する燕京大学の著名な国際法学者徐淑希教授との激しいやりとり、そして会議裏での二人の和やかな食事の姿を見て、松本は、国際会議の表芸と裏芸を学んだ。

この時、日中間の激しい対立を建設的な意思疎通にするために、毎日、会議後の夕食を済ませた後に日中懇談会をやることとなり、松本が書記に任命された。この時に会議に出ていた一人が岩永裕吉（連合通信専務、後の同盟通信社長）である。3年後にこの岩永の勧めがあり、連合通信に入社して、上海に赴任することとなる。松本自身、京都の太平洋会議、そして非公式のこの日中懇談会がなければ、上海に行くこともなかったであろうと回想している。

岩永からは、上海は排日の巣窟として外務省も海軍も手を焼いているが、日本人新聞記者はニュースを日本に送るのがせいぜいで、第三国の関係者と話をしたり、中国側の排日言論には対抗できていないとして、松本の能力と経験が買われ、連合通信入社及び上海行きを要請された。当時、松本はカリフォルニア大学への招聘の話があったが、結局同大学の評議委員会で否決されたこともあり、この提案を受けることとした。

「上海時代」の中のエピソードに、松本が、上海赴任前に銀座並木通りの連合通信本社に挨拶に行った際に、外信部に入電する電報のスケルトンの話が出てくる。当時、電信料が高く、ニュース原稿は、文字数を減らし、極力簡潔にしかも正確に送る必要があった。この送られてくる電報をスケルトンと呼んでいた。そのスケルトンを如何に最終的に正しい記事に復元するかは、一定の専門技術を要するものであったらしい。戦前の外務省の公電システムと類似の課題を抱えていたのである。

松本は、連合通信上海支局長と共に、プレス・ユニオンの専務理事を兼任することとなった。プレス・ユニオンが上海に設立されたのには以下の背景があった。１９３２年初頭の第一次上海事変の際、誤報や捏造を含めた中国側の反日宣伝が活発となり、これに対抗する必要性から、現地の公使館、総領事館、陸海軍と日本人倶楽部の在留邦人代表からなる官民の連合体で、プレス・ユニオンという英文ニュース配信組織を慌ただしく設立した。

一方、停戦と共にその活動も停滞していたが、中国側の抗日宣伝は相変わらず活発であり、この立て直しが急務であった。そこで、連合通信上海支局長とプレス・ユニオン専務理事を兼任させ、第一次大戦中のロイター電を参考に、ＲＥＮＧＯのクレジットで英文記事を配信する具体案がまとめられた。松本は、政府や軍の宣伝工作を肩代わりすることを拒否し、プレス・ユニオン専務理事が連合通信上海支局長を兼ねるのではなく、上海支局長が専務理事を兼ねること、連合通信英文記事配信サービスをプレス・ユニオンの活動の中心とすることの２つを条件に、この提案を受け入れた。

１９３２年12月、松本は長崎から客船で上海に赴任する。連合通信上海支局は、バンドの南側エドワ

旧大北電信ビル（同盟通信支局）

ード7世路（愛多亜路。現在の延安東路）の大北電信公司ビル4階にあった。この建物は今も残っている。当時、ロイター通信が賃貸している1室を又借りしていた。AP通信の事務所も同一ビル内にあった。

松本の赴任時、公使館情報部長は須磨弥吉郎、総領事は石射猪太郎、海軍武官は佐藤脩大佐、陸軍武官は田代皖一郎大佐であった。松本がプレス・ユニオン専務理事兼任ということもあり、特に前二者が歓迎してくれたらしい。日本のマスコミ各支局長は、新聞記者としての経験のない松本を冷ややかに眺めていた。連合通信は予算が余りなかったらしいが、当時大新聞の上海支局は、取材のため軍人を芸者入りで接待するのが当たり前であった。

赴任当初は、ライバルの「電通」にも抜かれ通しであったようであるが、人脈を拡げ、信用を獲得して情報収集面で徐々に実績を上げていく。その際に、彼が到達した結論は、中国人や外国人の中に親しい友人をできるだけ多く作るということ、そして、そのためには、誠実さ、暖かみ、信頼関係が不可欠であるということであった。

共通の関心事は、日中関係の改善、それが困難であれば、これ以上の悪化の防止であった。その中で、張伯苓、胡適、呉貽芳、周作民、銭永銘、張公権、孔祥熙、蒋方震、呉鉄城、張群、胡霖、汪兆銘、高宗武、趙正平等の政治家、経済人、教育者、ジャーナリスト等様々な分野での中国人脈を作っていく。

松本の見立てでは、外国人の中では特に英国人に有能な人材が揃っていた。したがって、特に英国人との関係構築に意を用いた。ロイターの極東支配人チャンセラーとの交友関係から、そのネットワークは広がって行った。オックスブリッジの人脈等を通じ、ジャーディン・マセソン商会の大株主兄弟とも一生の知己となる。ロンドン・タイムズをはじめ、英国のマスメディア各社の支局長とも仲良くなる。

　そのような活動を展開する中で、英国人によって共同租界に設立された当時最高のプライベート倶楽部であった「上海倶楽部」への入会が、これらエスタブリッシュメントへのアクセスの近道と考えた。但し、当時、日本人メンバーは元上海総領事で在華日本紡績同業会総務理事の船津辰一郎氏のみであった。チャンセラーの尽力により、松本はこの極めて排他的な倶楽部への加入を認められた。

　上海倶楽部の建物は、当時の連合通信支局のすぐ近くのバンド沿いに今も残っている。現在は改修されウォルドルフ・アストリア・ホテルとなっている。もともと１８６１年に造られたが、現存の建物は１９０９年に改築されたものであり、ネオ・ルネサンス様式である。長さ30メートル、極東一のロング・バーで有名であった。上海倶楽部の閉鎖性を物語るエピソードがある。日本軍の真珠湾攻撃の後、ある若い英国人が倶楽部のそばを歩いていた際に銃撃に遭いこの倶楽部に避難しようとしたら、会員でないということで入り口で止められ、やっとのことで臨時メンバーとして建物に入ることを許されたという。

　松本は、フランス人社会、米国人社会との交流を図るため、フランス倶楽部や上海ロータリー倶楽部にも加入した。

　エドガー・スノーとも上海で１９３７年に会っている。スノーは、１９３６年７月〜11月にかけて、延安西方の保安で毛沢東にインタビューした内容をまとめた「中国の赤い星」（〝Red Star over China〟。中国語訳「西行漫記」又は「紅星照耀中国」）を翌年出版している。西安事件の性格と

旧上海倶楽部（現ウォルドルフ・アストリア・ホテル）

その後の共産党の見通しにつき、二人の意見は一致し、大いに語り合ったという。

公使館情報部には毎日午前、午後と2回訪問して、須磨情報部長と定期的に情報交換したという。プレス・ユニオン専務理事という立場上、他の記者と比べ政府と特別な関係にあったのであろうが、それにしても頻繁な接触である。

公使館に頻繁に出入りするようになると、館員が公電のコピーを見せてくれるようになり、1、2年後には、館長符号電報（特別重要で秘匿度の高い公電で館長自ら暗号解読して読むこととされている電報）も読ませてくれたらしいが、これは、完全に政府と新聞記者の敷居を越えた関係であり、今では国家公務員関連法令に触れる可能性もある。それだけ、松本が信用されていたということであろうか。彼は、これらを直接記事にすることはなかったと言っている。海軍及び陸軍武官室も3週間に1回程度訪問した。

松本は、上海時代において最も尊敬した日本外交官として有吉明（1876－1937）を挙げている。有吉明は、1909年から1919年の10年間に亘って上海総領事を務めている。その後、スイス公使、ブラジル大使を経て、重光葵在中国公使の重傷と離任を受けて、1932年から後任公使、1935年5月に公使館の大使館昇格後は、初代在中華民国特命全権大使として翌年3月まで勤務した。松本は、有吉を陸奥宗光、小村寿太郎、幣原喜重郎と並べ、日本外交史上の十指に当然入るべき外交官であるとの高い評価を与えている。

有吉大使については、石射猪太郎が、「外交官の一生」の中で、「酸いも甘いも噛み分けた渋味ある風格の中に、外柔内剛奪うべからざる気魄を蔵し、見通しの鋭い大家であった。中国の現実に深い了解と同情を持ち、政府の無理解な対華政策を矯めつつ、荒れすさんだ中日関係を漸次軌道にのせて行かれたのであった。けだし有吉大使の温情と真摯とが中国側を絆したというべきであった。私は大使を畏敬し、大使に親炙した。」と述べている。松本は、石射の有吉評を、「知る人ぞ知る」という感慨がこみ上げ、涙が出る程嬉しかったと述懐している。

公使館の大使館昇格に伴い、1935年6月14日に南京で行われた有吉大使の林森国民政府主席に対する信任状捧呈式には、本来同行してしかるべき大使館陸軍武官はついて行かず、大使館昇格に反対する陸軍の意思表示と受け取られた。陸軍からすれば、蔣介石国民政府の対日親善策は、単なる時間稼ぎであり信頼できないということであった。松本は、陸軍のこのような考え方を、中国のナショナリズムの本質を見誤った基本的な欠陥を持った見方であり、日本の悲劇を生んだ原因としている。要するに、陸軍は、外務省の対蔣介石接近政策、日中提携論に反対であった。その後の日中関係は、悪化を辿っていく。

松本が尊敬していた有吉は、帰朝命令を受け、1936年2月8日、上海を去った。蔣介石は、満州事変後の困難な時期に、有吉がよく中国の立場を理解して国交改善に努力したと慰労し送別の宴を設けた。有吉は、帰国後体調がすぐれず翌年6月に胃潰瘍で死去した。日中戦争勃発の直前であった。

松本の所属する連合通信は、1936年元旦をもって同盟通信となった。ロイターにニュース配信を牛耳られていたかつての体制では、彼らの主張や主観が記事に反映されざるを得ず、日本の立場が十分世界に伝わらない懸念があるとして、ナショナル通信社の設立は長年の日本の課題であった。それが、遂に、連合通信がかつてのライバルであった電通の通信部門を吸収する形で同盟通信が発足した。逆に広告取次業務は電通に吸収されることとなった。かくして日本にもナショナル通信社が誕生したのである。

松本は、内山書店で内山完造の紹介の下、魯迅と知り合い、その後20回は話を交わしたと回想している。魯迅死亡の翌日、10月20日の新聞で彼の訃報に接し、21日、告別のため万国殯儀館に足を運んでいる。

日中関係は更に悪化していく。1936年11月に、国民党軍と内蒙古軍が百霊廟で衝突し、国民党軍が勝利を収めたいわゆる綏遠事件が発生した。内蒙古軍は、関東軍の指導と訓練を受け、更には、内蒙古軍は実は日本軍が入り込んでおり、中国軍が日本軍を撃破したという、やや誇張宣伝に煽られた民衆は、日本恐るるに足らずという気持ちを持つようになった意味で、翌年に発生した盧溝橋事件から日中全面戦争への展開を運命づける事件ともなったと言われる。

松本をジャーナリストとして有名にしたのは、1936年12月12日に起きた西安事件をスクープし、いち早く世界に打電したことである。西安事件とは、蒋介石配下の東北軍総指揮官の張学良と西安の地方軍閥である第17路軍総指揮官楊虎城が、蒋介石の共産党囲剿作戦に批判的な立場から、内戦を停止し挙国一致して抗日に当たるよう求めて、共産党殲滅のため西安に出向いていた蒋を華清池で監禁し諫めた（兵諫）事件である。周恩来ら共産党幹部が西安入りし、国民党との間で合意が成立し、蒋介石は解放された。翌年、盧溝橋事件が勃発すると第二次国共合作が成立する。事件発生前の情勢は、蒋介石による中国統一がいよいよ最終段階に入ったと上海では感じられていたと松本は回想している。

12月12日夜、知り合いの「大公報社」の中国人記者と日本料理店「新月」で食事していた松本の元に同盟通信南京支局及び上海支社から、蒋介石が赴いている西安で何かが起こった可能性がある、電話回線が不通となっているとの電話連絡が入った。食事もそこそこに支社に戻って、中国人ニュースソースに片っ端から電話を入れる。

その中で、孔祥熙邸にいた彼の秘書である知人の喬輔三から、張学良と楊虎城の部隊が兵乱を起こし、西安郊外の華清池温泉で蒋介石を監禁したという驚愕の事実がもたらされる。そして、張学良から孔祥熙宛の通電内容を詳しく教えてもらう。要するに、内戦を中止して全国民一致して抗日に当たる政治体制をつくるべしとの内容である。その日の深夜零時前に松本は同盟通信が持っていた無線で特ダネを東京に送った。南京政府からは、海底電線会社の電報受付局に海外送電禁止命令が来ていたため、各国特派員は仮に情報に接したとしても海外にニュースを流す手段がなかった。

松本は、川越茂大使にだけは知らせておくべきと判断し、夜中1時を少し回った頃に、大使公邸に一報した。そうこうするうちに、外交部から蒋介石が張学良反乱部隊により拘禁されていることが公表された。

朝日新聞は、同盟通信の配信記事を満載した号外を朝刊に差し込んだ。同盟通信の完全な特ダネであった。知り合いのニューヨーク・タイムズ特派員ハレット・アーベントが、電信会社が海外への電報受付を禁止されているとして同盟通信に東京経由で記事のニューヨークへの配信を要請して来たのにも応じてやったが、それは外国新聞社上海特派員の第1報となった。もっとも、15日、松本の留守中に同盟通信は、勇み足で蒋介石殺害の誤報を出してしまう付録もついた。

松本は、後に西安事件から盧溝橋事件までの7ヶ月は、日本の命運を決した時期であり、この間、中国国内の複雑な内政を日本は十分理解できず、また中国は弱いという対中蔑視観に囚われ、中国に興っていたナショナリズムを正しく理解していなかったし、また、中国の民族統一を望んでもいなかったと述懐している。

ちなみに、楊虎城は、一時国外に逃れ日中戦争勃発後帰国したものの、12年間監禁され、最後は1949年の共産党による重慶陥落直前に、蒋介石の命令によりその地で殺された。張学良は、国民党が台湾に移った後も含め50年以上も軟禁状態に置かれた。その後、台湾の民主化と共に戒厳令も解除となり、実質上自由の身となり、1991年にハワイに移住した後、2001年に100歳でその地に没した。中国共産党からの大陸への招請は拒絶し続け、二度と大陸の地を踏むことはなかった。軟禁状態が解かれた後の1990年には、NHKの磯村尚徳キャスター他との長時間の取材に応じている。筆者も当時、この特別番組をテレビで見たが、90歳にならんとする老人とは思えない記憶の鮮明さと、かくしゃくとした姿が印象的であったことを覚えている。

日中関係は、乾いた草のように、何かきっかけがあればあっという間に火が燃え移る状態であった。1937年7月7日夜の盧溝橋事件も、その後、局地的な紛争に留める機会は何度もあったが、日本側の中国蔑視、膺懲的な強硬姿勢と中国側の民族覚醒と抗日的強硬姿勢の衝突は、大きな歴史のうねりとなり、日中関係は、大きな歯車が回転し始め、もはや個々の外交官や軍人の思いと力のみでは如何ともしがたい段階に入ってしまったと言えよう。8月9日に上海海軍特別陸戦隊大山勇夫海軍中尉他が殺害された事件（大山事件。虹橋空港事件とも）が起こり、そして一触即発の日中対立の機運を上海で決定づけたのが、8月11日、黄浦江への帝国海軍第三艦隊の軍艦派遣であった。8月13日には戦火は上海に飛び火（第二次上海事変）、日中全面戦争の火蓋が切って落とされた。

上海で日中両軍の市街戦が繰り広げられていた頃の興味深いエピソードを松本は紹介している。ある日、中国軍司令部情報宣伝班から将校が同盟通信支社を訪れ、同社が毎日発行している日本語・中国語の記事サービスを購読したいと要望して来た。正規の料金を2ヶ月前払いし、その翌日から毎日午後、兵士が取りに来たらしい。戦争という非日常の中の不思議な光景ではある。

第二次上海事変は、日本研究の泰斗でありケネディー政権で駐日大使に任命されたエドウィン・ライシャワー一家にも大きな悲劇をもたらすこととなる。彼の兄であり同じく日本研究分野で若いながらも既に優れた業績を残し、将来を嘱望されていたプリンストン大学のロバート・ライシャワー教授が、1937年の夏、学生を連れて日本及び中国を研究ツアーに訪れる。京都の弟エドウィンの家を訪ねた頃に盧溝橋事件が発生した。但し、華北で起きた事件でありまだ華東には及んでいなかったことから、ロバートは北京を避けて上海に8月14日に到着する。ちょうどキャセイ・ホテルの受付で宿泊の登録を済ませたところに、近くの黄浦江に浮かぶ日本海軍艦船を狙った中国軍機の誤爆を受け不慮の死を遂げたのである。

日本軍の軍紀は誇れるものではなかった。8月13日の第二次上海事変発生の1週間後くらいに、松本の自宅も留守中に日本軍兵士が乱入し、家の中はめちゃくちゃになり、母方の祖父松方正義が松本のために書いた漢詩の掛け軸も破られていた。現場に居合わせたボーイが日本軍兵士の所業であると松本に告げた。連日の激しい戦闘で兵士が異常な心理になっており、中国人の住居と勘違いして対中蔑視意識の中で行われたものであろうと松本は想像している。

中国軍の頑強な抵抗に遭い、激しい市街戦を闘い、ドイツ軍将校の指導の下に各地に作られた堅固なトーチカと江南地方の各地に点在するクリークに悩まされながらも、柳川兵団の杭州湾敵前上陸を経て、11月初めに中国軍は撤退を開始、日本軍は上海全域を占領後、12月には国民政府の首都南京を陥落させる。日本では、敵の首都を落とした以上、これで戦争は日本の勝利で終わると国民が提灯行列で浮かれている中、日中戦争は泥沼の長期戦に突入しつつあった。

1938年7月から9月にかけて、松本は、汪兆銘工作にも関与する。上海で汪兆銘派の高宗武、梅思平と後に「梅機関」を設けた影佐禎昭、今井武夫との間で話し合いが重ねられ、両者は、11月20日、日本軍の撤兵や満州国の承認等を内容とする合意に署名したが、松本もある期間、彼らと接触し汪兆銘工作を推進するための役割を果たそうとした。しかし、汪兆銘政権は1940年に成立するものの、これは当初の計画とはかなり異なったものとなり、中国民心を捉えることはできなかった。

松本の6年に亘る「上海時代」は、1938年12月に終止符を打つ。9月に40度の高熱を出し、病床で2週間も昏睡する。腸チフスと診断された。12月になんとか退院し、本社総務局付の辞令を受け取る。その頃、汪兆銘が12月18日に重慶を脱出したというニュースが流れた。22日、それに呼応する形で近衛声明が発出されたが、日本軍の撤兵問題には一切触れず、汪兆銘派を失望させることとなる。なお数ヶ月の療養を必要とする松本は、妻と共に29日、熱田丸で思い出の地上海を後にした。

松本は、「上海時代」のあとがきにこう記している。「遺言（「上海時代」）の趣旨は、日本人は、隣国人の気持ちをもっとよく理解してほしいという一語に尽きる。……東亜の一大悲劇たる日中戦争が惹き起こされた最大の原因が、当時の日本人の多くが、中国人の気持ちを理解し得なかったことにあることを、私なりに書きたかった。」

日本人の一人として日本を愛し、愛するがゆえに国を憂える。これは、「リベラル」をその思想的信条とする松本の日中関係に関する正に遺言である。

松本は、戦後、国際文化会館の専務理事、そして理事長として活躍する。国際文化会館は、六本木5丁目、麻布鳥居坂の閑静な一角にある会員制の文化施設（財団法人、2012年より公益財団法人）であり、ロックフェラー財団をはじめとする内外の団体や個人からの支援により1952年に設立された。そのきっかけは、この章の冒頭でも紹介した1929年の太平洋問題調査会第3回京都会議での彼とジョン・D・ロックフェラー3世との出会いに始まる。

1951年、対日講和条約締結準備交渉のために訪日したダレス特使一行の中にロックフェラー3世が含まれ、松本は、彼と再会を果たす。その後、ロックフェラーの提言により、日米の知的・文化交流の復活のために拠点を建設することとなった。松本はその準備委員会の常任幹事となった。

会館敷地として、岩崎小彌太（三菱財閥の創始者、岩崎彌太郎の甥）が戦前に所有していた敷地の払い下げを受ける。そして、日本を代表する三人の建築家である前川國男、坂倉準三、吉村順三の共同設計により建物が竣工した。

外国からの研究者を受け入れる十分な施設が不足していた当時、国際文化会館は、日米文化人、研究者の交流の中心的な場を提供していた。米国人には、その英語名 International House of Japan を略して I-House の名前で親しまれていた。筆者も１９９０年頃、恩師であったエズラ・ヴォーゲル・ハーバード大学教授がここに宿泊され、館内のレストランで教授を囲んで教え子が開いた立食パーティーに出席したことがある。

筆者は、２００４~２００６年当時、外務省文化交流課長を務めていた。財団法人であった国際文化会館を所管する担当課長であった。以前に比べ、日米交流が飛躍的に拡大し、また、それに対応する施設や拠点も多様化する中で、国際文化会館の存在感が相対的に薄くなって来たのは否めなかった。課長時代は、国際文化会館自体が、このような問題意識の下で改革に取り組んでいた頃である。先ず、施設が老朽化して、宿泊施設の構造も現代の利用者のニーズに合致しなくなったこと、また、耐震構造にする必要性もあったので、大幅な改修工事が行われた。この工事は、日本のモダニズム建築を代表するオリジナルの外観を変えることなく行われ、戦後の名建築を保存する取り組みとして、日本建築学会から授賞される等高く評価された。また、若い世代への認知度を高め、伸び悩んでいた若手入会者を増やすために、45歳以下の入会金を特別に引き下げた。

国際文化会館は、六本木交差点から徒歩10分程度の都会のオアシスとも言える場所に、緑の庭と宿泊室、会議室、レストラン、ホール、図書室等を備える国際文化交流拠点となっている。このような形で、松本重治の米国及び中国との交流にかけた遺志が引き継がれている。

松本は、1986年に出版された対談集「昭和への一証言」で、昭和を振り返り、米国及び中国と良くやっていかなければならないというのが昭和の日本の一番の教訓であり、同時にソ連と敵対関係になってはいけないと感慨深く語っている。そして、質問者から、最も好きな日本語は何かと問われ、「誠実」と答えている。戦前日本の対中外交に最も欠けていたものもこの誠実さであったのかもしれない。

5. 上海のユダヤ難民と日本人

上海におけるユダヤ人

上海には19世紀の租界建設以降、ユダヤ人商人のコミュニティーが形成されていたが、これら上海経済に影響を持った初期のユダヤ人は主にセファルディ系（中東・南欧系）の富裕層であった（キャセイ・ホテルを建てたサッスーン財閥等）。更に、ロシアのポグロムから追いやられた多くのアシュケナジ系（欧州系）のユダヤ人が多く居住し、戦前のユダヤ難民到着以前には約4、500名のユダヤ人コミュニティーが上海に形成されていた。

ちなみに、ヴィクター・サッスーンの事務所が入るキャセイ・ホテルは、サッスーン財閥、ひいては上海租界を象徴する建物であった。1941年12月8日に太平洋戦争が勃発した直後、彼は、たまたまインド・ボンベイに出張中で上海にいなかったが、帝国海軍は、上海租界の実質的支配者が日本であることを示すため、第3艦隊旗艦出雲をキャセイ・ホテルの前に乗り付け、犬塚惟重支那方面艦隊司令部付大佐は、ペントハウスにあるサッスーンの事務所にやって来て部屋の椅子に座り、写真を撮ったという。

サッスーンの主要な財産は中国にあったため、戦後、中国共産党が中華人民共和国を建設すると、彼は財産のほとんどを失う。彼の口癖は、「自分はインドを捨てたが、中国は自分を捨てた」であった。1954年、会社をバハマに移した彼は、1961年、80歳で亡くなる。

他方、ナチス・ドイツのユダヤ人迫害を逃れて欧州からユダヤ難民が上海に本格的に到着し始めるのは1930年代末である。これには杉原千畝の発給したビザによる難民の日本経由での到着も含まれる。これにより、上海は、セファルディ系、アシュケナジ系（ロシア系）及びナチスを逃れてやって来たアシュケナジ系（中央ヨーロッパ系）のユダヤ人が住む世界でも特殊な場所となった。

杉原の出したビザについて、筆者には個人的に忘れ得ぬ想い出がある。2015年4月、デトロイト総領事を務めていた頃、郊外のウエスト・ブルームフィールドにあるユダヤ・コミュニティー・センターでラビのマーヴィン・トケイヤー氏によるユダヤ人と日本との関係に関する講演が行われた。筆者は地元ユダヤ系米国人の知人の招待で妻と共に参加した。トケイヤー氏は、当時ニューヨークに在住していたが、かつて米空軍に所属し福岡板付空港での勤務経験があり、また、60～70年代にはラビとして再び訪日して10年近く滞在、その間、「日本人は死んだ」等の本も出している知日派である。

日露戦争でのユダヤ系資本の役割、ユダヤ難民の置かれた状況、杉原千畝の決断、日本政府の満州へのユダヤ植民計画（「フグ」計画）、ユダヤ難民に対する米国社会の反応、日本人の一般的なユダヤ観等につき米国人の聴衆に深い印象を残す講演内容であった。第3者をして日本を語らしめることのインパクトを感じる講演であったが、その講演後、聴衆の中からある初老の女性が筆者に近寄って来た。なんと、彼女の父親は杉原サバイバーであった。日本人に感謝の言葉を伝えたかった、杉原がいなければ今日の自分も存在しなかったと涙ながらにお礼を言われた。目頭が熱くなり、胸にジンと来た。

当時上海は、ユダヤ人をビザなしで受け入れてくれる世界で唯一の都市であった。最盛期には約2万5千名のユダヤ人が上海に居住していた。うち、2万人は難民であった。多くの難民は、通称日本租界と呼ばれ多くの日本人が居住していた虹口地域に隣接した楊樹浦地区のハイムと呼ばれる集合住宅に居を構えた。ここには、約10万人の貧しい中国人も住んでいた。

上海は、中国の文化・経済の中心地であり、租界を抱える近代都市でもあったが、欧州における当時の評判は必ずしも芳しくなかった。蒸し暑い気候、洪水、底冷えのする冬、人口が密集し、非衛生的で、蝿、蚊、ゴキブリ、シラミがわき、コレラ、マラリヤ、赤痢、腸チフス等伝染病が蔓延している場所というイメージであった。難民たちの上海に対する第一印象は、稠密で、悪臭を放ち、汚く、騒々しい場所であった。中国人の話す言葉は、わめき声に聞こえた。道ばたにはしばしば死体が放置されていた。

１９３７年７月の盧溝橋事件が上海に飛び火し、第二次上海事変が発生して以降、虹口は日本軍の管轄下に入り、日本は租界への管理を強めていく。１９４１年12月８日の真珠湾攻撃による太平洋戦争勃発以降、日本軍は共同租界に進駐し、共同租界全体の実権は日本側に渡った。フランス租界は、ヴィシ

旧ユダヤ難民区のハイム

ー政権の支配下となる。その後、１９４３年、日本軍の協力によって発足した汪兆銘政権に共同租界を返還する。ヴィシー政権も同年フランス租界を返還、これにより上海の租界は上海市政に統合された。

１９４３年2月以降、日本軍は「敵国」国民約５千名を市内及び郊外の収容所７ヶ所に収容した。また、１９４３年2月18日に、１９３７年1月１日以降上海に上陸した無国籍者はすべて指定地域（楊樹浦地区）に移動することを要求する布告を発表した。この措置は同年５月18日から実施されることとなった。

後者の措置により、ドイツ占領下の欧州出身のユダヤ難民が無国籍者として対象となった。したがって、敵国国民もユダヤ難民も、基本的には同様に治安上、管理上の観点から居住制限を行うことに決定したものと思われる。太平洋戦争以降は、ユダヤ人を戦略的に活用する意義が乏しくなったが、他方で、敵国人よりも厳しい取り扱いを行う理由もなかった。

指定地域は、共同租界内のわずか3平方キロメートル程度の地域で、俗称「上海ゲットー」と呼ばれることとなる。同年5月末までに登録した難民数は約1万5千名であった。ユダヤ難民に対しては移動制限等の措置が取られたが、強制労働が行われた訳ではない。

１９４５年の第二次大戦終戦後、上海のユダヤ難民は米国、カナダ、豪州、イスラエル、あるいは欧州に向けて去り、ほとんど上海に残ることはなかった。

日本の対ユダヤ人政策

トケイヤー氏の著書〝Pepper, Silk & Ivory : Amazing Stories about Jews and the Far East〟によれば、彼が東京で生活していた１９６８年に、着任した新イスラエル大使の信任状捧呈式が皇居で挙行された際に、昭和天皇から大使に対して、「我々は、ジェイコブ・シフ氏が我々のためにしてくれたことを決して忘れない」とのお言葉があった。大使は、シフのことを知らず、後刻、トケイヤー氏に尋ねて来たという。

シフは、1847年、ドイツ・フランクフルトに生まれ、1865年、18歳の年にニューヨークに渡る。その後、クーン・ローブ商会に就職し、設立者の一人、ソロモン・ローブの娘と結婚する。1904年、日露戦争勃発後、高橋是清日銀副総裁は、戦費調達のために米国を訪問する。米国で日本の国債を引き受ける先をなかなか見つけられなかった高橋は、英国に渡り、ある金融家の晩餐会でロンドンに来ていたシフと隣合わせに座った。翌朝、シフは、500万ポンドの国債引き受けを受諾し、5月2日、最初の日本戦時国債がニューヨークのクーン・ローブ商会で発行された。これが呼び水となり、翌年にかけて、5回に亘る起債により、日本は、戦費を調達し、戦争にも勝利する。シフは、ユダヤ人であり、1903年にロシアで起きたポグロム（ユダヤ人攻撃）が、日本を応援しようとした背景にあった。

1906年、シフは日本に招待され、明治天皇から勲一等旭日大綬章を受賞する。また、この時の再会が縁で、高橋の長女わき子が3年程ニューヨークのシフの家にホームステイすることとなる。ちなみに、クーン・ローブ商会は、1977年、リーマン・ブラザーズと合併した。日露戦争におけるこのシフの貢献は、20世紀前半の日本の対ユダヤ人認識に好意的な影響を与えたことは確かであろう。

1930年代以降のユダヤ人政策を考える上で、日本は、ユニークな立場にあった。ナチス・ドイツは、1936年の日独防共協定（翌年日独伊三国防共協定）、特に、1940年の日独伊三国軍事同盟締結以降は、日本の同盟国として重要な国であったが、一方で、白人支配の当時の国際秩序において、日本は第一次大戦後のヴェルサイユ講和会議では人種差別撤廃の明記を主張し、ウィルソン米国大統領によって否決されたといった苦い経験も味わっていた。

日本は、歴史的にユダヤ人差別を長年に亘って経験して来た欧米社会とは異なった背景にあり、「ユダヤ陰謀論」的なセンセーショナルな取り扱われ方がなくはなかったが、一般的には特段の偏見をユダヤ人に対して有している訳でもなかった。更に、国際社会での孤立の中で、ユダヤ資本の活用といった戦略的な発想も一部で存在した。前述のごとく、日露戦争におけるシフの支援も友好的行為として記憶されていた。

陸軍では安江仙弘大佐、海軍では犬塚惟重大佐が戦前のユダヤ専門家として有名である。安江は1937年12月にハルビンで開かれた第1回極東ユダヤ人会議に参加し、カウフマン議長とも親交を重ねた。ちなみに、この会議には、樋口季一郎ハルビン特務機関長（陸軍少将）も出席している。樋口は、翌年、カウフマンの要望を受け、満州国境で留め置かれていたユダヤ難民への食糧支援や満州入国・通過支援を行った（オトポール事件）。また、犬塚は、上海でユダヤ難民の保護に努力した。そして、安江と犬塚は、ユダヤ人の満州植民計画（いわゆる「フグ」計画）を構想した。

このような中、当時の外務本省と在外公館の電報のやりとりを見ると、例えば1937年12月26日、ハルビンで開催された第1回極東ユダヤ人会議開催に際して、現地の鶴見憲総領事から本省に対して出席可否の照会をしているのに対して、本省からはドイツとの関係に鑑みて表向き日本外務省が積極的に関与していないとの建前を維持する必要があるが、同時にユダヤ人の経済力に鑑み、総領事代理として領事を出席させるように指示している。

1938年10月7日の近衛首相（外相兼任）から各在外公館長に対して、「ユダヤ人難民の本邦入国に関する取扱い振り」と題する訓令（1447号）が発出されている。これによれば、ドイツやイタリアがユダヤ人を排斥しつつあり、日本へのユダヤ難民入国希望者が漸次増加する中、日中戦争で余裕のない日本としては、外務省、内務省、陸軍、海軍間での協議の結果、以下の措置を決定したことを通知している。先ず、難民の日本（植民地を含む）への入国は好ましくない（但し、一時通過はこの限りではない）との原則を述べている。第2に、今後、無国籍難民に対しては、現地公館で渡航証明書を発給してはならないとしている（一時通過については、最終目的地のビザ及び250円以上所有している場合は可）。第3に、これは、ユダヤ人を対象にした特別な措置ではないことを強調している。

同年10月20日付の近衛外相から日高在上海総領事への訓令（815号）は、同月12日に海軍軍令部の犬塚惟重大佐から聴取した意見として、上海において以下の対ユダヤ人接触要領を打電している。即ち、第1に、上海ユダヤ財閥は、英国を離れ日本に傾きつつある。第2に、日本は中国の開発のため、膨大な資金を必要とする。第3に、上海のユダヤ人を利用し得る限度と我が方の目的と相容れない部分を見分ける。第4に、以上の観点を踏まえユダヤ人との接触は民間団体を使う。

更に、同年12月7日付で有田外相から各在外公館長に発出された「ユダヤ人対策要綱（12月6日）」によれば、ユダヤ人を公正に取り扱い特別に排斥すべきではないこと、一般的な外国人入国取り扱いの範囲内で対応すること、ユダヤ人を積極的に日満支に招致はしないが、利用価値あるユダヤ資本家・技術者は例外的に活用することを指示している。

1942年1月17日の東郷外相から梅津在満州国大使、堀内在上海総領事に当てた公電「ユダヤ人に対する緊急措置」によれば、前年12月8日に太平洋戦争が開始されたことから、ユダヤ人対策も影響を受けざるを得ず、より厳しい管理をせざるを得なくなったことが窺える。即ち、日満支及び占領地へのユダヤ人入境は原則禁止となったが、一方で、「八紘一宇」の精神及び英米の逆宣伝に利用されないよう、占領地におけるユダヤ難民の取り扱いは他の当該国籍人に準じて行うよう訓令している。

そして、前述の通り、上海においては、１９４３年2月18日にユダヤ難民を指定地域（楊樹浦地区）に移動することを要求する布告を発表し、同年5月18日から実施されることとなった。

上海ユダヤ難民記念館

上海ユダヤ難民記念館（上海猶太難民紀念館）は、上海市虹口区政府によって２００７年、同区内に開館した。その後、戦後70周年である２０１５年にリニューアル・オープンした。その際には記念式典が開催されている。もともとロシア系ユダヤ人によって１９０２年に組織された団体によって、１９２７年にこの地に摩西会堂（Ohel Moishe Synagogue）として移転された建物である。近くにはかつての集団住居（ハイム）が残され、また、道路を隔てた向かいには当時憩いの場であったユダヤ人経営のウィーン・カフェが再建・移築されている。

リニューアル・オープンに合わせ、ネタニヤフ・イスラエル首相等も出演する「ありがとう上海（原文：謝謝上海）」というショートムービーが在上海イスラエル総領事館により作成され、ネット上や街頭のパブリック・ビューイングでも放映され、報道も行われる等、上海とユダヤ人の蜜月関係が演出されている。

展示は、全体を通じて世界中で迫害されたユダヤ難民を上海が受け入れ、苦しい中でも地元の中国人たちと交流し、助け合いながら生活していたことを特に強調したものとなっている。また当時の生活の様子等も資料、復元模型、イラスト、生存者の動画インタビュー等によって紹介されている。

日本に関しては、杉原千畝についての簡単な紹介もあるが、積極的な貢献よりも、ユダヤ人難民に苦難を与えた加害者の面が、ユダヤ人難民の取り扱いとは直接関係のない日中戦争の日本軍の加害行動と共に強調されている。

当然のことながら、「中国のシンドラー」と言われる国民党政府時代の何鳳山・駐ウィーン中国総領事については詳細な解説が掲げられている。オーストリアのユダヤ難民に対して、何千件もの大量の「生命のビザ」を発給した。改修前よりも彼の展示スペースは拡大されており、銅像も設置されている。

ユダヤ難民記念館内の何鳳山像

当時の「隔離区」で難民の出入を管理し、「ユダヤ人の王」と恐れられていた日本人実務担当者合屋叶については、彼にいやがらせを受けたユダヤ人生存者らのインタビュー（ラビの髭を切ったエピソード等）や写真、風刺画等が展示されている。

ちなみに、合屋は、英語を話し、バイオリンを弾く文化教養人の面があると同時に、背が低く劣等感ももった人物であったらしい。背の高い難民が通行証の申請に来ると、彼は机や椅子の上に立ち、その難民に平手打ちを食らわしたりもした異常な性格であった。難民を怖がらせ虐待したが、他方で、コンサートやサッカー試合に参加したりもした。敗戦後、かつての難民と上海の街で偶然遭遇した合屋は彼らから報復も受けたらしい。戦後、トケイヤー氏は日本で合屋に会って話をしたことを自著で紹介している。その時、合屋は、当時ユダヤ難民を暴力的に扱ったのは、彼らを救うためのカムフラージュであったと弁解したらしい。

同記念館には、２０１３年5月にネタニヤフ・イスラエル首相が来訪している。

日本とユダヤ人、そして中国

第二次大戦中、ユダヤ難民は、「勇気と名誉と威厳を持って」（トケイヤー氏）上海を生き抜いた。その中には、カーター政権で財務長官を務めたマイケル・ブルメンソールもいる。当時のアパートは保存されており、壁には彼が住んでいたことを示すプレートが掲げられている。

戦後、ユダヤ難民は、中国内戦が激しくなり、イスラエルが建国され、米国等が移民の受け入れを行う中で、米国やイスラエル、豪州、欧州等に移って行った。

ユダヤ難民記念館のパンフレットには、ユダヤ難民が居住した地域には、既に約10万人の中国人が住んでおり、彼らはユダヤ難民と友好交流を深め、共に苦難を過ごし、ユダヤ難民の中には中国人の友人宅に招かれ、中国の旧正月等を一緒に過ごした者もいると書かれ、上海における中国人とユダヤ人との交流が強調されている。

当時ユダヤ難民と上海市民が困難な状況下で、日常生活において時として助け合い、励まし合い、心のふれ合いを行っていたケースがあることまで否定するものではもちろんない。米軍の誤爆の際には、実際に、ユダヤ人の医者が中国人の治療に当たり、お返しに、中国人が食糧を提供するといったこともあったようである。

また、ユダヤ人にとり、第二次大戦中のホロコーストの歴史の中で、上海がポジティブなサバイバルの歴史を語れる数少ない場所であるというのは、筆者のカウンターパートであった当時の在上海イスラエル総領事が語っていたことであり、非常によく理解できる。

他方、前述の通り、日本人には欧米と異なり、歴史的にユダヤ人に対する差別意識の経験がなく、また、日露戦争では、ロシアのポグロムに反対するユダヤ人の支援、例えば、NYの資本家シフによる起債支援等を得て、戦争遂行のための資金調達が可能となったこと、ユダヤ難民の旧満州移住計画等を含めユダヤ人をしかるべく処遇することにより日本の大陸政策に対する欧米ユダヤ系社会の支持を得ようという試み（「フグ」計画）もあったこと、また、有名な杉原千畝による在リトアニア領事館におけるユダヤ難民数千名に対する査証発給等、ユダヤ人との前世紀初頭からの友好交流の歴史を有していること、したがって、日本は、ナチス・ドイツと一線を画した対ユダヤ人政策を有していたこと、は明確に参観者に想起させ認識させる必要がある。

ナチス・ドイツが日本政府に対して、上海のユダヤ難民の最終的解決を提案したと言われている「マイジンガー計画」についてはその真偽の程は不明であるが、以上の日本政府の対ユダヤ人政策を踏まえれば、いずれにせよ受け入れるものとはならなかったであろう。マイジンガーは、1941年4月に、ドイツ大使館の警察アタッシェとして東京に赴任したが、その前にドイツ占領下のワルシャワでゲシュタポの指揮官として辣腕を奮い、「ワルシャワの屠殺人」と恐れられていた。彼は、頻繁に上海を訪問しており、このような計画を日本政府に進言したのではないかと言われている。

当時の上海は、日中全面戦争となった1937年以降、また共同租界地区全体については太平洋戦争の開始された1941年末以降、日本軍の管理下で実質的な行政が行われていた。上海無国籍避難民処理事務所の所長であった久保田勤の下で通行許可証発給の事務を実質的にしきっていた合屋のごとく難民区責任者の個人的な性格と異常な行動により不愉快な経験をしたユダヤ難民の被害者がいたのは事実である。

もちろん、当時の上海における日本の対ユダヤ難民政策が特別に人道的であったと言うつもりはないし、一義的には、日本の国益に沿った戦略の下に具体的政策がとられた訳であるが、しかしながら、ユダヤ人が上海で「サバイバル」の歴史を語れるとすれば、その最も大きな要因は、客観的には中国人の同情ではなく、上海の実質的管理者であった日本の対ユダヤ難民政策に依るものである。

このような日本の基本的な役割が軽視され、ましてや、当時のユダヤ難民と中国人がナチス・ドイツと「日本軍国主義」の犠牲者として手を取り合って苦難に耐えたという物語が意図的に一人歩きすることは歴史の事実を反映しているとは言えない。

筆者としては、上海における当時のユダヤ難民と中国人との交流を強調するがために、実質的管理者であった日本の役割が過小評価されたり、スケープゴートとされることのないよう、事実関係を客観的に後世に伝えることが重要であること、過去の歴史が特定の政治的目的や思惑によって利用されてはならないことを、静かに伝えていくことが必要と考える。

上海にあるイスラエル総領事館によれば、2015年現在、上海市にはおよそ2,000人のイスラエル人が居住しており、中国において都市別でみれば最大である。

6．韓国人の「聖地」上海

上海には、韓国にとって「聖地」とも言える場所が、少なくとも2ヶ所ある。1つは、「大韓民国臨時政府」跡地、もう1つは、1932年の「天長節爆弾事件」跡地である。

大韓民国臨時政府

日本は、日露戦争での勝利の後、最終的に１９１０年に朝鮮を併合した。特に、１９１９年に発生した３・１万歳事件以降、海外在住朝鮮人による独立運動が進められた。その中で、独立運動家が集まっていた上海において、同年４月13日、李承晩、金九ら29名の代表によって結成されたのが「大韓民国臨時政府」である。当初は、Route Pere Robert 22号（金神父路）（現在の瑞金二路50号）に位置し、これは、当時の活動家の一人である玄楯牧師が借りていた庭付きの３階建住宅であった。その後、いくつかの場所を転々とするが、１９２６年にRue Brenier de Montmorand（馬浪路）（現在の馬当路３０６弄４号）に移転する。

上海に臨時政府が置かれた当初、ここに集まった朝鮮人独立運動家は１千名を下らなかったという。しかしながら、日本からの厳しい監視と内部の路線対立により、勢力は数十名にまで減少していた。李承晩を罷免して金九が代表となるが、困窮のため臨時政府の事務所に寝泊まりし、朝鮮人同胞の家を回って食べさせてもらいながら生活していたという。

大韓民国臨時政府跡

金九は満州事変勃発後、中国人の反日感情が更に高まったことを契機に、日本に対する破壊・要人暗殺活動を展開していく。先ず手がけたのが内田康哉満鉄総裁（万歳事件の時を含め３回に亘り外務大臣を務める）の南京訪問時の暗殺計画である。これは実行前段階で失敗に終わった。その次に李奉昌の桜田門事件（１９３２年１月８日）である。そして、今度は、金九は四人の青年に爆弾と資金を渡して、宇垣一成朝鮮総督、本庄繁関東軍司令官を暗殺させるべく満州に送り込んだ。これも失敗する。そして、尹奉吉による天長節爆弾事件につながる。

１９３２年の天長節爆弾事件では関係者17名が逮捕され、日本官憲の追及を受け、臨時政府は上海から撤退する。その後、杭州、南京、長沙、杭州等を転々とし、１９４０年から終戦までは、国民政府の臨時首都重慶に拠点を構えた。

ちなみに、金九は爆弾事件の後、日本の官憲の追及をうまく逃れる。日本の敗戦後、重慶から上海に13年振りに帰り、天長節爆弾事件の場所である虹口公園で6千名の朝鮮人同胞の歓迎を受けた。１９４５年に帰国するが、民族統一を理想とした金九は、韓国の単独総選挙に反対し李承晩と対立する。しかし、その思いも虚しく、１９４８年8月に大韓民国、9月に朝鮮民主主義人民共和国が建国される。そして、１９４９年6月に暗殺され、72歳の生涯を閉じる。

現在、展示室が開設され多くの韓国人観光客が訪れる臨時政府跡地は、市中心部の馬当路にあり、シックな商店街やレストランが並ぶ再開発地域新天地界隈にある。中国共産党第1回党大会跡地からもさほど遠くないところに位置している。結構、人通りのある通りに面した建物に、臨時政府跡地を明示するプレートが掲げられ、表通りに面した場所に受付と上映室が設けられている。この前に観光バスが乗り付け、多くの韓国人観光客が吸い込まれていく。実際の臨時政府跡の建物は、横丁を少し入ったところにある。

１９９2年に中韓国交樹立が実現する。その翌年に、この跡地は正式に対外開放し、大統領を含め韓国政府要人が必ず訪れる場所となっている。修復作業を終え、２０１5年9月4日に、朴槿恵大統領や楊雄上海市長も同席の下で、再開の式典が行われた。朴大統領は、前日、北京で行われた習近平国家主席主催による「反ファシスト戦争・抗日戦争勝利70周年」記念軍事パレードに出席した後、ここに立ち寄った。

朴大統領は、挨拶の中で、「光復70周年を迎え、我が民族を主権回復に対する希望に導いた臨時政府庁舎の再開館式典に出席できたことは、非常に意義深い」として、大韓民国臨時政府跡地が中韓両国の相互友好協力の象徴であり、両国は、この歴史的意義及び価値を共有する旨強調した。

但し、当時この組織は臨時政府と呼ばれるような実態を必ずしも備えたものではなく、国際社会からの承認は何ら得られなかった。結局第二次世界大戦後の世界秩序を決める会議に招待されることもなかったのである。

天長節爆弾事件

この臨時政府の活動とも関わるのが、天長節爆弾事件である。田中隆吉の戦後の証言によると、1931年9月18日に関東軍の主導によって奉天（瀋陽）で起きた柳条湖事件の国際的な関心をそらすため、上海公使館付武官補佐官であった彼は、関東軍からの工作資金を受け、中国人を扇動して1932年1月18日、上海の街頭で活動していた日本人日蓮宗僧侶を襲撃させ殺傷する謀略事件を起こした。この事件は、もともと反日運動に対する強硬な措置を強く要求していた土着派の在留邦人を刺激し、20日には居留民大会が開かれ、日本政府に対して直ちに帝国陸海軍を派遣し、自衛権を発動して抗日運動を絶滅することを要求する決議が採択される。

そして、同月28日には、呉鉄城上海市長が村井倉松上海総領事からの市長による陳謝、加害者の逮捕処罰、被害者への治療費・慰謝料支払い、抗日団体の解散といった要求抗議文をすべて受ける旨回答して来たにも拘わらず、海軍特別陸戦隊と中国軍との軍事衝突がその日の夜に開始され、戦火は遂に上海に飛び火することとなった（第一次上海事変）。

中国側の頑強な抵抗に手こずったが、第3艦隊に加え、陸軍の金沢第9師団、久留米第12師団混成第24旅団の派遣を得て、「肉弾（爆弾）3勇士」の英雄物語も生みながら、中国軍19路軍をなんとか退却させ、3月3日に戦闘が休止する。そして、停戦協定交渉中の4月29日の天長節に、日本側が事変勝利の祝賀も兼ねた行事を新公園（虹口公園。現在の魯迅公園）で大々的に行っている最中に事件は起きた。

大韓民国臨時政府の金九代表は、この機会を利用し、朝鮮人尹奉吉を実行犯として選び、現場でテロを行わせた。尹は、1930年に朝鮮を離れ青島の日本人クリーニング屋で働いていた。その後、翌年5月に上海を訪れる。そして、1932年1月8日に東京で昭和天皇の暗殺未遂事件（桜田門事件）を起こした李奉昌の行動に刺激を受け、事件の実行犯となることを決意する。

ちなみに、李奉昌も事件を起こす前に上海に住んでおり、李の計画を聞いた金九から爆弾と資金を受け取り氷川丸で東京にやって来た。その際も、上海総領事館警察は金九を指名手配したが、臨時政府はフランス租界内にあり日本側の警察権が及ばず、フランス当局も日本側の要請にのらりくらりの対応を続け金九逮捕には至らなかった。

4月20日の「上海日日新聞」で、天長節に新公園で記念行事があり、日本人は誰でも参加できるが、水筒及び弁当のみ携帯可であり、日の丸の旗を必ず携行するようにとの報道を目にする。

水筒型と弁当型の爆弾で事前に実験と予行演習を重ね、当日に臨んだ。当日、虹口公園入り口で中国人の警備担当者に招待状の提示を求められるが、尹は青島時代に日本人経営のクリーニング屋勤務の際に覚えた日本語で対応して切り抜ける。

尹の投げた爆弾により、重光葵公使は右脚を切断、野村吉三郎海軍中将は片目を失い、白川義則陸軍大将は翌月死亡、河端貞次上海居留民団行政委員長死亡、村井倉松上海総領事重傷、植田謙吉第九師団長重傷、友野盛上海居留民団書記長軽傷という舞台に上がっていた7名全員が死傷する惨事であった。尹は現場で取り押さえられて軍法会議で死刑が確定し、日本に移送された後の同年12月、金沢刑務所で銃殺刑となる。

重光葵は、「隻脚記」にその事件の顛末を書き記している。当日、先ず白川軍司令官を閲兵官に、各国公使、総領事、領事、武官等の出席の下、閲兵式が執り行われ、午前11時を過ぎた頃に終了した。引き続き、その場で、居留民団主催の一般祝賀会が開始された。舞台には、司会者側に友野居留民団書記長、河端居留民団行政委員長、村井総領事が並び、来賓側に、重光、野村艦隊司令長官、白川大将、植田師団長の順で起立していた。村井総領事の祝辞が済んで、君が代の唱和が海軍軍楽隊の演奏によって始められた。

小雨が段々と強くなりだした。2回目の君が代の演奏が終わろうとする瞬間、異様な水筒形をした金属製のものが舞台に投げ込まれた。野村司令長官が「爆弾」と叫ぶが、重光はそのまま君が代の合唱を不動のまま続けていると、耳をつんざく爆音がし、同時に金棒で打ち付けられた感じがしたという。その時、重光が思ったのは、停戦交渉が事実上終了しており好都合であった、思い残すこともないというものであった。しかしながら、すぐに、この事件によって停戦交渉が不調となり大事に至らないかとの思いであった。濱口首相が東京駅で暴漢に狙撃されたことも頭に浮かんだという。そして、犯人が（中国人ではなく）朝鮮人であることを知ってむしろ一安心したと記している。

当日昼前から、総領事官邸において外国人関係の祝賀レセプションが予定されており、参加者は主催者である村井総領事や、重光、陸海軍首脳がなかなかやって来ないことに不満を示していたが、事実を知ると、第2のサラエボ事件だと叫ぶ者もいたらしい。

重光は近くの日本人経営の福民病院に運びこまれる。そこには、村井総領事、河端行政委員長ほか他の重傷者も運ばれて来た。重光は、その夜、館員に口述筆記させ、今回の事件に拘わらず停戦協定の成立が国家の大局からみて絶対に必要である旨の意見具申電報を本省に打たせ、また、主要な在外大使にも転電した。

5月5日の病床での停戦協定署名後、重光は右脚切断手術を受け、6月17日に退院し、18日に長崎丸で上海を離れ帰国する。

日本にとってはテロリストの尹は、韓国にとっては英雄である。彼の遺体・遺品は、戦後処刑された場所である金沢に埋葬されていたのを発掘され、韓国に搬送、ソウルの孝昌陵圓に祀られ、銅像は独立記念館に建てられている。遺物は国宝に、故居は歴史遺跡に指定されている。1962年3月1日の3・1万歳事件記念日に、尹は、建国功労勲章の中でも最高位の重章を授賞している。また、「尹義士の業績を発揚し、その身を捨てて正義を実践する偉大な精神を継承するために」、1988年にソウルに3階建ての「梅軒尹奉吉義士記念館」が完成した。記念館には、尹にまつわる遺物や写真、像、複製品、模型、絵画等が展示され、研究所、図書館、ホール、売店等が設置されている。そのほかの施設を合わせると韓国全国及び上海市内の併せて6ヶ所程に彼の関連施設が設けられている。

尹奉吉陳列館敷地内の天長節爆弾事件現場

重光葵らが担ぎ込まれた福民病院があった場所

現在の上海魯迅公園内には、「梅園尹奉吉義士生平（生涯）事跡陳列室」と看板の掲げられた門を15元（約240円）の入場料を払って中に入ると、敷地内に当時の事件が発生した場所があり、石碑が作られている。有料のせいか、地元の中国人も普段はほとんど中には入らず、ちらほら散見される入場者は、ほとんど韓国人である。入場券売り場や入口の門にハングル文字が掲げられているのが目を誘う。

敷地内に、1992年の中韓国交樹立以降、尹の号「梅軒」にちなんで、「梅亭」が設けられた。内部は資料館となっており、彼の生涯や事件当時の状況がパネル写真や説明書で紹介されている。ビデオでは、爆破するシーンも流される。尹の一生や「義挙」を描くビデオ上映が終了すると、思わず、韓国人参観者から拍手が沸いた。

中国からすれば、共に、日本の侵略と闘った同志という位置づけであろうか、尹奉吉には中国語で「義士」という表現が使われている。

この魯迅公園内には、魯迅博物館や魯迅墓地も設置されており、同博物館内には魯迅と親交のあった内山完造が戦前上海に開いた内山書店を模した場所もある。また、1984年に当時の胡耀邦総書記が日本人青年3千名を中国に招いた際の記念碑も建てられている日中友好のシンボル的な場所でもある。更に、毎年春には、在留邦人代表が中国側と協力して公園内に桜の植樹を行っている。その意味では、公園全体は、日本人には複雑な場所ではある。いずれにせよ、多くの日本人官民指導者が遭難した衝撃的な事件であるにも拘わらず、現在の日本ではこの歴史的事件がほとんど忘れ去られているのは非常に残念である。

第三章　戦前期上海と日本人外交官

1．戦前の上海総領事館

戦前、中国の各地に日本の在外公館が設けられていた。公使館・大使館の他、張家口、上海、広東に大使館事務所、廈門、蚌埠、広東、海口、張家口、大同、厚和、徐州、福州、開封、杭州、漢口、九江、南京、済南、青島、成都、蘇州、太原、天津、北京、石家荘に総領事館、蕪湖、長沙、芝罘、海州、重慶、宜昌、張店、沙市、汕頭、鄭州、唐山、塘沽、山海関、雲南に領事館があり、また、旧満州国には新京（長春）に大使館の他、新京、間島、ハルピン、吉林、奉天（瀋陽）、チチハルに総領事館、安東、琿春、延吉、牡丹江、綏芬河、遼陽、満州里、ハイラル、牛荘、錦州、東安、赤峰、承徳、鉄嶺、黒河、鄭家屯に領事館が設置されていた。その他、分館、分室、出張所等が各地に分散していた。

以前、筆者がデトロイト総領事をしていた頃、メキシコ領事から、メキシコは米国内に約50の総領事館・領事館を設けていると聞いて驚いたことがあるが、旧満州を含めた戦前の中国にはそれを凌駕する日本の在外公館が設置されていた訳である。

上海日本総領事館は、戦後１９７５年に再開し、当初は外灘（バンド）沿いにある和平飯店内に仮事務所を設けていたが、1978年に旧フランス租界淮海中路の建物に移った。この建物は現在総領事公邸として使用されている。やがて、業務の拡大に伴う館員数の増加と上海市当局による長寧区における外国領事団・外国企業事務所地域開発計画に基づき、1998年に現在の場所に総領事館事務所を新たに建設し今日に至っている。そして、領事事務の拡大に伴い、2012年に総領事館本館近くの近代的なビルである上海世貿大廈内13階に分館を設け、領事部が現在入居している。したがって、現在使用している総領事館事務所・公邸は戦前の日本総領事館とは関係ない建物である。

それでは、戦前の建物はどうなっているかと言うと、第3代目の建物が外白渡橋（旧ガーデンブリッジ）を渡った黄浦江沿いの虹口地域に現存している。現在は海軍の施設になっており、一般人はアクセスできないのが残念であるが、川沿いに建物が見える。ここには戦前、向かって橋のたもとの左から順番にロシア（中ソ対立の時期を除き、現在も総領事館として使用）、ドイツ、米国、日本と主要国の総領事館が並んでいた。ドイツと米国の建物は現存しない。日本総領事館の東側を少し進んだところには、日本郵船の事務所と専用の朝日桟橋があった。また、海軍第3艦隊旗艦出雲が停泊していた。

外務省は、明治3年（1870年）に上海出張所を設けた。1872年には日本公館、そして、翌年には領事館となる。その際、品川忠通が領事の発令を受けている。1875年に一旦総領事館となり、品川が総領事の発令を受けているものの、その後、領事館に戻り、必ずしも名称が定まっていなかった。そのような中、1891年6月12日の閣議において、ロンドン、ニューヨーク、ホノルルと共に上海の領事館の総領事館昇格が正式に決定されたのである。事務所は何度か移転するが、3代目となる総領事館（事務所及び宿舎）をバンドからガーデン・ブリッジを渡った虹口地区の黄浦江沿いの場所に建設することとなった。

設計者は、1900年に上海に渡り、三井物産のお抱え建築家として活躍していた平野勇造である。彼は、1903年に三井物産上海支店、1907年に上海日本尋常小学校を設計。1909年に日本総領事館の設計を手がける頃には三井物産を辞職し、個人の事務所を上海に開いていた。新しい総領事館は1911年に完成した。ちなみに、豊田佐吉が豊田紡織の工場を上海に設立し、自身1920年代に約7年間、上海に自宅を購入して居住した際、豊田に自宅を斡旋したのはこの平野だと言われている。後述するように、この豊田邸は現存していないが、場所は現在総領事公邸として使用している敷地の隣にあったことが分かっている。

上海総領事館は、戦前も戦後も三井物産とは浅からぬ巡り合わせがある。1920年代末、重光葵総領事は、前任者と重なった関係で総領事官邸が暫く利用できなかった期間、三井物産支店長邸に仮住まいしていた。また、現総領事公邸の初期の頃の所有者であった盛宣懐は政治家・実業家として三井物産と深いビジネス関係にあり、当時の山本条太郎上海支店長とも懇意であった。盛所有の大冶鉄鉱の原鉱を利用するために八幡製鐵所が設立された。彼所有のこれら製鉄事業を合同して漢冶萍公司が作られたが、辛亥革命によって破産状況になり八幡製鐵所の操業にも深刻な影響を与えていた。そこで、山本は盛を説得して漢冶萍公司を三井との合弁にすることによって日本からの借款を引き出す。但し、辛亥革命後の中国内政の混乱によりこの合弁計画

旧三井物産支店長社宅（現瑞金賓館）

黄浦江沿いにある旧日本総領事館

は中断する。盛との関係では、彼の所有していた紡績工場を三井物産が買収して、1906年三泰紡織を創立、1908年には上海紡績に合併させることもやっている。

2. 上海と日本人外交官

前述の通り、外務省は、1870年（明治3年）に上海出張所を設けた。その後、領事館となり、1891年の閣議において、総領事館昇格が正式に決定された。

また、南京国民政府成立後、公使館（1935年以降は日中両国とも首都の公使館を大使館に昇格）は形式上南京に設置されていたが、公使（大使）は通常上海に常駐しており、必要に応じて南京に赴いていたようである。したがって、上海総領事館の建物には公使館が同居していた。

現在の上海日本総領事公邸近くには、かつての大使（公使）官邸や商務官官邸跡地が残っている。大使官邸はピション通り（Route Pichon）にあった。いずれも、フランス租界である。当時の総領事官邸は共同租界内の威海衛路と西摩路（Seymour Road）の交差点近くにあった。

上海では、2度に亘る事変（第一次上海事変（1932年）、第二次上海事変（1937年））が発生し、日中両軍が直接衝突した。また、汪兆銘政権成立工作を含め、蒋介石国民党政権や有力実業家との接触、欧米外交官やジャーナリストとの情報交換、その他様々な情報収集、諜報活動、謀略活動等の舞台ともなった。

その中で、上海は、外交史にも残る著名な日本人外交官が数多く活動した場所でもある。例えば、船津辰一郎、有吉明、本多熊太郎、芳澤謙吉、松岡洋右、佐分利貞男、武者小路公共、有田八郎、重光葵、川越茂、谷正之、村井倉松、石射猪太郎、若杉要、河相達夫、堀内干城、須磨弥吉郎、日高信六郎、岩井英一等の外交官が、公使・大使、総領事、あるいは館員として大使館（公使館）や総領事館に勤務した。ここでは、その中から11名の外交官を選び、彼らが上海で果たした役割とその限界につき、回想録や評伝、評論等を元に描いてみたい。11名のうち、大使（公使）経験者は5名、上海総領事経験者は5名（但し、重複あり）である。外務省入省年次順に紹介する。

当事者自らが著した回想録については、特に、戦後まもなく公職追放解除を求めるために書かれたものもあり、意識的にも無意識的にも自らの戦前・戦中の行動を特に軍部との関係で主観的に弁護するきらいがなきにしもあらずであり、その取り扱いには十分注意を要する。関係者の回想録等を突き合わせてみると、同じ事件に関する事実関係や見方がかなり異なる場合もある。しかしながら、当時の外務省や上海の日本人外交官がおかれた状況や軍、特に陸軍との関係等その一端を理解するには有益と思われる。

船津辰一郎

船津辰一郎（1873―1947）は、1873年、佐賀に生まれる。1894年、外務省入省。中国語に堪能で、外務省内では一貫して中国を専門とした。

松本重治の「上海時代」によれば、1930年代、彼が上海における英国エスタブリッシュメントへの食い込みのために、当時共同租界で最も格式のあった会員制倶楽部の上海倶楽部に入会を許された時、日本人会員は船津ただ一人であったと言う。船津は中国人のみならず、このように欧米社会にも深く入り込んでいた。

船津は、日中戦争勃発後、石射外務省東亜局長の意向を受けて、民間人の立場から対中和平工作（船津工作）に当初携わるが、これは、関係者の足並みが揃わなかったことや事態の想定以上の展開もあり、結局、実質的な成果を上げることはできなかった。

船津辰一郎は異色の外交官であった。外交官領事官試験に合格したいわゆるキャリア外交官ではなく、１８８９年、16歳で大鳥圭介公使の書生として北京に赴き、その後、仕事の傍らに勉強して、外務省書記生試験に合格する。戦前、外務省に入って将来大使（公使）や総領事として活躍したい場合は、いわゆるキャリア試験である外交官領事官試験（時代によって名称は変更）に合格する必要があった。これは、戦後の外務公務員上級職（Ⅰ種）試験や国家公務員総合職試験に相当する。その他、中堅幹部や専門家となる人材を採用する外務書記生試験（戦後の外務公務員中級試験や外務省専門職試験に相当）、そして外務省留学生試験（戦後の外務省語学研修員試験）があった。船津は、ノン・キャリアのたたき上げの外交官である。

シカゴ、ニューヨークでの勤務を除くと、その外交官人生のほとんどを中国各地で過ごした。天津、上海及び奉天で総領事を務めた後に外務省を退職するが、その後も、在華日本紡績同業会総務理事や上海市顧問として、終戦に至るまで、引き続き上海に留まり、中国に通算50有余年に亘って深く関わった。

対中外交を官民双方の立場で実践したという意味では、幣原喜重郎等の著名な外交官にも見劣りすることがないと彼の功績を高く評価する関係者が、彼の長年に亘る貢献を記録として残しておきたいとの努力が結実し、１９５８年、在華日本紡績同業会編による伝記「船津辰一郎」が出版された。これには、彼自らが残した日記等の記録も含まれている。それを元に、彼の中国専門外交官そして在華紡同業会幹部としての足跡を辿ってみたい。

　船津の父親は、彼を師範学校に入れて教育者にしたいという考えを持っていた。そこで、彼を松蔭学舎に入れて師範学校受験準備に当たらせていたが、身長が規定に達せず、残念ながら受験に失敗する。本人は、外国関係の実業に身を転じたいとの希望を持ち、佐賀から長崎に向かうこととなる。そこでの偶然の出会いから、大鳥圭介公使が長崎経由で北京に赴任することを知り、彼も一行と共に北京に連れて行ってもらうこととなった。船津のその後の人生を決める運命的な出会いである。

　船津は、北京で中国語の勉強を始め、１８９４年の日清戦争勃発後に大鳥が枢密顧問官として帰国するまでの約5年の間、大鳥に仕えた。帰国後、同年3月に行われた第1回外務省留学生試験を受け、17名の合格者の一人となる。日清戦争の間、彼は、陸軍通訳官として広島の宇品から出征し、中国東北部各地を転戦する。

　１８９５年、外務省に復帰し、再び北京に赴き留学、その後、芝罘領事館を経て、１８９７年に上海総領事館勤務となる。この時、船津は漢口出張を命じられ、日本専管居留地設定に関する交渉を担当した。

　１８９９年には、小田切総領事の斡旋で、八幡製鐵所と盛宣懐大臣との間で、大冶鉄山の鉄鉱石及び石炭供給契約の締結交渉があり、船津は小田切の命により、居中斡旋の役割を果たした。ちなみに、筆者も居住した現上海総領事公邸は、かつて盛宣懐一族の所有であった。歴史の因縁を感じる。

　シカゴ、ニューヨーク勤務を経て、日露戦争開始後まもなくの１９０４年、再び中国に戻り、牛荘領事館勤務となる。赴任の時には、日本軍がすでにこの町を占領していたものの、ロシア軍の襲撃にも遭い、居留民保護のため不眠不休の時期が続いた。

　１９０６年、南京初代領事として赴任するが、船津は、その前に、大阪で結婚式を挙げる。33歳であった。後年、船津は、この時の南京生活を振り返って、中国生活50年の中でこの時程快適にして愉快に感じたことはなかったと記している。日清戦争から好転して来た中国の親日的傾向は、日露戦争直後がその最高潮であり、黄色人種である日本が白色人種のロシアを破ったことは、中国の知識階級の対日観を一変した。多くの学校が日本から教官を招聘し、また、多くの中国人留学生が日本に向かった。

このような中、南京総督端方は、最も日本に学ぶのに熱心な政治家であった。当時南京にあった文武双方の教育機関は、すべて日本人教官を有していたという。船津と端方は肝胆相照らし、ほとんど隔日ごとに会談し、また、乗馬や狩猟を一緒に楽しんだ。当時、外国人の商業は南京城内で許されなかったが、日本商人については特別黙認されるような厚遇であった。但し、その後、香港総領事館を経て、1912年に再び南京勤務となる頃には、辛亥革命が起き、様相も以前とは異なっていた。

1914年には、短期間の本省勤務を挟んで、北京公使館三等書記官の発令を受ける。小幡酉吉代理公使（一等書記官）、その後、日置益公使の下で21ヶ条要求の交渉が開始される頃である。船津は、21ヶ条要求について、日記にこれといった感想を残していないが、この頃に、親しい大公報主筆である胡霖ら中国人を自宅に招いた際に、胡が、「中国人の愛国心は、以前より非常に強烈になった。この点について日本に感謝しなければならない」と皮肉っぽく逆説的に言われたことを記録している。

船津のこの時の北京勤務中の大きな事件は、張勲復辟事件であった。1917年の中国の第一次世界大戦（対ドイツ）参戦を巡り、黎元洪大総統と段祺瑞国務院総理との間で対立が起こる（府院の争）。黎元洪は、段祺瑞傘下の張勲安徽督軍に北京に入城して調停することを要請した。張勲は、3千名の兵を率いて6月14日に入京し、7月1日に突如清朝復辟の大号令を全国に公布した（復辟の役）。段祺瑞は、討伐軍を組織して14日入城、溥儀は張勲の辞職と自身の退位を宣言、張勲はオランダ公使館に逃れ、復

辟は失敗に終わる。府院の争いは段祺瑞の勝利に終わり、彼の天下が到来する。船津は、南京勤務以来、
張勲とは昵懇であり、彼の入京後、双方は訪問し合っていた。段祺瑞入京までは、北京城内に留まる軍
隊の略奪暴行の恐れにより不安混乱は大変なものであったという。
　１９１７年10月、東京に一時帰国した船津は、外務省に幣原喜重郎次官、松岡洋右書記官を訪問し、
一身上の件につき相談した。外務省を退職し、満鉄に入社することである。前述の通り、船津は正規の
高等教育を受けたこともなく、いわゆる外交官試験合格組でもなく、将来、大使や公使に出世すること
は望めない。そんなところに、満鉄で北京事務所開設の動きがあり、所長適任者を探しているとの話が
あり、外務省出身の川上俊彦満鉄理事が船津に白羽の矢を立てたのである。
　それに対し、外務本省は、もちろん船津の退職に反対であったが、それ以上に彼の心を支配したのは、
父親の一言であった。官職にある者、目先の待遇の良し悪しで安易にその責任を辞するべきではない、
自分の目の黒いうちは決してそのようなことはするなとの強い諭しであった。船津は、これも天命と諦
め、外務省に留まることを決意する。
　この一時帰国中の10月21日、寺内正毅首相と面会する機会に恵まれる。現在では、一在外公館の二等
書記官が首相と面会すること等想像もつかないが、当時の在外公館の位置付けや行政制度の変遷はある
とは言え、船津の中国に関する優れた知識や経験が高く評価されていたことは間違いないであろう。そ
の際に、陸軍の山東撤兵問題に話題が及び、船津が、中国官民の対日信頼感を高め、対中外交推進の上
でも、撤兵すべきである旨持論を述べたところ、寺内は、血相を変えて立ち上がり、対中外交は中国人
の機嫌を取るばかりが能ではない、そのような考えを持っているから公使館と本国政府との意見が対立
する、そのような間違った考え方は即刻捨てろと、船津を言下に叱りつけた。それに対して、船津は、

更に食い下がって持論を展開したという。

1918年6月に、船津は一等書記官に昇進する。1894年、外務省書記生として任官して24年の月日が経過していた。林権助が公使として赴任して以来、特にその信任を得て華やかな活動をしたが、林が1918年に帰朝後は、中国通の小幡公使がその後任となり、船津の活動もやや小閑を得た。

1918年末、船津は初めて総領事の肩書を与えられ、天津に赴任することとなる。この時の主要な懸案は、米海軍水兵と領事館警察との衝突事件（天津事件）の解決、及び21ヶ条要求やパリ講和会議を契機とした排日運動の天津方面での事態の沈静化であった。

2年半の天津勤務の後、1921年末、上海総領事となる。船津は、在留邦人社会約3万人の各界各層の人々と分け隔てなく接触することを心がけた。また、中国側実業界大物たちとの関係も重視した。日華晩餐会等を組織し、日中実業家オールスターを揃えて、和気藹藹たる懇談も定期的に行った。これら中国実業家に彼が与えた好感と好印象には絶大なものがあったと関係者は語っている。

しかしながら、上海勤務僅かに1ヶ年半で、今度は、奉天総領事に転勤を命ぜられる。宮仕えは、今でも2～3年任期での異動を繰り返すのが通常であるが、船津の例に限らず、交通手段が現在とは比較にならない程不便であった当時に、極端な場合は数ヶ月で在外公館間、あるいは在外と本省との転勤を繰り返していた例が少なくない戦前の人事異動には、正直なところ驚かされると同時に呆れてしまう。他方で、自分の気に入らない人事については意図的に赴任時期を遅らせてサボタージュし、人事当局に抵抗する悪しき慣習も戦前一時期の外務省にはあったらしい。

それはともかく、当時、奉天総領事のポストは、公使館の公使を除けば長老格が就任する特別なポストであり、船津にとっては、実力からして当然であると共に、非常に名誉あることであった。但し、一部には、余りに中国語が上手く、中国事情を知りすぎているので、東北軍閥張作霖らを相手にするには、かえって不適任ではないかとの意見もないではなかった。例えば、幣原外相も、船津と面会した際に、（奉直戦争に際して）張作霖援助に関する船津の意見具申を皮肉りつつ、幣原の発言は対中不干渉政策、即ち無策の成功をいかにも誇るもののように見受けられたと船津は述懐している。対中不干渉政策を基本とする幣原外交からすれば、船津の態度は余りに張作霖に深入りし過ぎていると受け取られたのかもしれない。幣原と船津は、対中協調・同情論では共通している部分があるが、必ずしもすべてが一致している訳ではなかったようである。

いずれにせよ、張作霖の強い信頼を得て、総領事の仕事に邁進していた1925年8月17日、出淵外務次官から突然の私信を受け取る。それには、吉田茂天津総領事を後任にすることに決定した、ついては、貴官については日本紡績連合会で最高顧問に招聘したいと強く要望している、ということが書いてあった。

船津は、帰国して関係者と会うが、彼は、この提示を固辞し続ける。その理由を日記には明確にしていないが、彼が同期生の本多熊太郎に語った話やその他何名かの親しい友人の推測によれば、大凡次のような背景があったのではないかと思われる。

第1に、外務次官が彼の意向も確かめず、いきなり日本紡績連合会への天下りの話を持ち出し、待遇さえ良ければ飛びついて来るだろうとの適当な気持ちで接したのではないかとのわだかまりがあり、上司のやり方を快く思っていなかった。

第2に、父親との関係である。以前、満鉄に移ることに関して父親が諫めたことは紹介したが、父親が亡くなってまだ1年も経過していないこの時期に、民間に異動することには抵抗がまだあり、もう少し時間を置くことが父親への供養という点でも礼儀と考えたこと。
そして、第３に、これまで外務省で国益を中心に物事を考えて来た船津としては、満鉄のような国策会社ならともかくとして、紡績連合会のような私的利益を優先する商売人の世界に入ることに躊躇逡巡があったのではないかとの推測である。

船津の強い固辞により、転出話は一旦中断となり、彼は、臨時外務省事務に従事して中国各地を巡回することとなった。しかしながら、船津も最終的には翻意を固め、１９２６年、前年に発生した５・30事件の余韻醒めやらぬ上海に、在華日本紡績同業会総務理事として赴任することとなる。今度は、民間人としての上海との関わりの始まりである。

第二次大戦前、中国において日系資本によって上海や青島、天津等で経営されていた紡績業は「在華紡」と呼ばれた。その中でも上海が中心であった。在華日本紡績同業会は、これら日系紡績企業を束ねる業界団体である。急速に発展した在華紡を調整し、対内・対外折衝、調査その他の業務を共同して処理するため、５・30事件渦中の１９２５年６月18日に設立された機関であり、本部は上海に、支部を青島、天津、漢口に置いた。会員は、東洋紡系裕豊紡績、日清紡績、富士紡績、鐘淵紡績、内外綿、上海紡績、日華紡績、豊田紡織、同興紡績、天津紡績、福島紡糸双喜紡績、泰安紡績等20社であった。

上海に本格的な在華紡が進出し発展したのは、第一次大戦以降である。大戦をきっかけに、日本国内の賃金上昇や深夜業規制等の制約を受けて、多くの大手紡績業が日本国内から上海や青島等中国の都市に進出して来た。１９２５年には、これら在華紡は、日本国内の４分の１に当たる１００万錘に達した。その後、総錘数２４０万錘、織機35万台、中国人職工約10万人の規模に発展を遂げた。

１９３６年には、満州を除く日本の対中直接投資額８億４千万円のうち３億円、実に35・７%を在華紡が占めるまでになり、満鉄と共に日本の対中資本進出の根幹的な存在となり、特に関内への事業投資の中心をなす象徴的な産業になった。豊田紡織の豊田佐吉も上海に工場を建てたのを機に、１９２０年代の7年間程、上海フランス租界に住居を購入して住んでいた。在華紡は、上海の楊樹浦及び蘇州河沿いに競って工場を建設した。

在華紡進出の最初のきっかけは、日清戦争後の下関条約締結により、開港場において日本人が製造業を営む権利を認める第6条第4項が挿入されたことによる。当時三井物産第3代上海支店長を務めていた山本条太郎は、在華紡の基礎を確立した人物ということになっている。山本は、１８９５年にいったん三井物産本体を離れ、三井物産の子会社である上海紡織会社の支配人に就く。下関条約によって外国人が中国の開港場で工場建設の権利を得たことを受け、外国人経営の紡績会社が上海に造られる。三井物産も鐘淵紡績会社の一翼として第一次の上海紡績会社を設立する。中国名は東華公司と称した。その支配人となる。しかしながら、課税解釈の問題が生じ、結局日本内地での経営の方が有利であるとの結論となり、工場建設を取りやめた。

その後、中国資本の工場を買収し、１９０２年末に株式会社組織に改め上海紡績会社の社名を踏襲する。上海紡績に対する三井物産のこの最初の出資をもって在華紡の嚆矢とする。更に、実業家盛宣懐の所有していた工場を買収して、１９０６年三泰紡織を創立、１９０８年には上海紡績に合併させる。山本は同年に上海を去る。

その後、日本綿花や内外綿が進出したが、第一次大戦前はいずれも商社の出資・経営に限られており、また、日本国内の方が中国よりも人件費が安く、本格的な進出には至らなかった。そのような状況を大きく変えたのが、第一次大戦中から１９２０年代初めにかけて迎える新たな勃興期である。

しかし、在華紡は、大量の労働者を厳しい労働条件の下で雇用する中で、中国の労働運動、排日運動、日貨排斥運動の震源地ともなり、1925年の5・30事件という大規模な事件にも発展した。日中戦争以降は、在華紡は、中国の綿製品市場をほぼ支配するまでに至ったが、国策会社である満鉄とは異なり、純然たる民間資本による対外投資であった。日本の敗戦と共に、工場は国民党そして共産党に接収され、戦後暫く日本人技術者の留用による技術移転期間を経て、多くの工場は、中華人民共和国の下で国営化された。

船津の総務理事就任は、彼の中国語・英語能力と英米中に亘る幅広い交友関係、公平かつ親切な人柄によって、多くの中国人から絶大な信用と人望を得ていた上でも非常に効果的であった。上海租界の欧米人エスタブリッシュメントの社交場であった上海倶楽部やフランス倶楽部の会員にもなり、また、上海共同租界工部局（共同租界の最高行政機関）参事会員、上海ロータリー倶楽部、汎太平洋会議、工主同盟会のメンバーや幹部となって国際人として上海の街で活躍した。また、船津は、蒋介石による1927年の4・12上海反共クーデタや、1928年の済南事件に起因する日貨排斥運動等に遭遇しながら、紡績同業会の指導者として難局に当たって行った。

1929年頃には、日中関係も徐々に好転したが、今度は、上海で、国民政府から、綿糸統一税の賦課が提案された。国民政府は、紡績工場の綿糸にも課税したいとして要求して来た。従来、中国で製造される綿糸は、単一税を納めておれば、輸入綿糸と同様の特権が与えられていたが、もともと単一税は、自国企業に与えた特権的措置であり、外国資本の企業には本来認められないものであったのを、事実上外国資本企業からも徴収していたに過ぎなかった。在華紡からすれば、単一税を支払う法的義務はないが、支払わなければ動きがとれなかった。このような事情から、綿糸統一税は、紡績同業会と国民政府財政部との契約とし、日本政府としてこれに関知しないという建前をとった。統一税は1931年から実施された。国民政府としては大きな財源の1つとなり、在華紡としては中国側を牽制する手段となると同時に発展の基盤ともなった。船津は、この際に財政部、在華紡、内外各国同業者との折衝をよくこなした。

1931年9月18日の柳条湖鉄道爆破事件に端を発する満州事変は、上海での排日運動を更に熾烈なものとした。1932年1月28日、紡績同業会の決議に基づき、在華紡は自発的に一斉休業を行うことになったが、その夜、日中両軍の衝突が発生し、事変は上海に飛び火する（第一次上海事変）。4月26日までの3ヶ月間、在華紡は休業のやむなきに至るが、5月5日に休戦協定が締結される。

この頃、日本でも血なまぐさい事件が発生した。5・15事件により犬養毅首相が海軍青年将校に射殺される暴挙が、白昼堂々首相官邸で起こる。船津は、日誌に、「野蛮極まりなき暴挙にして、全く法治国家といえない。我が国の恥辱これより甚だしきはなし。政党の堕落腐敗ということは全く同感なれども、今回の如き手段に訴えることはその浅慮実に驚くの外なし」と記して慨嘆している。

1937年7月7日には北京郊外盧溝橋にて日中両軍の局地的な衝突事件が起きる。8月13日、これもまた上海に飛び火し（第二次上海事変）、日中全面戦争の火蓋が切って落とされる。船津は、第二次上海事変の直前に、いわゆる「船津工作」に関わり、盧溝橋事件の局地的解決に努める。

船津は、盧溝橋事件発生時には一時帰国していた。蒋介石の「最後の関頭」演説、日本政府の三個師団派遣の閣議決定、郎坊事件、通州事件と事態が緊迫を増していく中、天皇の事変解決へのお言葉を受け、柴山陸軍省軍務課長から石射猪太郎外務省東亜局長に相談があり、8月1日、外務省にて陸海外三省の課長が会合を持つ。ここで、停戦交渉と全面的日中国交調整案を中心に対策を協議し、素案を作成した。満州国の承認については、国民政府の立場にも配慮して敢えて曖昧にしていた。

この案を正式な外交交渉に載せる前に、しかるべきルートで高宗武アジア局長に伝達し、中国側の意向を確かめる必要から、帰朝中の船津に白羽の矢が当たった。そして、その交渉の責任を外務省が持つこととなった。船津は、夫人が重病で入院中でもあり、はじめその役目を辞退したが、石射局長や広田外相からの懇請を受けてやむなく了承し、8月9日、上海での高局長との会談の手配を整えた上で、上海に向かった。しかしながら、事は予定通り運ばなかった。

先ず第1に、ことの事情を知らされていなかった川越大使が、東京の計画した船津工作に同意せず、自ら高局長と会見すると乗り出し、船津の活動を遮ってしまった。第2に、8月9日に海軍特別陸戦隊大山中尉が中国軍に殺害される事件が発生し、13日には遂に日中両軍の衝突に発展してしまった（第二次上海事変）。特に第2の事件は決定的であり、船津工作は水泡に帰する。

船津は、「北支事変平和工作失敗日記」と題して、ことの顛末を残しているが、それによると、8月9日に高局長と会見した際、高が、自分は売国奴のそしりを受け、孤城落日の観があるが、日中両国の全面衝突は両国の不幸のみならず、東洋全体の不幸であること、蔣介石委員長は、自分の意見を露骨には発表しないが、内心はなんとかして日中両国国交を調整したいと考えている旨述べると、船津は、日本政府の方針は不拡大、現地解決であるので、中国政府の出方次第では案外容易に局部的に解決できると思うと、高に対して見通しを語っている。

しかしながら、翌日早朝、高局長より船津あて電話があり、昨夜の川越大使との会見は極めて好都合にいったが、同じく昨夕大山中尉、斎藤水兵殺害事件があり急遽南京に引き返すこととなった、日中国交調整はこの際、最も緊急を要すとの内容であった。船津は、日中両国間の空気が、この事件で急転直下に悪化していく状況を危惧した。12日の日記には、再び上海で戦火を交えれば、その惨劇は第一次上海事変の比にあらず、この際、万難を排しても食い止める努力が必要であると書いている。そして、13日の日記には、黄昏に至り、遂に両国軍隊の一部は砲火を交えるに至り最早万事休す、また、14日には、上海における和平工作もいよいよ絶望に陥れり噫々と嘆息している。

１９３９年春、紡績同業会は本部を大阪に移すこととなり、船津は、総務理事を辞して顧問となり、同年８月20日に13年に亘る紡績同業会での勤務に終止符を打ち、上海から引き揚げる。しかしながら、１９４０年９月30日、上海市政府顧問就任を要請され、またもや上海に戻ることとなる。

その後、船津は、もう１度、和平工作への関与を政府から要請される。これは松岡洋右の項でも改めて触れるが、いわゆる銭永銘工作である。銭は浙江財閥の実業家であり、国民政府にも影響力を持っていた。上海陥落後の当時は香港に移っていた。松岡外相から、船津宛に銭永銘工作への参加要請の親書が届いた。しかしながら、交渉途中段階で、日本政府が汪兆銘南京政府を承認した結果、この工作も不成功に終わった。船津は、この交渉の経緯を「南華交渉失敗日記」という手記として残している。それによれば次の通りである。

１９４０年10月17日、松本重治が近衛首相及び松岡外相のメッセージを託され、船津に会いに来る。船津からは、重慶政府の国際的な立場は有利となっており、事前に英米ソの了解をとるであろうし、日本が大胆な譲歩をしない限り日本側の提案に応じることはないであろう、日本側として重慶工作の前提として、重慶と南京の合作を第１条件としなければ汪兆銘政権に対して義理が立たない旨持論を述べている。松本は、それに対して重慶と南京の合作については、すでに汪兆銘らの了解を得ている、我が方の部内的には本件交渉は松岡外相にすべて一任され、一元化されている旨応答している。船津の方からは、一方で汪兆銘政権擁護の工作をしながら、他方で、秘密裏に重慶工作を行うような二重政策には断然賛成できないが、最近国際情勢が急変し重慶工作を進めるのに好都合になって来たというのであれば、自分も犬馬の労を辞するものではないと返事する。

18日、南京で船津は汪兆銘と差しで懇談する。その際、汪は次のように語った。是非香港での任務の成功を祈るが、同時に重慶側にそれを南京政府承認の遅延に利用されないように希望する。重慶側としては、日本側と交渉を進めるには先ず、英米ソの了解を得る必要があろう。彼らが反対すれば和平工作も不成功に終わるのではないかと懸念する。

また、19日に会った今井武夫大佐からは、事前に失敗した桐工作の経験を踏まえ船津に対し、自分の過去の経験から今回の重慶との和平工作は到底望みがないと悲観論を語られる。

船津は24日、いよいよ香港に到着する。連日、先方側と交渉を重ねるが、11月18日、先方から、日本側は重慶に話をする前に既に南京に漏らしている、また、報道によれば日本は既に30日前後に汪兆銘政権を承認する事に決定しているとの記事がある、もし事実であれば日本の二枚舌であり、そうであれば、直ちに重慶との交渉は断絶し、当面再開の見込みはなく、また、汪兆銘との売国的条約が暴露され、汪政権の信用も永久に失墜すると強い申し入れを受ける。船津は、重慶からもう少し的確な情報が来れば汪兆銘政権承認の延期は不可能ではない、また、事前に南京の了解を求めたのは東洋的道義心に出たものであり、何ら他意はない旨応答している。

21日、銭からは、日本側の誠意に対する疑念は否定できないが、汪兆銘政権の承認無期限延期及び無条件全面撤兵の2条件が承認されれば、本交渉の開始に異存ないとの条件提示があった。24日には、東京より、2条件を承認するとの回答があり、早速先方に伝える。しかしながら、27日、新任の矢野香港総領事から、東京における汪兆銘政権承認問題は着々と進んでおり、興亜院政務部長鈴木中将のごときは今次香港での重慶工作は全く眼中においてないことを聞かされる。

30日、日本政府は南京政府を正式に承認し、船津らの工作は万事休す。彼は、せめて1週間でも承認が延期されれば、和平工作は具体化する可能性があった故に実に残念千万であると嘆いている。翌日、先方からは、日本が今更ながら内部不統一で、松岡外相といえども軍部の圧迫を排除することができないことを証明した、日中国交の全面的調整は当面望むことはできず、日本側からの重慶への直接交渉も今後一切受けないとの応答を受ける。12月2日、銭は船津に対して、日本側からの2条件承認の回答を受けた時は、日中国交の復旧は必ず成功するとの自信を得て実に愉快に耐えなかったが、結局、自分は蒋介石を騙したこととなり、日中国交調整も当面絶望的となり、返す返すも遺憾であると述べた。船津は、傷心のまま7日、上海に戻る。

後日、判明したところによれば、松岡外相の重慶工作失敗の原因は、軍部と、それに呼応した阿部信行駐華特命全権大使一派の猛烈な反対運動であった。阿部大使の方では、南京で汪兆銘政権との基本条約の仮署名を交わして2ヶ月も経つのに、政府側から一向に正式調印の日取りを決めないので不審に思っていたところ、重慶工作を知ることとなる。阿部大使は、大いに憤慨し自ら10月上旬帰国して、松岡外相と直接談判した。阿部の辞任をちらつかせての要求に加え、松岡自身も、ドイツを通じた重慶政府との間の関係が進展しないこと、重慶政府の真意が必ずしも田尻や船津のいう程に楽観的ではないという認識もあり、最終的に重慶工作打ち切りも止むなしと決心した。

翌年12月8日の太平洋戦争勃発の報を聞くと、船津は「支那事変だけの処理は最早手の施しようがなくなった。日華の架け橋もこれでお役御免だ」と心より慨嘆し、傍で見るのも気の毒な程痛々しいものがあったという。

船津は、その後、戦争中上海に暮らし、終戦後は日僑自治会委員として上海で邦人安全業務等に携わった。最後の引揚船で１９４６年７月帰国する。翌年十二指腸潰瘍をわずらい、４月４日、東京の自宅で死去する。享年73歳の人生であった。

彼を知る同僚、先輩、後輩、友人たちは、こぞって彼の勤勉さ、英語・中国語能力の高さ、温容誠実で義理人情に厚く、世話好きで、私利私欲に恬淡として、誰にも敬愛される人柄、中国人脈の広さと深さ、英米租界有力者との交友関係等を褒め称え、正に「外交は人にあり」を地で行く外交官であったと高く評価する。表立って華麗な活躍をする外交官というよりは、陰にあって外交上の成功のための下準備に力を尽くす外交官以上の外交官であったという評価をする関係者は少なくない。

このように中国の各界各人士から高い尊敬を集め、親愛された有能な人物が、日本の対中外交に直接、しかも長期に亘って関与し、終始一貫、日中親善と両国国交調整のために尽力して来たにも拘わらず、その彼をもってしても、その地位や権限の低さ故にか、あるいは、外務省という組織の弱さ故にか、結局は、歴史の大きな流れの前に如何ともしがたく、日本の対中外交の悲劇を回避することはできなかったのである。

船津は詩吟が趣味で、杜牧の阿房宮の賦の長詩を時々詠じていたという。その一節、「六国を滅ぼすのは六国なり。秦にあらず」は、正に、彼が上海をはじめ中国で過ごした長い外交人生の中で見た日本の姿そのものだったのかもしれない。

有吉明

有吉明（1876―1937）は、京都に生まれる。東京高商（現在の一橋大学）を卒業して、1898年に行われた第7回外交官領事官試験に合格し、外務省に入省する。同期は8名であった。中国には、1909年から10年間に亘って、上海総領事として滞在し、また、スイス公使、ブラジル大使歴任の後、1932年には、在中華民国特命全権公使として中国に再度勤務する。1935年には、両国政府がそれぞれの公使館を大使館に昇格させた後の初代中華民国駐箚特命全権大使として、穏健な立場から対中外交を推進する。しかしながら、翌年、政府方針との違いにより依願退職により、外務省を離れる。そして、その翌年1937年に61歳の生涯を終える。

有吉は、まとまった回想録等を残していないので、彼に親しく接した後輩外交官やジャーナリストが書き残している思い出等にいくつか触れてみたい。

石射猪太郎は、回顧録「外交官の一生」の中で、自身が上海総領事時代に接した有吉公使（後に大使）について、特に一節を設けて故人を偲んでいる。当時、上海には、公使館と総領事館が同じ建物にあり、両者の軋轢が生じやすい環境にあった。しかしながら、有吉はじめ公使館館員は総領事館の事務に干渉せず、また、石射も分を守って公使館側の外交に口出しや批判をすることなく、両者は、渾然一体をなしていたという。石射の評によれば、有吉は、「現役外務省人中の耆宿、閲歴貫禄において申し分なく、酸いも甘いも噛み分けた渋味ある風格の中に外柔内剛奪うべからざる気魄を蔵し、見通しの鋭い大家であった。中国の現実に深い了解と同情を持ち、政府の無理解な対華政策を矯めつつ、荒れすさんだ日中関係を漸次軌道にのせて行かれたのであった。けだし有吉大使の温情と真摯とが中国側を絆したというべきであった。私は大使を畏敬し、大使に親炙した。」と有吉への心の底からの敬愛を示している。

有吉は、外交の誠実さを重視し、日中提携を宗として「水鳥外交」を展開した。東洋のモンロー主義とも言われた「天羽声明」（1934年）の火消し役を務め、「南京総領事館蔵本書記生行方不明事件」（1934年）では、中国側の誘拐事件であるとの前提で南京政府に強硬に当たたろうとする須磨弥吉郎総領事を諌めて抑えた。事件は、自殺を思いとどまった本人が、数日後に空腹のため潜んでいた洞窟から人里に出て来たところを発見されることで解決した。

この時期は、蒋介石や汪兆銘外交部長とも会見を重ね、日中正常化に向けて前向きの雰囲気が醸成されつつあった。そして、そのような状況の中、1935年5月7日の閣議決定により、日本公使館は大使館に昇格する。

1935年6月に「新生」不敬事件と呼ばれる出来事が発生した。上海で発行されていた中国語週刊誌「新生」が「閑話皇帝」と題する随筆を掲載した。その中で、各国の皇帝・国王について言及する中で、天皇につき、「日本の天皇は世襲によって天皇たるに留まり、外賓接見、観兵式、諸儀式上必要ある場合のほか、人民は天皇を忘れている。日本の真の統治者は、軍部と資産階級である。生物学を嗜む日本天皇が一意研鑽せば、その成果は現在以上に有意義であろう」との趣旨を記事にした。

新生は、もともと薄っぺらな小雑誌で、その存在さえ日本人社会にはほとんど知られていなかった。公使館情報部もこの記事に気付かなかったが、天津総領事館が偶然見つけたことから知れ渡り、不敬事件として上海邦字紙が連日書き立て、在留邦人も激高した事件である。

大使館は、国民政府との間でこの問題を取り上げ、責任者の謝罪・処分等いくつかの要求を日本側から突きつけ、中国側は大宗当方の要求を受け入れることとなったが、そこに磯谷陸軍武官が介入した。磯谷は、謝罪の形式を更に加重にすること、はては国民党解党まで要求する始末であった。それに対して、有吉は、「いやしくも自分が交渉に当たる以上、大使としての責任において問題を解決する。今更条件を加重にする必要はない」と明確に言い渡し、磯谷も従わざるを得なかった。

これを機に、有吉と石射に宛ててしきりに怪文書が送付されて来たという。内容は、彼らの軟弱外交をなじるもので、直ちに自決せよとの文面が血書されていたものもあった。

堀内干城も「中国の嵐の中で」で、特に、「有吉大使と私」という項目を設け、大使の人となりに言及している。有吉が、１９０９年から10年間に亘って、上海総領事として果たした実績から、上海の民間には大変信用があり、中国に対して極めて冷静公平な認識を持っていた。堀内自身も、尊敬していた先輩の一人であったと述懐している。

有吉が公使として上海に赴任する前に、重光公使他が１９３２年の天長節爆弾事件で遭難した直後に、芳澤外相の特使として有吉が上海に見舞いにやって来たことがあった。その際、南京に出向いて汪兆銘行政院長に会いたい希望があったので、堀内からは、会えば必ず満州問題が出て、後日日本側に不利な宣伝をされることは必至なので会うべきでないとの意見具申をしたが、結局、有吉は汪兆銘と会見する。果たして、中国側は、満州問題についての日本側のやり方を批判する記事を掲載したので、堀内は、「役人の良心」として自分の考え、即ち、今後日本の要人が訪中する際、中国側政府要人に会わないようにしてほしいとの意見を東京に提出した。そうこうするうちに、思いがけなく、有吉が中国公使として赴任することになる。

堀内は、有吉が赴任後、この事情を正直に報告して転勤方願い出たが、有吉からは、「良心的に一生懸命に仕事をする者であれば、信頼するのが自分の主義である。気の毒であるが、自分の在任中は一切のことをやってほしい。小さい事務は一切君に任せる。但し、政策の変更を必要とする時には相談してほしい。既定方針の範囲内でやることは全部勝手にやって、事後承諾でよろしい」と即座に明快な応答があった。堀内は、大きな力に打たれたような気持ちになって、この大使の下ならば身命を賭して働こうという気になったという。

堀内によれば、有吉は、時々、陸軍との関係について、「自分のやっていることは、あたかも賽の河原の嬰児が一重、二重と瓦を積み上げて行く傍らから鬼がこれを打ち壊す、しかし、打ち壊されてもなお積み上げなければならない状況である」と慨嘆していた。

１９３３年のある夕刻、根本博公使館付武官補佐官が、有吉主催の招宴の席で、同席の堀内に向かって、「君のようによく働く人間は満州国で是非必要である、ひとつ満州国入りを考えてはどうか」と戯れ言を言ったところ、有吉は、決然として、「根本君、宴会の後の茶話にしろそんな戯談は失言である。堀内は自分の最も信頼する責任ある館員である。満州国の日系官吏にやれるものでもなく、また、行くものでもない。軍人が左様なふざけた考えを持っていると国を誤る」と激しい言葉で叱責をした。座は白けたが、翌日、根本は、堀内に対して、「昨晩の大使の一言には怒り心頭に達し、一刀両断と思ったが、今、外務省幹部に軍部に対してあれ程はっきり物の言える人間は恐らく有吉ただ一人と考えると自然に頭が下がった」と述べていたという。松本重治も、回想の中で、本件につき、根本から後日同様の話を聞いたことを紹介している。有吉は、外務本省や軍部にも苦言を呈し、堂々と自分の信念を述べる人物であった。

先程述べた新生不敬事件について、堀内は、磯谷の国民党解消要求に対して、これは、日本が全面的に中国に対して武力行使する覚悟がなければ出来るものではないと反論し、二人の間で正面衝突になった際、有吉は、「双方の議論は十分聞いた。不肖は天皇陛下の御信任によって対中外交の全責任を負っている。いかなる方針をもって外交交渉に当たるかは自分の権限であり、かつ責任である。自分は、堀内の意見が正しいと考える。この討論はこれで打ち切る。後は、自分の責任で事件解決のための交渉を行う」ときっぱりと発言した。堀内によれば、有吉は、全く古武士の面影が髣髴としており、しかも、他面で極めて自由民主的な人であった。

堀内は、有吉が亡くなった際、追悼文を「故有吉駐支大使追慕録」として雑誌（天津の「北支那社」1937年8月号）に掲載している。この中で、誠意と信頼の外交について、有吉が堀内ら館員に常日頃より以下のように述べていたという。

「人間には友情が大切だ。外交官には武力がない。友情というものが外交目的を達する有力な武器である」、「相手方が不満を抱けば、折角の交渉の結果はうまく実行され難い。それでは外交はうまく行かない」、「外交官というものは自国の大衆を喜ばせ賞賛を得よう等と考えることは、絶対に禁物である。縁の下の力持ちと覚悟していれば良い。相手方が不満を抱くような外交交渉の結果は、うまく実行され難い。外交官は、かえって自国民から非難され、非難されつつ自己の使命を果たさねばならない割の悪い役を引き受けている。これが私の信条である」、「我が国の要求を認めることが結局相手国の利益にも繫がることを十分な資料によって、率直に熱心に相手国に理解させることが最上の方法である。この場合、我が方の目的の全部を認めさせることが出来なくとも、相当部分が認められればある程度の満足をしなければならない」等。有吉の外交は、駆け引きのない、術策を捨て去った外連味のない外交であった。

松本重治は連合通信、そして後には同盟通信上海支局長として、有吉の時代に上海に在勤していた。彼は、著書「上海時代」に「有吉外交の開花」と題して、有吉のことを記している。蔣介石・汪兆銘の対日姿勢に相当の誠意があると認めて、日本側も誠意をもって至難の業とは理解しながらも、日中関係正常化の方向に少しでも進めようとした外交官として有吉を紹介している。松本が上海時代において知った最も尊敬した日本人外交官であったと述懐している。陸奥宗光、小村寿太郎、幣原喜重郎等日本外交史の優れた外交官の十指に当然入る人物であるとまで述べている。

松本は、また、1937年の7月、済南に出張した折に有野寧総領事と再会した。有野は、有吉中国大使の時代に、大使と蒋介石や汪兆銘との重要会見にいつも通訳官として同行していた外交官であった。二人で夕食を交えながら懇談していると、その1週間程前の6月25日に有吉が胃潰瘍で亡くなった話題に及び、最近の外交家の中で有吉が傑出した人物であったことで二人の意見が期せずして一致したという。

有吉は、1910年代の上海勤務を通じて、孫文その他の革命政治家とも個人的な交友関係を持ち、若い時代から中国の国造りのための革命運動の理想に同情を寄せていた。同時に、実業界とも幅広く付き合い、中国の現実も知っていた。中国の現実と理想と非常とを身をもって第1回目の上海勤務で観察していた人物であった。

満州問題についても、日本のやり過ぎを批判する等気骨ある外交官として松本の記憶に残っている。有吉は、ブラジル大使を終えた時点で外務省を去る意向を持っていたようであるが、満州事変、第一次上海事変後の日中関係を収拾するために、中国公使（後に大使）の職を受けたという。彼は、後に、今、対中外交は手が付けられない状態であるから自分が引き受けた、とその自負と気魄を示していたという。

松本は、有吉の任期中、前後10回程会見を申し込み、その度に毎回会見が許された。有吉は、午前中事務所に出勤して公電等に目を通した後、日常業務は、地方的事件として処理出来るものは石射総領事に、外交事務折衝については、堀内書記官に基本的に任せていた。しかし、重要外交問題については自ら折衝に当たっていた。そして、大体昼過ぎには官邸に戻って行き、中国紙・英字紙他の資料を広く読み、日本の対中外交の基本方針を練っていたという。

有吉は、頭脳すこぶる明晰で、諸案件の対策を数分間で指示していたという。また、中国人との交際には思い切りお金を使っていた。恬淡無欲、枯れた味わいがあり、しかも、軍部の圧力には屈せず、勇気を奮って倒れつつあった日本外交を支えるために懸命の努力を続けた外交官であったという印象を松本は強く受けた。松本は、人間としての、そして外交官としての有吉の存在と価値を発掘して後世に伝えたいと思っていたが、先に紹介した石射の有吉評を読んで全く同感であり、自分の言いたいことを見事に表現しており、涙が出る程嬉しかったと述べている。

有吉が、１９３５年４月に事務打ち合わせのために一時帰国し、広田外相と会談し、また、次官室での幹部会で現地報告を兼ねて諸幹部を叱咤激励した内容が、25日付朝日新聞夕刊にスクープ記事として掲載された。それによると、有吉は、南京政府に親日的な態度が見えつつあるが、まだ、中国全体を通じたものではない、しかし、少なくとも南京国民政府の対日態度の転換を外務省としては千載一遇の好機ととらえて新たな対中政策を本格的に準備すべき時期であるにも拘わらず、本省側ではこの基本認識を欠いて、考え方や行動にも幾分軽率の譏りを免れがたきものがある、中国公館に発出される公電も大局的認識から離れ、事務的抹消のきらいがある、この外務省の姿勢を反映して国内世論の動きも行き過ぎがみられる、と外務省幹部に対して率直に苦言を呈している。

松本の見立てによれば、蒋介石や汪兆銘の南京政府が、国内の反対勢力に対してあらゆる方策を案じて努力を傾注している時に、外務省は、軍部に対して華北問題について真剣な説得努力を一度なりとも試みたことがあったのか、必要な内政を怠る外交は結局は失敗に終わるという有吉の義憤が朝日新聞に報じられた彼の発言内容に滲んでいる。

日本政府は、5月7日の閣議で外務省の提案した中国公使館の大使館昇格を決定する。林陸相も特段異議を差し挟まなかった。17日には日、中、英3国が大使館相互昇格を同時に発表、米、独、仏も後に続いた。有吉は初代の中国駐劄大使となる。

陸軍省の中堅強硬派将校は蚊帳の外に置かれ、大使館昇格発表の日、陸軍省軍務課員が外務省アジア局第1課（支那課）に怒鳴り込み、「仇討ちをやってやるから覚えていろ」と捨て台詞を残して立ち去ったという。6月14日、信任状捧呈式が南京の国民政府大礼堂にて挙行され、有吉は、林森主席に信任状を捧呈する。この時、大使館幹部、須磨南京総領事、佐藤大使館海軍武官（少将）等主要随行員がそれぞれ礼服に威厳を正して列席する中、本来随行してしかるべき磯谷大使館陸軍武官（少将）の姿は見えなかった。大使館昇格に反対という陸軍中堅の意思を、磯谷は信任状捧呈式欠席という形で示したものと出席者一同には受け取られた。

有吉は、対中外交において陸軍に毅然と対することのできた実質的には最後の出先大使だったのかもしれない。

芳澤謙吉

芳澤謙吉（1874―1965）は新潟県高田に生まれる。東京帝大英文科を卒業して、1899年、第8回外交官領事官試験に合格し外務省に入省した。同期は8名であった。アジア局長、欧米局長を経て、1923年に中華民国駐劄特命全権公使を約6年務め、在仏大使の後、1932年の犬養内閣では外務大臣に就任する。戦後、公職追放処分を受けるが、1951年に解除されると、1952年には戦後初の中華民国駐箚特命全権大使に任命され台北に赴く。大陸と台湾で戦前・戦後に亘って公使・大使を務め、外務大臣まで就任した希有な外交官である。１９６５年、満90歳で死去する。

芳澤は犬養毅が義父に当たり、また、ＵＮＨＣＲ（国連難民高等弁務官）やＪＩＣＡ（国際協力機構）理事長を務めた緒方貞子の祖父に当たる。ちなみに、緒方は１９２７年、当時の麻布区霞町22番地（現在の港区西麻布３丁目）にあった芳澤の家で生まれている。現在の六本木ヒルズの近くである。緒方の父親は中村豊一という外交官で、その赴任に従って緒方自身も幼少期に福州、広州、香港といった中国各地で生活しており、後にカリフォルニア大学バークレー校に満州事変研究に関する博士論文を提出している。

芳澤は、「外交六十年」という書物を残している。主に、これに沿って彼と中国との関わりを振り返ってみたい。

芳澤謙吉は、途中貴族院議員や公職追放時期を挟み、明治、大正、昭和の戦前から戦後にかけて60年に亘り、日本の外交に携わって来た。そして、その中で、在外では、廈門２年、上海２年４ヶ月、牛荘２ヶ月半、漢口１年、北京６年２ヶ月、そして、戦後、台北に３年３ヶ月、また、本省においても業務の多くが中国問題に関係していた。

芳澤は青年時代から海外事情に関心を持ち、日本は人口が多く、国土が狭い故に、海外発展をしていかざるを得ない宿命にあると痛感していた。このような思いが、外交官を志すことに繋がったと回顧している。東京帝大英文科２年の時に、外交官試験受験を目指すことを決め、卒業試験終了後、下宿に持っていたシェークスピア初め英文学関係の書物を全て古本屋に売却し、その代金で神田神保町の有斐閣に行って、外交官試験に必要な法律、経済、外交関係の本を山程買い入れて下宿に帰ったという。

入省後、最初の赴任地はソウルであったが、当時、徴兵猶予は欧米や中国勤務には適用されても韓国には適用されなかった。それで、芳澤は人事課長に談判し、赴任先を厦門に変更してもらう。長い中国との関係の始まりであった。１９００年、ちょうど、義和団事件の頃で、その余波が外交官補として勤務していた厦門にも影響し、現地での西本願寺出張所放火事件等の処理に当たった。

その後、１９０２年に日英同盟が成立した直後、上海への転勤を命じられる。当時の上海総領事館は、政治上、経済上も公使館と同格の重要性を有していた。この時、上海を視察に来た袁世凱軍機大臣（直隷総督）とも総領事代理として会見している。

芳澤は、上海に2年4ヶ月勤務したが、この間、追加通商航海条約や鉄鉱石の対日供給のための契約の締結、日本の利権拡張のための投資、揚子江上流の日系汽船会社の航行利権等の重要な問題の交渉にあたった。山積する政治、通商、領事業務のため、週の半分は夜10時頃まで事務所で残業をしていたと述懐している。日露戦争開戦前夜でもあり、当時東洋一の英字新聞と言われた「ノース・チャイナ・デイリー・ニュース」に日本の立場を宣伝する広報活動も怠らなかった。緊張した毎日の総領事館業務であった。

その後、英国勤務等を経て本省に戻るが、その当時の小村寿太郎外相について、彼は思い出を次のように語っている。小村は、陸奥宗光と並んで霞ヶ関外交を代表する名外相であった。小村は、在外公館から送られて来る公電を縦に読み、横に読み、逆さまに読み、電信内容を隅から隅まで把握し、本省からの回訓については、外相自身で考え、言った通りに書かないと承知しなかった。

小村は、また、日中両国は、原則として親善関係を促進しなければならず、これに反する例外は極力最小限とすべきである、したがって、中国政府の感情を害してまでも多数の要求を提示することはこの原則に反する、という基本認識を持ち、鉄道敷設に関する陸軍からの具体的な拡張要求を退けたという。

漢口総領事を経て、1923年、中国駐在特命全権公使に任命され、北京を拠点に、6年2ヶ月赴任することとなる。当時、中国内における排日運動は勢いを増し、外務、陸海軍省の当局者が会議を重ねて方策を練っていたが、芳澤には中国に赴任したらやろうと思っていた具体的な考えがあった。

排日運動は、中国国民の愛国心の発露であるので、ただいたずらに力でこれを抑圧するだけでは問題の根本的な解決にならない。政権は6年余りの間に、直隷派、安福派、奉天派、国民党と次から次に変遷して行ったが、芳澤は、常に4億の中国国民を念頭に外交に当たったと語る。

その結果、猛烈な排日運動も徐々に冷却して行った。この間、馮玉祥がクーデタを起こして紫禁城の宣統帝溥儀の身辺が危うくなり、芳澤は、一時期、宣統帝を公使館官邸2階に匿い、1ヶ月以上も留まって、その後、溥儀は天津日本租界に移って行ったというエピソードも紹介している。

北京勤務中、ワシントン会議のフォローアップとして、関税会議や治外法権撤廃に関する協議が開かれ、芳澤も関係するが、残念ながら中国の内政上の混乱により中断する。

6年余りの北京時代、印象に残る中国人は少なくなかったが、特に、呉佩孚、張作霖、蒋介石、常蔭槐の名前を彼は挙げている。彼らは皆、負けず嫌いの剛毅の性格で、幾多の起伏波乱を経ても決して屈することとない人物たちであった。

芳澤は、1928年に発生した済南事件の事後処理のために、翌年1月から約半年間北京から上海に長期出張し、交渉責任者として南京国民政府との調整に当たる。当時、彼は、フランス租界にあった豊田佐吉邸（豊田紡織別荘）に仮住まいしていたらしい。豊田佐吉邸は、今は残っていないが、現在の上海新村集合住宅の敷地にかつて存在していたことが判明している。正に、現在の上海総領事公邸の東隣に居住しながら、この交渉に当たっていた訳である。1932年1月28日に発生した第一次上海事変の日中停戦交渉の一部もここを舞台に行われたとの説もある。もし本当であれば歴史の因縁を感じる。

この交渉に当たっては、重光上海総領事等が日々出入りして芳澤を補佐した。王正廷外交部長を相手に上海や南京で会合を重ね、なんとか成案をまとめ田中外相に全文を送ったところ、もともとの訓令に沿った内容であるにも拘わらず、田中外相からは再交渉の訓令が届く。

成案は、陸軍中堅には不満であり、森恪政務次官が、軍強硬派と一緒になって横槍を入れた結果、再交渉の訓令をよこしたらしい。責任者の処罰及び損害賠償は日中双方間で相殺すること、共同調査委員会を設置すること、といった当初の訓令になかった新たな2点が加わっていたが、更に2ヶ月の交渉を経てなんとか妥結した。

芳澤は、彼の中国及び中国人観を次のように述べている。先ず、肉体的にも精神的にも日本人と中国人はかなり異なる。中国人は、体格的に日本人より概して大きい。精神的な違いは更に大きい。中国人は、呑気であり、鷹揚である。一時の敗北は余り気にせず、何十年か後のことを考えている。この点は、アングロサクソン民族にも似ている。

日中戦争で日本軍が占領した地域は、点と線であり、中国人は、いずれ、この点と線も中国に戻ってくると考えていたし、現にそうなった。中国人は、歴代の王朝の興亡においても平気であり大勢順応主義であるが、民族という観点になると非常に強靭である。厳しい環境の中でも世界各地で華僑は勤勉に生活しており、経済的に成功している。中国における愛国心は、治者を基礎とする愛国心ではなく、過去数千年のその時代時代の支配者ではなく、中国そのものへの愛国心である。これが芳澤の見立てであった。

北京の6年以上の生活の中で、芳澤は毎年のごとく内乱をみたが、政権が何度変わっても、中国は変わらない。常に中国の4億の民族を対象にすることが重要である。お蔭で、一般の中国人からは、それ程憎まれずに済んだと述懐している。

駐仏大使を経て、1931年、義父である犬養毅政友会総裁が内閣を組織した際に、その外務大臣に就任するため、翌年1月帰国する。1月28日には、上海において海軍陸戦隊と第19路軍との軍事衝突が発生し、いわゆる第一次上海事変が始まる。

芳澤によれば、1月31日夜8時頃、外務省大臣室でいつもの通り晩御飯の弁当を食べ終わった頃、大角海軍大臣が突然訪れ、海軍のみでは上海の情勢が非常に危なくなったので、陸軍の派遣を願いたく、外務大臣の同意を求めに来たということであった。芳澤は、海軍の救援要請はわかるが、陸軍の派遣は慎重に考える必要がある、陸軍は強いから派遣するとなると、勝利に乗じて蘇州、南京、漢口まで行く可能性がある、そうすれば、事変を局地的に解決できず、中国全土に飛び火する恐れがあり、そうなると各国とも衝突しかねないと応答したが、最後は、大角の要請に応じ、一緒に荒木陸軍大臣を往訪することになる。

芳澤は、荒木にも同様のことを述べた。荒木からは、陸軍は上海付近のクリークが張り巡らされている場所では砲車も思うように動かせず、慣れていないので、戦局拡大の懸念はないとの説明があり、海軍陸戦隊の全滅を避けるために、結局芳澤も陸軍の派遣に同意し、2月1日の閣議で正式決定された。芳澤は、閣議の席で、上海事変を局地的問題として処理することの必要性を強調し、鳩山一郎文部大臣からも同感であるとの発言があったことを紹介している。

犬養は、「支那の歴史を見ると、支那民族は2つか3つに分かれても、いつかまた統合する。陸軍が満州国を創立したのは無理だ」との意見であった。芳澤も同意見であったが、満州国は、1932年3月に独立を宣言する。外相と陸軍首脳部との意見調整のための会合が開かれ、芳澤は、陸軍大臣官邸に赴く。陸軍省からは、荒木陸相、杉山次官、小磯軍務局長が、参謀本部からは、真崎次長他、併せて計6、7名の陸軍首脳が集まり、芳澤に対して満州に関するいくつかの措置案が列記された文書が示された。その中に満州国の独立を承認するという項目があったため、芳澤はこれには同意できないと反論した。また、別の時に、陸軍大臣から関東軍司令官宛電信案に、「外務大臣は満州独立に遂に同意せり」との文案があったので、芳澤は、「外務大臣は遂に同意せず」と修正して返却したこともあった。

このように、犬養首相も芳澤外相も満州国の独立承認に反対していたが、当時の陸軍に政府や政党は均しく圧倒され、犬養内閣もずるずると引きずられるに至ったのである。そして、5月15日、犬養は、首相官邸において白昼海軍青年将校の凶弾に倒れる。

終戦時、芳澤は、外交顧問及び枢密顧問官を務めていた。外務省に登庁すると、毎日のように東郷茂徳外相に無条件降伏を勧めた。外相が多忙で会えない時は、松本俊一次官に外相への伝言を要請した。終戦後の1946年、芳澤は、公職追放を受けるが、1951年に解除される。

1952年の日華平和条約により、中華民国との国交回復後は、吉田首相の要請により、初代大使として台北に赴任することとなる。蔣介石とは、北京公使時代の1928年6月、当時北伐軍司令官であった彼と南京で初めて面識を持ち、翌年済南事件処理のため上海、南京に滞在の折にしばしば接触して以来の長い関係である。

1937年7月7日の盧溝橋事件から1945年8月15日の終戦に至る8年余りの間、日本の首相の座にあった政治家、官僚、軍人は7名である。この間、中国は、蔣介石が1932年3月から一貫して国民政府軍事委員会委員長、1938年4月からこれも一貫して国民党総裁、そして、1943年8月から国民政府主席をそれぞれ戦後まで務めていた。長期一貫した安定政権が国政に重要な影響を与えることは、戦前も戦後も変わりない。そして、その蒋介石も共産党との内戦に敗れ、台湾に追いやられた。歴史の非情である。

芳澤の明治から戦後に亘る60年の外交官生活の前半は、日本の興隆時代であり、彼個人にとっても忙しくも充実した日々であったろう。他方で、後半期及び戦後は辛く、無力で、そして、日本の国力と国際的地位の転落した時代であった。彼は、1958年に書いた回顧録「外交六十年」の最後に、今後の若者に、「誠意」を基礎とした日本の再興を託して筆を措いている。戦前日本の対中外交に欠けていたものが誠意であったとの芳澤の深い反省が込められているのかもしれない。

松岡洋右

松岡洋右（1880―1946）は、山口県に生を受ける。父親の事業の失敗により、松岡は、親戚のつてを頼って1893年に渡米する。苦学してオレゴン大学を1900年に卒業し、帰国後の1904年に第13回外交官領事官試験に合格し入省する。同期は7名であった。

上海で外交官生活を開始し、関東都督府等の勤務を経て、1921年に外務省を退職。その後は、上海時代に知遇を得た山本条太郎の誘いで満鉄に理事、副総裁として勤務、1930年には郷里山口から代議士に立候補し、当選する。満州事変翌年の1932年10月に開かれた国際連盟総会には日本の首席全権として出席する。

議員を辞職した後、1935年、再び満鉄に今度は総裁として赴任。1940年の近衛内閣では外相として入閣。汪兆銘政権を承認する役回りとなる。1940年の日独伊三国軍事同盟、翌年の日ソ中立条約を締結する。米国生活の経験から、米国には強硬に対応すべしとの信念があったという。1941年、ベルリン、ローマそしてモスクワでヒトラー、ムッソリーニ、スターリンと会見し、帰国時には凱旋将軍のごとく国民の歓呼の歓迎を受けた。

この一連の松岡外交を振り返れば、日本の命運を決した国策の誤りの時期であった。同年6月の独ソ開戦後は、対ソ宣戦を主張する松岡は事実上更迭され近衛内閣を去る。戦後、A級戦犯容疑で逮捕されるが、公判中に病死する。66歳であった。

松岡が11歳の時、父親の廻船問屋としての事業が倒産する。負けん気の強い松岡は、少年時代から立身出世の志を立て、1893年、13歳の時に米国留学に旅立つのである。オレゴン州ポートランドでは、後にオレゴン大学法学部に通う。

米国では人種差別も受け、その時の体験が後に外相になってからも彼の対米観を既定していたと言われている。米国はこちらが弱いと判断すると付け込んでくるので、自分が正しいと信じた場合は決して妥協せず強硬に対応しなければならない。対等の扱いを欲する者は対等な行動で臨まなければならないとの信念を松岡は持っていたという。

9年間の米国滞在を終えて1902年に帰国する。オレゴン大学在学中も早稲田大学の講義録等で日本の法律の勉強をしていた松岡は、はじめは東大か京大で法律の聴講をしようと考えていたが、日本の法科大学では1年半で出来ることを4年もかけて時間を空費していると結論付け、自分で勉強を続ける。そして、1904年に外交官試験に合格する。

外務省に入省した松岡は、約17年間の外交官生活を、中国を中心にロシア、米国等で過ごす。入省直後に領事官補として赴任した上海総領事館時代に山本条太郎三井物産上海支店長との知遇を得る。山本とはその後、生涯続く関係を維持した。大きな問題が起こると、よく山本の意見を聞きに行ったという。山本に傾倒し慈父のように敬仰した。松岡の満鉄入社の斡旋も山本が行った。松岡は、人の意見をほとんど聞かなかったが、唯一ともいえる例外が山本であった。彼の前に出ると、松岡は山本の話を黙って謹聴していたという。

松岡の回想によれば、上海時代、山本は夕方突如総領事館に立ち寄って若手の松岡を上海倶楽部に連れて行ってくれた。後で考えるとこれも山本なりの教育の一環であった。上海倶楽部は共同租界にある当時上海で最も格式の高い会員制倶楽部で、日本人では総領事の他はほとんど会員がおらず、欧米人も日本人を蔑視する雰囲気があった。そんな中での山本の欧米人会員との付き合いが対等であり、むしろ、彼らから尊敬を受けていることに感銘を受けた。米国留学中に人種差別を受け、上海でも欧米人の傲慢な態度や振る舞いに憤慨していた青年の松岡には、非常に印象深い出来事であったという。

また、松岡が関東庁外事課長として満州に赴任していた時代に、後藤新平満鉄初代総裁に可愛がられ、山本と同様に松岡は後藤を慕った。

松岡は、辛亥革命が起こる数年前には清朝の終焉を想定して中国問題の重要性を主張、任命されたベルギー公使館赴任をひっくり返して、望んで北京公使館勤務を選んだこともあったらしい。

松岡は、1919年、ヴェルサイユ講和会議の随員に任命され、現地ではスポークスマンの役割を果たす。その時に同じく随員の一人であった近衛文麿と出会う。近衛は、1918年に、「英米本位の平和主義を排す」という評論を「日本及日本人」に発表していた。第一次大戦を現状維持国と現状打破国の戦いであるとし、前者は平和を叫び後者は戦争を唱えるが、平和主義が必ずしも正義人道ではなく、軍国主義が必ずしも正義人道に反する訳でもないとして、既得権益を有し現状維持に利益を見出すが故に平和主義を唱える英米を批判した内容であった。その後の松岡の問題認識とも通じるものがある。

講和会議から戻った松岡は、1920年、再び中国に赴任するが、翌年、「人間いつまでも同じ所にいてもうだつが上がらない」と外務省を退官する。41歳であった。彼には、職業外交官の枠には収まらない野心があったのであろう。

1921年、松岡は満鉄理事となる。そして、1927年には田中義一内閣の下で、山本条太郎満鉄総裁、松岡副総裁の人事が決定される。満州との深い縁の始まり、そして、それは、大げさに言えば、その後の日中戦争、日独伊三国軍事同盟、そして日米戦争という日本の悲劇の歯車が動き始めた端緒と言えるかもしれない。

1929年、田中内閣が総辞職すると、松岡も満鉄副総裁を辞任する。同年に京都で開催された第3回太平洋問題調査会会議に松岡は出席し、徐淑希燕京大学教授と満州問題について激しい論争を繰り広げた経緯は松本重治の項で紹介した通りである。

1930年の衆議院議員総選挙に山口県第2区から出馬し当選、政友会代議士となる。1931年1月の第59回帝国議会本会議において、松岡は幣原外相を相手にその国際協調外交を厳しく批判している。幣原の対米外交を唯米国人の機嫌をとるだけの外交と批判し、中国によって日本が屈辱を受けている状況を放置する弱腰対中外交が対日侮蔑感を助長していると非難し、満蒙問題については、我が国の生命線であり、存亡に関わる満蒙が幣原外交の無為無策傍観主義によって危殆に瀕していることを厳しく非難する。そして、このような状態が続けば、日本は満蒙から引き揚げるか、満蒙で餓死するかどちらかしかないと声を張り上げている。更には、日本政府が、「支那共和国」を「中華民国」との呼称に改めたこと（1930年10月31日の閣議決定）にすら中国への阿りとして文句をつけている。

興味深いのは、松岡が、幣原そして外務省の伝統外交を、国民を無視した官僚外交・秘密外交と批判し、公開外交・国民外交を主張している点である。外務省外交が、満蒙問題に対する国民の意識向上を阻害しているとの批判である。その背景には、国民世論は、幣原外相の「軟弱外交」ではなく松岡の「主張する外交」を支持しているとの自信がある。

松岡の基本的信念は、満蒙は日本の生命線であり、国防上及び経済上日本にとっての必須条件であるというものであった。対ソ防備、資源供給といった国防上の問題解決や、我が国の過剰人口、食糧難、工業発展、市場確保、文化興隆といった経済・社会諸問題の解決を図る際に、満蒙が果たす役割は日本にとって死活的重要性を持ち、また、満蒙問題は東亜全局を左右する鍵であるというものであった。そして、漢民族にとっても満蒙は新たな場所であり、日本人が国を賭けて血を流してロシアから勝ち取った満蒙の権益からすれば、日本は中国以上にこの地域についての発言権を持つべきものであると論じている。満蒙からの退却は即ち大和民族の生存権放棄と同義語であるとさえ述べている。

幣原外交についても厳しく批判し、自らの外交政策と明確に一線を画している。松岡によれば、中国は、日本が積極的に動くと見ればこれを防がんとし、消極的と見ればこれを駆逐しようとする。前者が田中内閣時代であり、後者が濱口内閣時代であり、前者は「反感と恐怖」、後者は「反感と侮蔑」であるとし、松岡は、もし、日中関係がいずれかの二者択一を迫られるのであれば、日本人として前者を選ぶと断言している。そして、後者の外交、即ち幣原外交が、中国における排日の空気を更に助長してしまったことを非難する。

再選された松岡は、1932年初頭に起きた第一次上海事変の停戦交渉に際して、現地で重光葵公使を補佐した。重光は、その著書「昭和の動乱」の中で、松岡が果たした役割を次のように肯定的に述べているのは興味深い。松岡は当時政友会の代議士となっていたが、時の犬養毅首相及び芳澤謙吉外相の個人代表として上海に派遣され、重光の補佐もしており、重光に対して全幅の理解と援助を惜しまなかったという。停戦につき白川陸軍大将の了承を取り付けるために重光に同行して一緒に会いにも行った。重光は、停戦協定の成立は、一つは野村海軍司令官の終始理解ある支持があったお蔭であり、もう一つは、松岡の支援に負うところが大きかったと松岡の貢献を特に記している。

同年10月に、松岡はジュネーブの国際連盟本部に首席全権として派遣された。当時外務次官であった有田八郎によれば、松岡は理路整然として人を魅了するが、時間がたつと全く反対のことを言いかねず信頼出来ない面もあるので反対論もあったが、結局彼に白羽の矢が立ったという。12月8日には、「連盟は日本を十字架にかけようとしている」と原稿なしの計1時間20分に及ぶ大演説を行った。そして、翌年2月24日の連盟総会でのリットン報告書の採決では、反対は日本のみ、賛成42、棄権はタイ1ヶ国で可決する。松岡は自ら発言を終えると、閉会が宣言される前に退場を始め、他の日本代表団も後に続く。日本政府としては連盟脱退ということまで考えていた訳ではなかったが、会議に出席している軍人や強硬論者の影響を受けてか、本国政府への請訓も行わず、松岡は脱退を宣言して退席してしまった。

帰国の途次、かつての留学先米国ポートランドに立ち寄り、お世話になったベバリッジ夫人の墓碑を建て、現地紙に大きく取り扱われる美談もあった。帰国時はさながら、凱旋将軍のようであったという。

1935年、松岡は満鉄に今度は総裁として戻って来る。当時、満州の「二キ三スケ」という表現があった。東条英機（関東軍参謀長。のち首相）、星野直樹（満州国総務長官）、岸信介（満州国産業部次長、総務庁次長。のち首相）、鮎川義介（満州重工業総裁）、松岡洋右の満州に影響力を持つ五人の大陸主義者であった。松岡が外相をしていた時の秘書官であった加瀬俊一によれば、この中でも、最も満州に対する意識が強かったのが松岡であった。彼は、日本の満州支配の基礎を確立した小村寿太郎と後藤新平を深く尊敬し、松岡が彼らを語る際には、しばしば眼が無限の憧憬に輝いていたという。

そして、1940年、第二次近衛内閣が発足すると、松岡は遂に外務大臣に就任する。彼は、先ず、自らの外交を推進するための人心一新を行う。在外勤務の大使をはじめ約40名に帰朝命令を出したのである。重光葵によれば、松岡は、軍部の有する国際情報に多く依存したため、出先外交機関をそれ程重視しなかったという。そして、ドイツの勝利を信じ、そのことに一切を賭けて、「大東亜共栄圏」の建設を目指した。松岡は、日独伊三国軍事同盟締結交渉に事務レベルを関与させず、来日したスターマー独特使と極秘裏に交渉を重ねてまとめ、1940年9月27日調印に至った。

ジャーナリストの松本重治によれば、この時彼は松岡から駐米大使のオファーを受けた。もともとは近衛首相の意向であったらしいが、松本は同盟通信の恩人であった岩永裕吉社長が亡くなる際に、後は引き受けると伝えたことを思い出し、この誘いを断る。松本によれば、松岡は、日米交渉を自分でやるために外務大臣になりたかったようである。松本の見方では、松岡の外交政策の構想は雄大ではあったが、米国民の全体主義に対する反感を過小評価したことが一大欠点であった。

重光葵は、先程も紹介した通り松岡のことを必ずしも否定的に見ていない。彼は、戦後著した「昭和の動乱」の中で、松岡を評して、米国仕込みの思想は決して極端に右でも左でもなく、日本的愛国主義であって、満州問題については強硬意見を示したが中国問題については自由主義的穏健政策の持ち主であったことは、第一次上海事変の際の停戦交渉成立を援助して活動したことからも明らかであると述べている。外相就任後は、中国との関係で無賠償、無併合及び主権尊重の政策を公表したくらいであると付加している。重光は、むしろ、近衛と松岡の連携によって、軍部を抑え日本を正道に引き戻すことを一時は密かに期待した。しかしながら、松岡は功を急ぎすぎ、そのためにむしろ軍部の先頭を走り、軍部を駆使する形にもなり逆に浮いてしまったという。

有田八郎も松岡を称して、雄弁で筋の通った意見を述べる人物であったが、惜しむらくは時に大いに脱線することであり、三国軍事同盟を締結した時等は、自分のやった交渉の快速振りを自画自賛していたという。

松岡は外相就任後の記者会見で、日本外交の基本方針として日満支を一環とする大東亜共栄圏の確立を目指すことを述べた。「満蒙は日本の生命線」にしろ、「大東亜共栄圏」にしろ、松岡の作った表現であり発想であった。そして、このことは日独伊三国軍事同盟を締結することにより、米国の東アジアに対する影響力に対抗し、東亜新秩序を目指すことにつながる。そして、この構想の実現のために、ソ連を取り込むことを考え、後に日ソ中立条約として結実する。そこには、冒頭にも述べた通り、日本の毅然とした対応のみが米国を妥協させるという松岡の個人的体験に根ざした強い信念があった。

松岡は重慶国民政府との直接和平工作にも乗り出した。1940年3月には汪兆銘が南京に国民政府の遷都を宣言し、汪兆銘工作が進んでいる時であった。一般常識からすれば、汪兆銘政府が正式に承認されれば、蔣介石の重慶政府との和平交渉は当然打ち切られるものと見られていたところ、日独伊三国軍事同盟が締結された機会に、松岡外相は、やはり蔣介石の重慶政府との和平交渉が重要であると判断してその開始を決意した。

そこで、田尻愛義参事官と船津辰一郎を香港に派遣し、同地で重慶政府の銭永銘（神戸高商に学んだ浙江財閥で国民党に影響力のある実業家・政治家）と交渉させることとした。松岡は、自分の手で、重慶との和平工作が可能であれば是非やりたいとの考えから、香港での交渉を船津らに指示した。10月の四相会議で、従来、軍民各方面で行っていた重慶工作（桐工作）を一切中止し、外務省1本で行う、その和平条件は、汪兆銘政府との間に成立しようとしている内容に準拠することを決定した。

松岡は三国軍事同盟を日中戦争の早期解決に利用出来ると判断したようである。しかしながら、今井武夫の回想録によれば、松岡は国内的な施策を何ら行うことなく、突然重慶側に提案して一挙に解決を図るといった気負った態度が見られ、最初から失敗が想定される工作であった。そもそも今井が直接関係し、同年9月に打ち切られた桐工作とこの銭永銘工作とは仲介者は異なるものの、同じ重慶政府を相手としており、前者の打ち切り後わずか数週間で後者を取り上げること自体、矛盾に満ちた日本政府・軍部内の調整のなさを露呈するものであった。

案の定、本件工作は11月末に断念され、30日に至り日本政府は汪兆銘南京政府を正式に承認することとなる。

加瀬俊一によれば、松岡は神がかった精神家であったが、気迫も鋭かったという。軍部の外交関与を嫌い、陸軍省で権勢を誇っていた武藤章軍務局長を、加瀬の面前で「属僚は黙っておれ！」と一喝したこともある。「鋼鉄の決意」が秘訣だと松岡は自ら述べていたらしいが、それが自信過剰となり、災いした。雄弁家であるが、自らの弁舌に酔う癖があった。

1941年3月～4月にかけてモスクワ、ベルリン、ローマ、そして再びモスクワを訪問し、ヒトラー、ムッソリーニ、スターリンに熱烈に迎えられたのが松岡の人生のハイライトであったかもしれない。しかし、独ソ不可侵条約を破棄してドイツは6月22日にソ連に侵攻、彼のシナリオは早くも崩れる。松岡は、これまでの南進論から北進論を突然唱えるようになり、近衛内閣から排除される。

その後、日本は12月8日に日米開戦という運命の日を迎えるのである。外務省で松岡の6期下であるが同年生まれで、松岡とともに満鉄に転じ、7年間彼の下で働き、松岡が第二次近衛内閣の外相に就任した際には請われて外務省顧問となって松岡の相談役となった斎藤良衛は、その著書「欺かれた歴史」の中で松岡のことを次のように紹介している。

1941年12月8日、真珠湾攻撃を伝えるニュースを聞いた斎藤は松岡の千駄ヶ谷の私邸に駆けつけると、病にやつれた眼に涙をためて「三国同盟の締結は僕一生の不覚だったことを、今更ながら痛感する。……三国同盟はアメリカの参戦防止によって、世界戦争の再起を予防し、世界の平和を回復し、国家を泰山の安きに置くことを目的としたのだが、事ことごとく志と違い……死んでも死にきれない」と述べたという。彼の主観的な外交方針の根幹は、あくまで戦争の防止であった。

加瀬が紹介した武藤軍務局長一喝事件を斎藤も現場で目撃している。また、北京での若手外交官の頃には、軍人がともすれば武力で中国を威嚇しようとするのを憤り、武力解決は外交の否認であるとして、駐在武官に食ってかかる一面もあったらしい。

斎藤によれば、松岡の外交は理知の勝ったきびきびしたものであったが、同時に粗漏さも伴った。松岡の聡明さは同時に彼の欠点を伴っていた。極端な自信家であり、議論では誰にも負けない自負があり、虚栄心が強く、人の成果を自分の手柄にする癖があり、人の意見を聞かなかった。

外務大臣としての松岡は、外務省内で評判が悪く外務省内の不和は相当なものであったという。第1に、一方的に雄弁でまくし立て相手に話す機会を与えないやり方は、相手に欲求不満と不快感を与えた。第2に、歯に衣着せず外交官の無能振りを批判していた。第3に、松岡旋風と言われる大公使を含めた大幅な省内人事刷新を行った。第4に、過度な秘密保持とセクショナリズムが深刻であった。

松岡は外交官生活、そして、その後の満鉄や政治家、外務大臣としての仕事のうちの多くを現地での勤務を含めて中国との関わりの中で過ごして来た。満州問題についても豊富な知識・経験と独自の強い問題意識を有していた。そして、満州を除いた中国との関係ではむしろ穏健な側面もあった。しかしながら、筆者が彼の足跡を辿る際に引っかかっていたことがある。それは、松岡が、大きな国家戦略や構想を打ち上げる中で、そこに日々暮らしている生身の中国人に対する心の通った思いや彼らとの交流の跡がほとんど見えて来ないことである。松岡にとり、満蒙を含めた中国という存在は、日本の国家戦略を進める上での手段であり、生命線としてその生存を維持強化するための場所であったが、それ以上でも以下でもなかったのかもしれない。そして、その中で虚栄心の強く、人の意見を重視しない性格の松岡にとり、中国人の存在は眼中になかったのかも知れない。

佐分利貞男

佐分利貞男（１８７９—１９２９）は、広島に生まれる。佐分利家は備後福山藩士の家柄であった。残念ながら筆者が福山に育った10代に彼の名前を耳にしたことはない。東京帝大法科を卒業し、１９０５年、第14回外交官試験に合格する。同期は5名であった。中国、ロシア、フランス等に在勤し、外務本省では通商局長、条約局長を歴任。１９２９年、幣原外相の要請により、内定していた駐ソ大使赴任を取りやめ、駐中国公使に就任する。田中義一内閣時代に悪化した日中関係の立て直しを幣原外相の下で期待された上での任命であった。しかしながら、中国赴任後まもなく、同年11月の打ち合わせのための一時帰国中、箱根富士屋ホテルの客室で謎の死を遂げる。

佐分利自身は、このような死に方の結果、回顧録等を残していないので、研究者や関係者の思い出話等を手掛かりに、彼の人となりや対中外交の基本的な考え方を見てみたい。

先ず、樋口正士「藪のかなた　駐華公使・佐分利貞男変死事件」を参考に、佐分利の人となりを振り返ってみたい。

佐分利は、幣原外交の懐刀であった。旧制一高時代から、ボート部の花形選手であり、文武両道に秀でていた。1905年の外交官試験では、首席で合格している。

外務省では、頭の良さと運動能力に加え、英語力と国士観を兼ね備え、外務省の将来を嘱望されていた。そのようなこともあったのか、小村寿太郎外相の目に留まり、独り娘文子と結婚する。

外交官補として、ロシア、フランスに勤務、第一次大戦後のパリ講和会議では、幣原次官の人選により全権随員の一人として参加している。また、1921~1922年のワシントン会議では、幣原駐米大使の下で一等書記官、後に参事官として仕え、幣原を支えた。更に、1924年に幣原が外相に就任すると、今度は、通商局長、条約局長として、幣原と共に国際協調外交を展開する。

幣原外交の本質は、ワシントン会議の精神を基調とする欧米との協調外交であった。中国問題については、内政不干渉、経済面での共存共栄、中国への寛容と同情、合理的権益の擁護を原則とした。

1925~1926年に、ワシントン会議を受けて北京で開催された関税特別会議では、幣原外相の下、佐分利は公使館で日本全権団事務総長、即ち実質的な交渉責任者として、列強に先駆けて会議の冒頭、中国の関税自主権の要望を認める発言を行い、中国側の高い評価を得る等幣原外交を積極的に推進した。時おりしも、1925年の5・30事件を契機に高まった中国国内の民族主義運動の波の中で開かれた主権回復の一環の会議であった。

しかしながら、残念なことにこの会議は、段祺瑞政権が崩壊して中国が無政府状態の混乱に陥る状況の中で中断を余儀なくされる。なお、この時の悲しい出来事は、妻文子が北京滞在中の１９２６年5月、猩紅熱のような風土病に感染して不帰の客となったことである。40歳にも満たなかった。

佐分利は、翌年、佐分利家菩提寺である駒込吉祥寺で得度する。同年から、在英国大使館参事官としてロンドンに赴任していた佐分利は、１９２９年、田中義一内閣が倒れ、濱口雄幸内閣が成立すると、再び外相に任命された幣原の要請に応え、既にソ連大使のアグレマンまでソ連政府から受けていたにも拘わらず、急遽、中国公使に任命される。

新聞評は、この人事を好意的に報じた。曰く、佐分利は、冷静であり、愛嬌があり、敏速である。曰く、有名な仕事好きで、頭脳は鋭く、冷静な理知の冴えがあり、長年の会議外交で鍛えた如才なさが加わり、典型的に訓練された外交官である等。蒋介石も、大いに歓迎したという。

佐分利は、同年9月、東京を立ち、赴任のため上海に向かう。赴任の途次、国内の列車内で、彼は以下のような談話を記者に話している。「日中外交の使命は、両国の親善と両国民の共存共栄の他に何ものもない。私は、これをただ口で言うばかりでなく、実際に最善の努力をもって具体化に努めたいと思う。」

事件は11月29日に起きる。信任状捧呈を南京国民政府に対して無事行い、2ヶ月弱の中国での活動の後、11月20日に一時帰朝した。幣原と今後の条約改定を含めた対中外交の進め方につき打ち合わせを行い、再び中国に帰任する日を目前に控えていた時期の突然の死であった。そして、この死は自殺と認定されたが、幣原外交が軍部強硬派や右翼に軟弱外交と非難攻撃されていたこともあり、様々な憶測を生むこととなる。

幣原は、その回顧録「外交五十年」の中で、佐分利の自殺には納得していないことを記している。幣原によると、１９２９年11月、打ち合わせのために一時帰国し、2、3日続けて幣原と会見する。話がまとまり、佐分利は、「非常に愉快だ。これで中国に帰任します。しかし今日は1日舟を漕いで遊んで来ます」と幣原に言い残した。彼はかつてスカールのチャンピオンであった。帝国ホテルに宿泊していた佐分利は、逗子に行きスカールを漕ぎ、それから何かの理由で箱根富士屋ホテルに宿泊した。そして、その晩、不慮の死を遂げるのである。

幣原によれば、彼は右手にピストルを所持していたが、弾は左のこめかみから右に抜けている（注：後の検死結果によれば右から弾が撃たれたと判断されたが、佐分利は左利きであった）。また、彼は普段護身用に拳銃を持っていたが、使われたピストルは別の物で、彼の拳銃は鞄の中にあった。更に、前述の通り、幣原との相談はきれいに片付き、非常に喜んで遊びに出かけたのに、彼が自殺しなければならない理由は、幣原はもちろん、同僚知己、みな想像すらできないと疑問を投げかけている。

他方で、芳澤謙吉（前中国公使）の思い出によれば、佐分利の死の直前の11月24日に、芳澤が上海出張に向かうべく東京駅を出発した際に、佐分利が見送りにやって来たが、ひどく沈んでいたので、中国勤務の辛さを身にしみて経験した芳澤は、佐分利を心から慰めたという。軍との関係の難しさにも責任と失望を感じていた可能性もあり、また、中国は、夫人が亡くなった地であることも精神的な影響を与えた可能性がないとは言えないと自殺説を理解する感想を述べている。

当時上海総領事であった重光葵の「外交回想録」によれば、佐分利貞男についての記述は次の通りである。佐分利は、在英大使館参事官から、駐ソ大使内定を受け帰朝したが、幣原外相の下で、佐分利はむしろ中国公使として適任ということで吉田次官の委嘱を受け、重光が本人を説得することとなった。佐分利からは、自分は、大使、公使という地位にはこだわらない、重大なところに役立つのであれば喜んで御奉公したい、むしろ希望するところであるとの反応があり、1929年8月28日に正式に中国公使として発令を受けることとなった。

かくして、中国の不平等条約改定交渉をなしとげるべく、佐分利は10月4日、上海に着任する。そして、7日、南京の国民政府に信任状を捧呈する。佐分利は、蔣介石主席の友人と見られており、中国側からもこの人事は大いに歓迎された。対日空気は改善され、排日も下火になりつつあった。

そうこうするうちに、佐分利は、華北出張の後、打ち合わせのため11月20日東京に戻った。そして、29日、滞在先の箱根富士屋ホテルの一室でピストル「自殺」を遂げる。

佐分利は、自分の力で日中関係を打開したいと考えており、積極的に中国公使の提案を受け入れた。夫人を無くし、1年程孤独な生活を過ごしていた彼ではあるが、当時、佐分利が心身共に健全な人であったことは疑うことができない。また、幣原外相には特に非常な信頼を得ていた。この死は、外務省を非常に驚かせ、原因についてはいろいろな憶測がなされ、他殺説も根強かった。その上で重光は、警察も自殺と断定しており、特に自殺説を疑う根拠もないように思ったと述懐している。

当時本省アジア局長であった有田八郎は、佐分利が一時帰国のため中国を出発するまでは非常に張り切っていたのが、帰国後は人が変わったようにすっかり消極的になり、妙だと思っていたこと、非常に慎重な反面、思い切ったこともやりかねない性格で、愛妻を亡くし、子供もなく、寂しい境涯にあった彼が自暴自棄的な発作から自殺を企てたとしてもあながち無理ではなく、始めから自殺であろうと推定していたと回想している。

石射猪太郎の「外交官の一生」によれば、彼は、当時、吉林総領事をしていた。中国公使に赴任してまもなく、佐分利は、満州視察のために奉天にやって来た。石射が吉林に着任して間もない１９２９年11月の中旬であった。その機会に、在満主要公館長が、管内事情報告のために奉天総領事館に招集された。その際、佐分利は、各総領事の報告に熱心に耳を傾け、要点を克明にノートに書き留める程の勉強振りであったという。

石射は、将棋の好敵手である堀内干城書記官が佐分利に同行して来たのを幸いに、二人は、報告会が終わるのを待ちきれずに部屋の片隅で一局始めると、佐分利は、「まだ報告会は終わっていない」と将棋の駒を掻き回す程のまじめさであった。

余談であるが、佐分利に同行し、張学良邸の午餐会に関係者も招待され、石射は、この時、初めて張学良に会っている。

報告会終了後、佐分利と別れ、石射は、大連経由で吉林に帰任してまもなく、本省からの電信で、佐分利の急逝を知ることとなる。わずか10日前に奉天で会った佐分利の死を実感できなかったと回想している。あの冷静で理知的な佐分利が自殺するのは、石射にとってほとんど信じがたかった。遺書もない。佐分利が、幣原外交の最も忠実な使徒と目されて、対中強硬論者の忌み嫌うところであったのは、想像に難くない、死因は、状況判断から自殺と認定されたが、石射には割り切れない謎として残り、暗然とした気持ちになったという。

石射の回想録にも出てくる堀内干城は、「中国の嵐の中で」の中で、佐分利の死について、簡単に触れている。堀内は、ロンドン勤務を終えて上海勤務を命じられ、ソ連大使内示を受けた佐分利在英国大使館参事官と共に帰国した。ところが、帰国後、まもなく1929年7月、田中義一内閣が総辞職し、濱口雄幸内閣の下で幣原が再び外相を務めることとなり、佐分利は、急遽中国公使に任命されることとなる。

南京国民政府は、佐分利の任命を歓迎し、直ちにアグレマンを付与、同年9月に佐分利は、南京に赴任、盛大な儀式の下に信任状を捧呈した。佐分利は、幣原と共に準備した治外法権撤廃の原案を胸に、国民政府朝野の要人と非公式に懇談を重ね、満州視察旅行に出かけ、中国の最新の現状を把握し、また、同時に、英米等主要国カウンターパートとも調整しつつ、信任状捧呈2ヶ月半後には、実行可能と判断した修正案を作成した。これを幣原に提出し、閣議を経て、公式の治外法権撤廃交渉を開始する段取りになっていた。その矢先の11月29日、打ち合わせのための一時帰国中に滞在していた箱根富士屋ホテルでの不慮の死である。

堀内は、その死因について、回想録では全く言及していないが、文面からは、自殺について疑問視しているニュアンスが窺える。

戦後、戸川幸夫が、佐分利の甥である佐分利一武と面談した際に、一武は、次の諸点を挙げ、自殺説に疑問を呈したという。第1に、左利きで何をするにも左手を使った佐分利が、右手でピストルを扱っていること。第2に、ホテルの浴衣に赤い細紐を締めた格好良くない姿で死んでいたこと。佐分利は、常日頃から外交官はどこで不慮の死を遂げるかもしれないので、下着を含めいつも身だしなみに留意していたという。第3に、使用されたピストルが、護身用にいつも所持していたコルトではなく（これは、東京の宿泊先帝国ホテルに残したトランクから後に発見された）、見たことのない新しいものであったこと。護身用ピストルを所持しているのに、なぜわざわざ新しいピストルを求める必要があったのか。第4に、事件翌日には町田農林大臣の午餐に招待され、出席通知を出していたこと。佐分利は、約束を破るような性格ではなかった。

一武によれば、佐分利の義理の兄であり、小村寿太郎の長男である小村欣一（外交官、貴族議院議員）も他殺を信じていた。一武は、幣原からも、今自殺するような困難な問題は、対中交渉に関する限りないとの口振りの説明を受けたが、東京帝大での解剖の結果、自殺と認定された後、一武は幣原から呼び出しを受ける。そして、幣原は一武に、今は対中問題が大切な時であり、他殺説を言い立てるといろいろな方面に影響が大きいから、この際、黙っていてくれと諭されたと述べている。後任公使の人選が困難になるとの懸念かと推察し、幣原の気持ちも分からないではなかったが、自殺説で事件が一段落したことには、一武は、最後まで納得しなかったという。

幣原は、自らの外交を推進する片腕を失った。佐分利が生きていれば、幣原外交の正統な後継者としてその後の対中外交に重要な役割を果たすことができたかもしれない。しかしながら、時代は外交官個人の能力では如何ともしがたい段階をやがて迎えつつあった。

佐分利の死を受けて、幣原は小幡酉吉を後任公使に指名するが、事件発生18日後には、王正廷南京国民政府外交部長がアグレマンの拒否を日本側に通告して来た。かつて、中国の任地で21ヶ条要求等対中強圧外交に携わって来たというのが理由であった。日本政府は、止むを得ず、翌年1月に重光葵上海総領事を臨時代理公使として任命し、1931年8月6日、重光は、正式に中国公使となる。

有田八郎

有田八郎（1884―1965）は、新潟県に生まれる。東京帝大法科を卒業し、1909年に第18回外交官領事官試験に合格し、外務省に入省する。同期は10名であった。入省と同時に奉天総領事館領事官補として赴任する。北京公使館一等書記官、天津総領事、本省アジア局長、オーストリア公使、外務次官、ベルギー大使等を務める。1936年2月26日に中国大使に任命されるも、2・26事件が発生し、広田弘毅内閣が発足した結果、広田の要請により急遽わずか1ヶ月の中国大使の後に、外務大臣となる。その後、第Ⅰ次近衛内閣（１９３８年）、平沼内閣（１９３９年）、米内内閣（１９４０年）の時代にも外相を務める。

有田は、戦後「馬鹿八と人はいう」という回想録を出版している。彼は、この本の出版目的をその20年前に日本が「気狂いじみた」事を起こした経緯を記録し反省材料とすることに求めている。この回想録及び関係者の描いた有田像等を参考に彼の対中外交を振り返ってみたい。

有田は、己の信念に忠実であった。日独伊三国軍事同盟締結反対、終戦のための上奏文起案、そして、更に付け加えれば戦後の平和運動や社会党入党もその一環であったのかもしれない。

佐渡で生まれ、養子に出された有田が東京での勉強を希望した際に、それを支援してくれたのは16歳違いの実兄山本悌二郎であった。当時勧業銀行に勤めており、有田は兄弟の中でこの兄と最も深く交わり、影響を受けた。後の外務省入省も兄の忠告により実現したとも言える。有田は実業家になって裕福になり親戚縁者を潤してやろうと考えたが、兄からそれには先ず役人となって社会的地位を築くのが手っ取り早い、見聞を広め世界の貿易経済を知るには外交官になるのが良いと勧められた。ちなみに、この兄は後に政治家に転身し、政友会代議士として田中義一内閣の農林大臣として入閣することになる。

早稲田中学、旧制一高を経て、１９０５年に東京帝大法科に入学する。１９０９年、外務省入省と同時に、有田は奉天総領事館に領事館補として赴任する。有田の仕事振りは真面目一方で、公私混同を極端に排除し、自己の職務を全うすることで評価してもらおうとする冷めたタイプであったという。

１９１６年、いくつかの在外公館勤務の後、7年目にして初めて本省に戻り政務局に籍を置く。そうこうしているうちに第一次世界大戦後のヴェルサイユ講和会議の日本代表団随員の末端に加えられ、現地に赴く。現地では、重光葵とブリストル・ホテルの部屋が一緒であった。その際、日本代表団が交渉の対象となるテーマについての知識や能力もなく、英語力も劣っていることに愕然とする。

これが、「外務省革新同志会」の結成につながり、有田はその中心人物の一人となって外務省の改革案を提案する。本省内や在外公館に改革案を送付するが、最初に同志として反応を寄せて来たのは当時ワシントンの大使館で一等書記官をしていた広田弘毅であった。改革案内容は、情報収集のための情報部設置等機構改革、語学研修、メリット・システムによる人材登用等であった。そして、これらは実際に外務省の人事制度に採用されていく。有田には、このように改革の情熱があって、芯が強く、反骨の一面があった。

有田は、1921年、ワシントンの日本大使館一等書記官として赴任する。ここではワシントン会議の随員にも加えられる。この時の経験が有田の対米観を形成するが、それを簡潔に言えば、米国の持つ底力と世論の多様さである。

この時にはまた、幣原喜重郎駐米大使の下で、彼の国際協調外交の洗礼を受ける。幣原は観念論ではなく利益の調整という観点から外交を捉えており、実際、その後の有田外交は、幣原の考え方や方法を取り入れている面もあるが、外務省では有田は幣原外交とは別の系譜として捉えられている。幣原は軍部と対立したが、有田は対立と協調の両面を持っていた。

1924年、有田は北京公使館一等書記官として転勤を命じられる。彼にとっては、奉天で外交官生活を開始して以来、11年振りの中国であった。有田自身、中国は最も自分の肌にあっていたと述懐している。幣原の対中協調外交は国際的には評価されていたものの、陸軍からは軟弱外交と批判され威圧されていた。有田は、幣原外交は日本外交の基軸として適正なものであることを北京で感じていた。

1年足らずで有田は天津総領事となる。そして、1927年、本省に戻りアジア局長に就任する。時あたかも、田中義一政友会内閣が成立し、田中は外相を兼任した。そして、森恪政務次官が実質的な外相の役割を担っていた。前述したように、この内閣には有田の実兄である山本悌二郎（政友会代議士）が農林大臣として入閣している。

森は、1927年の6月から7月にかけて5回に亘って開催された「東方会議」を実質的に主宰し、幣原外交に代わる積極外交を進めようとしていた。他方で、芳澤中国公使や外務省の中堅幹部は幣原外交の守護者であり、この結果、田中内閣の対中政策は両者の折衷的なものとなった。

有田によれば、田中首相は必ずしも森の対中政策に引きずられた訳でなく、外務省事務当局の意見もよく聞いていた。東方会議がまとめた「対中国政策綱領」は、幣原外交を大きく逸脱するものではなかったが、一つの相違点は、田中外交では、日本の権益や在留邦人の生命財産が危機に瀕した場合は、必要に応じて断固とした自衛措置を取るというものであった。

有田は、田中首相のことを必ずしも対中強硬論で固まった人物とは見ていなかった。有田がアジア局長を務めた期間は、東方会議が終わった直後の9月からで、正に田中積極外交の時代であった。有田は、この期間を幣原外交から逸れたものではないとの認識の下で実務責任者として携わった。田中自身、対中問題、特に満州問題を解決する責務を感じており、軍部を抑えることの出来る者は自分以外にないという自負心を持っていた。外相を自ら兼任した背景にも対中外交への自信があった。田中の基本方針は、満州は張作霖を懐柔して日本の権益保護と伸長を図り、関内の中国は蒋介石による統一の下で日本の権益を守ろうとするものであった。アジア局長を務めた有田のこの期間の評価は簡単ではない。

1928年の山東出兵に際しては、「独走する陸軍、激励する政友会、傍観する民政党の中で、有効な政策を打ち出せない外務省」という構図であった。有田は、後に、この時期の外務省の努力不足を日本の対中政策の誤謬の一つであったと反省している。外務官僚としての有田は陸軍を前に有効な対応策を打てなかった。結果として、有田は田中積極外交に加担したと評価されてもやむを得ない側面があるのではないか。

張作霖爆殺事件の処理を巡って昭和天皇の不興を買い、1929年7月、田中内閣は倒れた。有田は田中の意向も受け、日本の国際的信用の観点からも黒白を軍法会議にかけて明らかにすべきであるとの考え方を資料にまとめて閣議のために田中に準備したが、陸軍や政友会の強い反対に遭い、軍法会議は結局開かれなかった。有田は、この処理は、その後の陸軍の軍規の弛緩と下克上に拍車をかけ、目的のために手段を選ばない風潮を軍人に与え、陸軍の政治力を強めることとなったとして、その処理の不適切さを強く指摘している。

後任として濱口雄幸内閣が成立する。再び幣原が外相となり第二次幣原外交がスタートする。民政党寄りの幣原は、政友会有力者を実兄に持つ有田の存在を疎ましく思っていた点はあるようである。有田自身は、幣原に敬意を表しつつも一定の距離を置いていた。あまり人の悪口を言わない有田が、戦後、幣原の取り澄ましたエリート意識を不快に思っていたことを告白したことがある。

佐分利貞男駐中国公使怪死事件（1929年11月）もあり、アジア局長であった有田はその処理に悩まされた。

有田は、1930年5月、結局オーストリア公使として赴任する。1931年12月に犬養毅内閣が誕生すると、犬養の娘婿である芳澤謙吉が外相となり、翌年4月、彼から有田に帰朝要請がある。当時、外務省内は、谷正之アジア局長をはじめ本流の英米協調派と陸軍に呼応する白鳥敏夫情報部長を頂点とする革新派が対立しており、有田に調整役になってほしいということであった。有田は外務次官となるが、肝心の犬養内閣は、首相が5・15事件の標的となって暗殺され瓦解する。

有田は、白鳥が政友会森恪らと連携を強め、陸軍の威を借りて外務省の組織の枠を壊そうとすることに批判的であった。そこで、白鳥を海外の公使に任命することで東京から追いやろうと図ったが、斎藤実内閣の内田康哉外相は、喧嘩両成敗として有田を駐英大使に、白鳥も谷も大使で転出させることで事態を収拾することを伝えた。有田が、責任をとって辞職することを内田に伝えると、内田も辞めると言い出し、結局有田だけが辞めることで決着した。広田弘毅外相になり、有田はベルギー大使となり、1933年8月に赴任する。

1935年11月、有田は広田から中国大使に転ずるように命令を受ける。日中国交調整を有田によって図ろうとした。当時、重光葵と共に有田は外務省内の対中政策にかけて第一人者であった。赴任直前に大阪で開かれた午餐会で、大手紡績会社社長から殷汝耕の冀東防共自治政府成立以来、日本製品を同地区に入れればほとんど無税で他地域に流通するので、もう国交調整等は不要であるという趣旨のことを言われ、有名な実業家ですらこのような考え方を持っているようでは前途多難であると暗澹たる気分で有田は日本を後にした。

彼が、翌年2月下旬、神戸から定期船で出発し、上海に到着しようとする日の朝9時に、2・26事件のニュースが船上に飛び込む。上海に5日程度滞在し、信任状捧呈のために軍艦で南京に向かった。しかし、着任して2週間も経たないうちに、2・26事件後の後継内閣で首班指名を受ける広田弘毅内閣の外相として就任要請が届く。有田は、日中国交調整のために中国に赴任した以上、就任早々に帰国するのは本意ではないと一旦は断ったが、広田の要請は強く最終的に引き受けることとなった。

有田外相に対するマスコミの評判は悪くなかった。反軍ではないが親軍でもない立場に好感が持たれた。「中央公論」5月号は、有田を「多辺の角度と広い視野から一方的に偏せず大局を達観し得る強みを持っている」と評価していた。

同年9月末、有田は外国人記者団を招いて蒋介石国民政府に排日政策の停止を求め、「今、日中関係は、非常に良くなるか非常に悪くなるかのどちらかであり、曖昧を許されない。中国が万難を排して日本と握手することを切望する」と強硬な声明を出した。この会見には、加瀬俊一が通訳官として同席していたが、彼は、一問一答が異常な熱気を帯びていたと思い出を語っている。川越茂大使の健闘もあり日中の国交調整の交渉は相当進捗したが、綏遠事件のために努力は挫折してしまった。翌年7月に盧溝橋事件が発生したことを考えると、有田の情勢分析は正しかったと加瀬は振り返っている。

外相として、有田はまた日独防共協定締結（1936年11月）に取り組んだ。これは後に至るまで有田の負い目となった。これは、外務省もよく知らないまま陸軍がドイツ側と前年から話し合いを進めていたもので、その後、外務省から陸軍に対し、英国側に不必要な不安を抱かしめぬよう英国とも話し合いを開始すること、ソ連を過度に刺激しないこと等注文をつけた。協定については各方面から不評であったが、有田は以上のような配慮を外務省から要請し、結果として英国との交渉は不調に終わり日独防共協定しか成立しなかったが、間違った政策ではなかったと回顧している。

広田内閣は短命に終わり、翌年6月に第一次近衛内閣が成立、広田が外務大臣となり有田は退く。その1ヶ月後に盧溝橋事件が発生する。その後、有田は近衛内閣、平沼内閣、米内内閣で外相を務めることとなる。通算すると2年余りの短期間であるが、昭和10年代前半の日本が外交の岐路に立たされていた重大な時期に断続的に外相を務めたこととなる。

外相任期中、有田は日独伊三国軍事同盟締結に平沼騏一郎内閣や米内光政内閣の下で強く反対する。

有田は陸軍に対してと同時に、訓令を無視して陸軍に呼応して出先で独断専行する大島駐独大使、白鳥駐伊大使の態度にも憤慨し不信は極度に極まっていた。同盟締結の議論は、1939年8月の独ソ不可侵条約の電撃的な発表により一旦流れる。しかしながら、1940年9月、第二次近衛内閣の松岡洋右外相の時代に実現することとなる。それまでは外務省と共に反対に回っていた海軍も「腹の中では反対である。軍事上の観点からみれば米国を向こうに回して戦う確信はない。しかし、海軍がこれ以上反対することは国内政治情勢が許さない」（豊田貞次郎海軍次官）として賛成に回る。

その直前の7月17日付の朝日新聞は、「米内・有田外交の清算」と題して「米内・有田両相の過去の経歴及び性格をもってしては、外交の飛躍的発展を期待することは最早不可能とみられるに至り、現内閣の性格は今、軍部方面の意向と本質的に相容れない様相を露呈するに至った」と報じている。

有田は、1940年1月に成立した米内内閣で4度目の外相を務めた際、「東亜新秩序建設」を強調する。有田は、日満支経済ブロックの必要性を痛感し、このためには9ヶ国条約の門戸開放、機会均等を無条件に認めることは適当でないと結論付けた。彼の東亜新秩序の考えの根底には、クーデンホーフ・カレルギーの汎ヨーロッパ運動があった。カレルギーの父親はオーストリア人貴族、母親は光子という名前の日本女性であった。後に香水の名前にもなっている。有田は、カレルギーに極東を訪問し自らその思想を日中両国民に説くことを懇請したが、叶わなかった。

有田は、一方で英米との国交調整を重視し、他方で東アジアの新秩序を積極的に構築することを目指したが、この二つはもともと矛盾を孕むものであった。当然ながら、日本の独断による東亜新秩序を米国が認めることはなかった。

1941年12月8日、帝国海軍の真珠湾奇襲攻撃により太平洋戦争は開始された。この日、有田は米内光政邸に出かけた。20名近い米内内閣時代の閣僚や秘書官たちが参集して来た。その時の関係者の一致した意見は、「日本に勝算はない。我が国は3年ともたないだろう。1日も早く終戦に持ち込む必要がある」というものであった。そして、緒戦はともかくとして、その後の日米戦は有田たちの予想通りの展開となる。

有田は、1945年7月9日付で「大東亜戦争終結に関する上奏文」を書いている。そこには、戦争の趨勢を冷静かつ大局的に判断して適時適切な戦争指導を行う必要があり、現下の情勢は悲観的であり外交工作も望めない、本土決戦になれば万事休すであり、徒らに必勝不滅を高唱することは皇国を滅亡に導かざるを得ず、ここは忍び難きを忍び臥薪嘗胆を期して一時後退するの已むなきに至っている、という有田の心中を十分に吐露している文章である。木戸幸一内大臣に届けられたが、昭和天皇が読んだ記録はない。

戦後、有田は公職追放解除後の1953年に衆議院議員選挙新潟1区に立候補し、最高得票で当選するが、翌々年の選挙では再選を果たせなかった、その年の東京都知事選に革新系候補として挑戦するが惜敗し、4年後の都知事選に再度立候補するも再び破れる。

1960年に三島由紀夫が月刊誌「中央公論」に連載した小説「宴のあと」は、有田と再婚相手の妻で高級料亭の女将であった畔上輝井をモデルにした作品である。1961年、有田はこの小説をプライバシー侵害であるとして訴え、表現の自由とプライバシーの関係が日本の法廷で初めて争われた事件として有名となった（いわゆる「宴のあと」事件）。筆者が大学法学部の学生時代は、むしろ有田の名前はこちらの方で有名であった。

1957年8月、有田は留守家族団体全国協議会会長として張奚若中国外交学会会長の招きで訪中した。中国大陸での日本人消息不明者の調査が目的であった。岸信介政権時代である。戦前の有田の外務省生活は、奉天総領事館領事官補に始まり駐中国大使に至る現地中国での勤務、そしてアジア局長、外務次官、外務大臣といった本省幹部時代を含め対中外交がその核心であった。

その意味では戦後の日中国交正常化が実現する15年も前のこの時期における中国大陸訪問は、彼にとり万感胸に迫る思いであったに違いない。戦前、有田が相手にしていたのは主に国民党政府であったが、この時には大陸の主人公は共産党政権に変わっていた。周恩来総理とも北京中南海西花庁で会見している。会見後に周恩来と並んで写った写真が残っている。写真の中の有田の眼差しの向こうに彼は一体何を見ているのであろうか。

重光葵

重光葵（1887―1957）は、大分県に生まれる。旧制五高、東京帝大法学部を卒業し、1911年、第20回外交官試験合格の後、外務省に入省する。同期は8名であった。1929年に総領事、1930年には在中華民国公使として上海に勤務するが、1932年1月に発生した第一次上海事変の停戦交渉を欧米各国との協力の下でまとめた上で迎えた4月29日、新公園（虹口公園。現在の魯迅公園）での天長節祝賀式典において、朝鮮人活動家尹奉吉の投じた爆弾の被害に遭い、右足を切断する重傷を負う。その後、外務次官、駐ソ公使、駐英大使を歴任し、東条内閣及び小磯内閣で外務大臣を務める。

戦後、東久邇宮内閣の外相となった重光は、1945年9月2日、ミズーリ号艦上にて政府代表として、統帥側の代表である梅津美治郎陸軍参謀総長と共に降伏文書に調印する役回りを果たす。A級戦犯として禁固7年の刑を受け（後に減刑）、主権回復後は、鳩山内閣の副首相兼外相として戦後も活躍する。1956年、日本が国連に加盟した際は、外相として加盟受諾演説をニューヨークで行う。翌年1957年、狭心症の発作により急逝する。享年69歳。

重光には、思索的傾向があり、「昭和の動乱」、「外交回想録」を始めとして数多くの著作を残している。これらを元に、彼の足跡を追ってみたい。

重光の父親は、大分の漢学者であった。これから日本は世界に飛躍しなければならず、大いに英語を勉強しろと重光に度々語っていたという。後に外交官試験に合格して外務省に入り、在外勤務に就くが、第一次世界大戦後のパリ講和会議の代表団の一員としてパリで勤務していた際に、慈愛深い母親の死に接して帰国することも出来ずホテルで泣き明かした。それから後、北京勤務の際に父親も逝く。交通の便の悪かった時代ではあるが、外交官として働く者は、国を出る時が即ち親兄弟との別離という覚悟で海外に赴いたのである。

1911年、外交官試験に合格し、入省後は政務局第2課に配属され、欧米に関する政務を担当する。見習い期間数ヶ月の後に、1912年4月、ベルリンに外交官補として赴任する。ちなみに、その途次、初めて上海に立ち寄る。有吉明総領事の時代である。その時は、南新吾商務官の歓待を受けたと記している。

文部省留学生数名と共にマルセイユで船を下り、列車に乗り換えてフランスからドイツ国境を越えた際、ドイツ語に自信のある一行の一人が、ドイツ人の車掌に列車が何時にベルリンに到着するのかドイツ語で質問したところ、車掌は、自分はフランス語はわからないと答えて去ってしまったという面白いエピソードを紹介している。

１９１４年、第一次世界大戦が始まり、日本が日英同盟のよしみでドイツに宣戦すると、重光らはベルリンを引き揚げ、彼はベルギー勤務の発令を受ける。当時、ベルギーは既にドイツの侵入を受け、ベルギー政府は、ブリュッセルからアントワープに移っていた。オランダのハーグ経由で何とか赴任しようと試みるも、在ベルギー日本公使館からも、かえって足手まといになるので重光の赴任を中止するよう要請があり、結局、ロンドンに転勤することとなる。

当時、在英日本大使館の取り扱った大きな課題が２つあった。１つは、中国の参戦問題である。中国は、連合国側として参戦することにより、戦勝後、日本に奪われた山東のドイツ権益を回収したいとの思惑があった。中国問題を複雑化しないため、日本大使館の井上大使は、英国外相に働きかけて中国参戦を押しとどめようと努力し、当初は成功を収めたが、大戦が長期化する中で、むしろ中国の参戦を慫慂する方針に変更し、結局、中国は参戦することとなる。このことにより、中国問題の収拾がより複雑となった。後に、講和会議で山東問題を巡る日中間の衝突を生じ、結局、出先の中国全権はヴェルサイユ講和条約の調印を拒否する。そして、５・４運動や将来の日中衝突の原因を作ることになる。

少し横道にそれるが、筆者は、２０１０年から3年に亘ってベルギーで勤務した。その際、第一次世界大戦開戦１００周年が近づく中で、中国の参戦にかかる歴史に興味を持ち、現地で縁の地を訪問したり、関連の書物を読んだことがある。

欧米列強に蚕食された清朝が１９１１年、辛亥革命によって最終的に倒され、長い王朝の歴史に幕を閉じ、翌年、共和制国家である中華民国が成立してわずか数年のまだ十分な国家運営の出来ていないこの時期に、中国は、第一次大戦に参戦して一体どういう戦いをしたのか。

実は、中国は軍隊によって通常の意味において戦争をした訳ではない。14万人にも上る中国人労働者を欧州に派遣し、労働力不足を補ったのである。筆者がベルギーに滞在していた頃から、この歴史を掘り起こす歴史家の作業が本格化していた。例えば、シュ・グオチ（XU Guoqi：徐国琦）香港大学歴史学教授は、「西部戦線の新参者：第一次世界大戦における中国人労働者」（〝STRANGERS ON THE WESTERN FRONT：CHINESE WORKERS IN THE GREAT WAR〟（Cambridge：Harvard University Press, 2011））という３４０頁に亘る著書を出版し、この間の経緯を調べている。同書に沿って中国人労働者派遣の歴史概要を述べると大凡次の通りである。

１９１６年頃から、英国及びフランス政府との契約に基づき、それぞれ9万5千名及び4万4千名、総計約14万人の中国人労働者が欧州大陸（主にフランスそしてベルギー）に派遣され、現地の成年男子が兵役にとられた後の労働力不足を補った。

中国は、１９１７年9月に、正式にドイツに宣戦布告している。派遣された労働者は、ほとんどが山東省出身の文字も読めない農民であった。中国政府の目的は、連合国側について参戦することにより、戦後の国際秩序形成過程に主体的に関与することにあった。即ち、日本がドイツより奪い、１９１５年の21ヶ条要求で中国に承認を強要した山東権益を中国として回復することであった。

しかしながら、軍隊による戦闘能力に欠けていた当時の中国は、豊富な労働力を提供することでそれに代替しようとした。中国人労働者の従事した労働は、道路・鉄道補修、塹壕掘り、基礎工事の他、火薬工場、兵器工場、製紙工場での労働や貨車・貨物船の荷揚げ・荷下ろしであった。

彼らの中には前線に近い危険な場所で働き、爆撃で死亡した者も少なくなかった。このような歴史は、これまで欧州でも中国でもほとんど知られておらず、関連の文献も非常に少ない。

以上が同書に書かれた要旨であるが、結局、中国政府の当初の参戦意図にも拘わらず、ヴェルサイユ講和会議は山東権益を直ちに中国に返還することを承認しなかったため、中国全権は講和条約調印を拒否、この不満は1919年の5・4運動へつながる。ちなみに、講和会議中国首席代表として渡欧した陸徴祥は、袁世凱の要請を受けて、1912年中華民国初代外務大臣に就任し、日本の21ヶ条要求に署名した人物である。それより前の清朝時代、彼はペテルスブルクに赴任していた際に、ベルギーの駐在武官の令嬢と知り合い結婚、第一次大戦後、公職を辞しベルギーで神父として修道の生活に入り、1949年、ブリュージュで逝去した。ベルギーとの不思議な因縁である。

ベルギーは、第一次及び第二次世界大戦時、悲惨な戦場になったこともあり、各地に記念碑や墓地が散在する。英国コモンウエルスの共同墓地もいくつかあるが、毒ガス戦の行われたイープルの近くにあるポペリンゲの英軍墓地には、犠牲者となった中国人労働者も眠っている。筆者も2011年7月の肌寒い雨交じりの週末、この墓地を訪問したことがある。広大な敷地の片隅に周囲の墓碑とは異なり、漢字で彫られた墓石が35碑程、ひっそりと眠っていた。ほとんどが山東省、一部は直隷省（現在の河北省にほぼ相当）出身で名前のない碑もあった。ここには、ベルギー駐在中国大使も慰霊に訪れている。

最近は、この中国人労働者の歴史をクローズアップする動きがあり、展示活動も行われている。筆者滞在当時、欧州においても、中国の台頭が、良くも悪くも種々の局面で関心を持たれ焦点が当てられることが多くなっていた。そのような状況下、中国人が欧州のために汗や血を流した歴史を想起させることは、中国のイメージを高めるためのパブリック・リレーションの好材料ともなろう。

ちなみに、イープルの市中心にある戦争記念館の売店に2011年7月、筆者が立ち寄った際には、中国人労働者の歴史について書かれた異なった3種類の書籍（仏語、蘭語、中国語）が置かれてあった。第一次大戦と日本の関わりに焦点を当てた書籍はやはりない。

第一次大戦中、日本は連合国の要請を受けて帝国海軍艦艇を欧州に派遣し、英国やフランスの植民地から欧州へ向かう輸送船団をドイツのUボートから護衛する任務を請け負った。地中海には巡洋艦明石及び駆逐艦等計18隻を派遣し、マルタ島を寄港地として活動した。1917年を例にとれば、約350回、計800隻の連合国商船の護衛任務に当たり、任務遂行の過程で約80名の将兵の犠牲を出している。日本は、ベルギーの陸地に軍隊を派遣して戦ったことはないが、ドイツの侵略に抵抗するベルギーに対し、日本国内での義捐金や支援物資募集等強い同情が寄せられた。また、戦後まもなくの1921年に昭和天皇（当時皇太子）が初訪欧された際には、イープルの戦場跡や破壊されたルーヴァン・カトリック大学を訪れ、痛切な思いで弔問された。このような歴史の記憶が双方で希薄になり埋没されていくことは悲しい。

話を重光の回想録に戻すと、もう1つは、21ヶ条要求に関する問題であった。在英日本大使館には、21ヶ条要求に関する交渉の詳細は知らされておらず、英国側への説明においても、大使館はその信用を大きく失墜することになる。重光は、この21ヶ条要求に関する交渉を日本外交史上の一大汚点と述べている。

その後、重光は1918年に米国オレゴン州ポートランドの領事として転勤する。そこから、パリ講和会議の一行にサンフランシスコで合流し、全権随員としてパリに赴くことになる。

日本に直接関係したのは、山東問題であった。ドイツの権利は、当然日本が継承すべきものというのが日本の基本的立場であり、それに対して、中国は、戦勝国であり自国内の敵国（ドイツ）の権利は中国が回収すべきとの立場であった。最終的には、日本は、この権益を中国に返還する意向を持つが、いったんはドイツの条約上の権利は日本が継承するとの主張が認められた。短期的には日本外交の勝利であったが、日中関係はこれによって正面衝突し、中国側現地全権は講和条約を調印せず、中国国内では5・4運動に代表される排日運動が起こり、結局、ワシントン会議で山東還付の交渉となる。

1920年、重光は本省参事官となり、有田八郎の後任として外務省の事務刷新、機構強化を担当する。この時代、戦後処理のひとつとして日本が委任統治することとなった南洋諸島の行政的所管をどうするかという問題が発生した。重光は、該当地域を実際に視察した結論として、同諸島をドイツから占領した海軍が統治を続けることも、また、外務省の所管として統治することも適当でないと判断し、内閣に南洋庁を設けて管轄させるべきとの意見を述べた。これが政府の判断の参考となった。単に、セクショナリズムに凝り固まらず、大所高所から物事を捉える重光の一面である。

ワシントン会議が終わると、その条約実施につき、中国問題の処理が必要になって来た。1つは、山東省の権益の返還問題、もう1つは、関税自主権返還のための北京関税会議及び治外法権撤廃問題の北京協議であった。日本が、ワシントン会議の精神に忠実であるか否かは、日本の対中政策の大きな岐路であり、当時の幣原外相は、ワシントン条約を忠実に実行すべきとの国際協調主義を基本政策としていた。

重光は、本省条約局第1課長としてこれらの作業に参画していたが、1925年、有田八郎の後任として北京公使館一等書記官に転出することになった。北京では、芳澤公使の下、佐分利参事官が事務総長、重光が首席書記官として関税会議開催の準備に当たった。その他、日置益大使が首席全権として任命された。

重光は、中国の合理的主張である関税自主権回復を承認すべきと強硬に主張する急先鋒であった。佐分利も同意見であった。佐分利は、幣原外相の特別の信任を得ていた。このような中、関税会議の冒頭、日本は、中国の関税自主権承認を提案し、列国を驚かせた。治外法権撤廃を目的とする協議も並行して行われた。しかしながら、双方ともなかなか具体的な成果を得られないでいるうちに、中国内政の混乱も激しくなり、東北軍閥張作霖が北京を占領し、交渉相手である段祺瑞政権は消滅する。したがって、関税会議も治外法権撤廃協議も自然消滅してしまう。

1928年、駐独参事官として再びベルリンに赴くが、半年後に次官となったばかりの吉田茂から帰朝を求められた。蓋を開けてみると、これから中国問題の大転換を行う必要があるとして、1929年、上海総領事として赴任する。

当時、済南事件（1928年）を契機に、日中間は国交断絶状態にあり、芳澤公使は北京を引き揚げて帰朝したままになっていた。排日行動が盛んで貿易もままならず、日本の経済界も困り果てていた。上海では、矢田総領事が、済南事件の解決や日中国交回復を、まだ成立間も無く列国が承認していなかった南京政府を相手に交渉する準備を開始していた。その目的のために、芳澤公使を上海に派遣することとなった。芳澤公使と王正廷外交部長との度重なる交渉により、済南事件の解決一歩手前まで行ったが、協定原案は本省を満足させることが出来なかった。日本側は、済南事件は双方責任が半々ということで解決してもよいという方針であり、中国側に賠償を要求する意思はなかったが、先方からも賠償を要求しない確約がほしかった。

当時のアジア局長は有田八郎、支那課長は谷正之であり、重光は、せっかくまとまった案であり、これでいくべきと主張したが、本省側の満足の行くような条件に変えるよう注文を付けられた。重光は、前任の矢田がまだ上海に残っている中、総領事公邸が使えないのでフランス租界にあった三井別荘を臨時の住まいとした。

中国側は、日本から賠償をとる意向はないとの感触を内々得た重光は、王正廷外交部長と極秘に会見する。その会見場所には、阿片が用意され、重光は王正廷と共に寝転んで生まれて初めて一緒に阿片を吸ったことを記している。

当時の外務省内には複雑な事情があった。中国問題については、吉田茂次官、森恪政務次官、植原悦二郎参与官、有田八郎アジア局長による首脳部会議が重要であったが、1929年2月18日に開かれた会議には、上海赴任直前の重光も出席する。外相は、田中首相が兼任していたため、森は自分が外交を切り盛りしているとの自負があった。そして、対中認識は他の者とは全く異なっていた。森は、非常に強圧的な口調で、済南事件を円満に処理しようとすることがそもそもの誤りであり、上海あたりは灰にするくらいの気持ちで臨み、交渉は打ち壊さねばならぬということを念頭におくべきであると言い出す始末であった。森には既に、軍部の一部と連携して中国でひと騒動起こそうという気配すらあったという。

芳澤公使は、森を、彼は排日で儲けており、こういう男が日本の対中外交の要衝にいることは危険千万と憤慨していた。上海からの交渉に関する連絡は、森に伝わらないように慎重に行う必要があった。そして、最後は、田中首相も森を除外して必要な手続をとった。3月28日、南京において芳澤公使と王正廷外交部長との合意文書調印式が外交部長官邸で行われ、11ヶ月振りに済南事件は解決された。

田中内閣は、一方で、張作霖爆殺事件（満州某重大事件）によって苦境に立たされる。昭和天皇からは、国際信義を守るためにも厳重に調査、処罰せよとの仰せがあり、また、有田アジア局長、谷支那課長等外務省は、本件は、公明正大に、公然と処理することが国際信用をつなぐことになり、あくまで責任者を追及することが日本外交上必要だとの立場を強く主張し堅持した。しかしながら、統制上害があるとの理由で陸軍が反対し、田中は断固とした処分をすることが出来ず、天皇の信用を失ってしまう。田中は、内閣総辞職を決意し事件は闇に葬られる。後継内閣は濱口雄幸が組織し、幣原が外相に就任し、再び幣原外交が始まる。

1929年11月、佐分利貞男中国公使の突然の死の後、日本政府は、後任として中国勤務経験のある小幡酉吉駐トルコ大使の起用を決定した。しかるに、小幡が以前の中国勤務時代、日置益公使の下で21ヶ条要求の交渉の際に、ステッキで机を叩いて中国側代表団を威嚇した強硬派であるとの記事が中国でも報道され、そのようなこともあってか、結局、国民政府からアグレマンが拒否される事態となった。重光は、この問題を打開するために年末南京に赴き、蔣介石主席や王正廷外交部長と交渉したが、結局不成功に終わった。彼は、中国での外交官生活の中で、この南京行き程不愉快な印象を残した経験はないと語っている。

日本政府は、当面公使を正式に置かず、1930年1月、重光を公使館参事官兼総領事（以前は総領事兼公使館参事官）として上海に置き、参事官の資格で臨時代理公使として全権を持たせて対中外交を任せることとなった。住居も、仮宿舎の三井別荘から総領事館官邸に移った。

当時の公使館は、十分な体制が出来ておらず、重光の下に林出書記官の補佐を得て、現地での幣原外交を展開していかねばならなかった。重光は、ほぼ毎週末、南京を往復した。日中間の空気は漸次良好となり、幣原外交の成果が現れつつあった。なお、各国も日本の例にならって、公使を上海や南京に常駐させる国が多くなった。

幣原外相は、基本方針として中国内政不干渉主義を取り、在留邦人保護は現地で行うのではなく、危険が迫った場合はより安全な場所に引き揚げさせることにすることを表明した。田中外交は、必要であれば軍事力の派兵も厭わず居留民の現地保護を積極的に行ったが、幣原外交は、それと対照的に不干渉主義と危険な場合の居留民現地引き揚げを基本とした。この方針は、後に強硬派から猛烈に攻撃を受けることとなる。

中国にとり、根本問題は、不平等条約を巡る民族主義を背景とする国権回収問題であった。その過程での日本人排斥運動は、軍部強硬派は当然のこと、一般国民をも刺激し、帝国議会では政友会の松岡洋右代議士を筆頭に、幣原軟弱外交への批判が益々激しくなって来た。中国の革命外交が強くなっていく中、幣原外交を推進する基盤が国内において極めて脆弱になって行った。

1931年4月、重光は打ち合わせのために一時帰国する。その際、外務省首脳に対して、国民政府の革命外交について詳細に説明した。利権回収の動きは極度に沸騰しており、これは民族解放思想に基づくものであって、到底人為的に阻止することは不可能である、これに対処するためには、幣原外交を更に一歩進め、日本が不平等条約の改定に先鞭をつけていくことが必要である旨を説いた。

これが実現されない場合、重光は、満州の情勢や軍部の動きを見ると、早晩日中の衝突は避けられない可能性があり、対策として、第1に、国内問題としては軍部への慎重な対応を慫慂し、また、第2に、外にあっては日中衝突の際は、国際連盟はじめ英米等主要国に対して予め満州における日本の権益を排除しようとする中国側の抗日排日の行動につき十分説明し理解させ、説得しておく必要があると強調した。

このように日中間の緊張が高まっていた時期の興味深いエピソードを重光は紹介している。6月26日、南京政府外交部と日本公使館とのテニス大会が開かれ、日本公使館のテニスコートで試合をすることになった。この時、重光は、王正廷外交部長と対決し、実力伯仲で引き分けで終わろうとすると王が試合続行を出張し、結局2対1で重光が勝利してしまった。ちなみに、重光は、翌年1932年の天長節の爆弾事件で右脚を失うこととなったので、国際的なテニス試合はこれが最後となってしまった。

幣原外交を出先で推進する重光は、軍強硬派にとっては目の上のたん瘤で、殺害計画もあったらしい。

前述の通り、重光は週末を南京で暮らしていた。同じサイクルで宋子文財政部長も南京を往復していたので、二人は月曜日朝に上海に到着する汽車に共に乗り合わせることが多かった。1931年7月23日の朝、上海駅のプラットフォームで宋子文一行にピストルの一斉射撃が浴びせられた。宋本人は駅長室に逃れ無事であったが、10日程前に結婚したばかりの秘書は即死。宋には政治上の敵が相当多く、中国側の一部に殺害計画があった。

これに便乗したのが、田中隆吉であり、日中関係の改善に努める重光を宋と共に処分しようとの策謀をめぐらせ、上海のテロ集団青幇・紅幇を使って実行させることとなっていた。しかるに、当日、重光一行は一歩先に駅の出口に出てしまい、失敗に終わったという。この話は、当時公使館付陸軍武官補佐官の田中隆吉大尉が、後年、直接重光に語ったという。田中は、当時、重光の部下にも殺害意図を漏らしていたという。田中は、極めて粗暴な態度で、上官も眼中になく、勝手な行動をとっていた。公の場でも直属の上司である佐藤三郎武官（少将）を平気で面罵し、下克上の見本を示していたという。満州事変直前の軍の統率の乱れを如実に示す例である。

満州の情勢は風雲急を告げていた。6月、中村震太郎大尉事件が発生する。関東軍参謀の中村大尉が軍用地誌調査の命令を受け、外興安嶺を調査していた際に、張学良配下の軍に拘束され、銃殺された事件である。外務省は、あくまで軍部の主張する強硬策に反対して自重を望み、平和的解決に固執した。重光は、8月に正式の全権公使に昇格し、南京政府と満州問題の解決案を検討している最中に、9月18日、奉天郊外柳条湖の満鉄線が爆破され、満州事変が勃発する。

日本の大陸発展を中国の民族運動と如何に調整すべきかという点が日本の対中政策の中心課題であり、満州問題はその試金石であったと重光は述懐している。重光は、満州事変は、ある意味で日本の自衛のために発生した事件であったと言っている。なぜなら、満州における日本の権益は死活的重要性を持ち、これに中国側が挑戦しようとしていたからである。但し、満州問題を日本が武力によって解決しようとしたことに難点があったと反省している。即ち、満州事変の「手段」は問題であったが、「目的」は理解できるという立場である。これが当時の外務省の対中政策に責任を担っていた外交官たちの標準的な認識であったのかもしれない。

重光は、長年の形勢から判断して、柳条湖の日中両軍衝突を局地化して解決し得るとは考えられず、これは将来の大きな事件の端緒に過ぎないと直感した。満州事変の勃発後、上海における排日の空気も急に険しくなった。上海を守備していた中国側軍隊は精鋭の第19路軍で、この軍隊は、左傾的、反帝国主義、排外思想に強く染まっていた。

それに呼応する日本人居留民の対中感情も益々強硬なものとなった。彼らの多くは、満州事変によって満州の排日運動を抑え、日本の権益を守ることが出来たと認識しており、上海においても同様な強硬手段こそ問題解決の最良の方法であると考えるようになった。このような考え方は自らの日々の生活や商売に直接影響の及ぶ土着派の居留民のみならず、会社派の大手商社、銀行、在華紡等にも拡がり、在留邦人一般に共有された見方になりつつあった。重光は、彼らの考え方の変化に非常に驚き憂慮したと回顧している。陸海軍青年・中堅将校たちの動きが上海にも及び、強硬派と通じて上海で事を起こそうとの動きもあった。その中で、外務省、そして、中国公使である重光の対中政策が軟弱として、在留邦人社会からも不満表明や排斥運動が起こるようになった。

国内では、犬養毅政友会内閣の下、森恪内閣書記官長が対中強硬政策を吹聴し、重光は、いずれ更迭されるものと想定していた。重光は穏健政策、即ち、満州事変は満州に局限して上海では事を起こさない、仮に起こったとしても局地的に穏健な手段で外交的に解決するべきであるとの考え方を堅持し、これが新しい外相に受け入れられないのであれば職を辞する覚悟であった。そのような考え方を胸に、1932年1月15日、本省に赴き外務省幹部と打ち合わせを行う。

1月17日、重光が谷アジア局長を往訪すると、豊田貞次郎海軍軍務局長が同席していた。豊田は、上海海軍特別陸戦隊から届いた電報を重光らに紹介した。それによれば、陸戦隊は排日団体の根城を奇襲し、占領閉鎖するので、この行動を承認してほしいという趣旨であった。豊田はその電報を持って外務省の同意を求めに来たのであった。重光は直ちに、この無謀な計画を非難し、結局実行に移されなかった。

1月25日、なかなか会見出来なかった芳澤外相と会うこととなった。重光が自分の考え方を芳澤に述べると、彼は、すべて君の意見に同感であるので、早く上海に帰任して重大な事件の起こらぬようにしてほしいとの指示であった。重光は、29日神戸発の長崎丸で上海に戻った。

その前の1月18日、上海で日蓮宗托鉢僧2名が中国人街で排日行動隊に襲撃され死傷した（日蓮宗僧侶殺傷事件）。これに対して日本の大陸浪人が中国人を襲うという事件（三友実業社襲撃事件）が起こる。これは、満州事変の国際的な関心を逸らすために田中隆吉が関東軍と呼応して行った謀略であったことを、戦後本人が直接証言している。公使官邸への放火騒ぎもあった。

村井倉松総領事が、種々の抗日事件につき、呉鉄城上海市長と交渉し、協議結果をまとめたところであった1月28日、海軍特別陸戦隊と第19路軍が遂に直接衝突する（第一次上海事変）。重光の乗った客船は、31日に上海に到着、彼は埠頭から直ちに隣接する総領事館に駆けつけるが、事務室のいたるところに、徹夜で作業していた館員が使用した寝具、食器等が散乱し、魚の食いかけ等がそのままにしてあり悪臭が立ちこめていたと述懐している。

重光は、北岡春雄海軍武官（大佐）から意見を聴取したところ、彼から、もはや今日の事態では陸軍の出兵を要求するほかはないと思うとの結論を聞き、自らも熟慮の結果、2月1日に、一刻も早く十分な陸軍兵力を上海に派遣するよう外務本省に公電で要請した。陸軍の圧力を受けたと誤解をされないよう、公電発出後に、田代晥一郎武官（少将）を招致して説明した。田代も重光に同意見として陸軍省に同趣旨の電報を打った。

日本政府は、外務省及び陸海軍省が受け取った電報に基づき、閣議を開き、金沢第9師団の上海派遣を決定。急場をしのぐために、上海から近い場所にある久留米第24旅団を佐世保から急行させた。海軍では、第3艦隊を組織し、司令長官に野村吉三郎中将を任命した。海軍は旗艦を「出雲」に定め、総領事館前に係留した。

第9師団は、2月13日に到着した。2月22日に、廟行鎮を占領するが、この時、身を犠牲にして突撃を敢行した「爆弾（肉弾）3勇士」の武勇談が生まれた。戦後であるが、筆者も小さい頃に、両親や祖父母からこの話を聞いた記憶がある。更に、第11、14師団の増援を決定、白川義則大将が全軍総司令官として3月1日に到着する。

白川は、総司令部として使っていた鐘紡事務所に入るや、面会にやって来た重光に対して、東京出発前に天皇陛下に拝謁した際、陛下より、なるべく早く軍の目的を達して、遅滞なく引き揚げて来るように命令があったことを伝えた。

3月3日には、上海付近から19路軍が撤退した。重光は、陸海軍に対して停戦命令の要請を働きかけた。野村司令長官は全く異存なかった。犬養首相及び芳澤外相の個人代表という資格で松岡洋右が重光を支援するために上海にやって来ていた。彼も重光の働きかけに賛同し、陸軍の総司令部には二人一緒に行くこととなった。

白川総司令官との会談は、朝8時頃から午後1時頃までに及んだ。白川は終始無言であったが、最後に重光が、これは、上海における軍部と外交当局の最高責任者どうしの国家重大事の相談である、天皇陛下はこのことについて御心配をされておられる、恐縮に耐えないと述べたところ、白川は、遂に停戦命令を出すことに同意した。後に、白川が重光らに伝えたところによれば、参謀本部からは、更に太湖に向かって軍を進めるよう期待する電報が届いていた由であり、彼としても非常な決心を要した訳である。

白川は、この年の4月29日、上海虹口公園での天長節祝賀行事に出席中、爆弾の被害にあい、それが元で亡くなる。昭和天皇は、3月3日の雛祭りの日に停戦を決意した白川の死の1年後に次のような歌を詠み、未亡人に捧げている。

乙女らの雛祭る日に戦をば止めし功思ひだしにけり

停戦交渉は、3月19日に開始され、5月5日に調印された。軍部の強い意向により、形式上は日中直接交渉という形をとったが、実際には、英米等の代表者の仲介によるもので、英米仏伊4ヶ国公使がオブザーバーで参加、会場も英国総領事館であった。

停戦協定案文は4月28日には実質まとまり、翌日29日天長節には大観閲式及び祝賀式が虹口新公園で挙行された。そこで、重光らは朝鮮人独立運動家尹奉吉の投じた爆弾によって死傷する。天長節爆弾事件は、既に触れたが、爆弾事件で右脚を切断する重傷を負いながらも、重光は停戦協定の締結を国家の大局的観点から絶対必要と本省に意見具申し、5月5日、病床で協定に署名する。手術後、6月17日に退院、翌日の長崎丸で上海を離任する。福岡で2回目の手術を行い、更に身体に残っている弾丸を摘出した。退院後、半年以上療養に勉め、1933年3月に医師の許可を得て上京する。

5月16日、白鳥敏夫騒動のために辞表を提出した有田八郎の後任として、重光は外務次官に任命される。白鳥は情報部長を務めていたが、革新派外交官として軍部の強硬派と共鳴し、省内の国際協調派と対立していた。有田は、省内統制のために白鳥をスウェーデン公使に転出させようとしたが、本人は承諾せず、内田外相も軍部との関係を考慮して決断しない。内田は遂に承諾するが、白鳥は日本を離れようとせず、統制がとれなくなって有田は辞任する。

重光は、白鳥問題については、規律回復のため強硬な姿勢で臨んだ。白鳥が赴任しない場合は、免職も辞さないとの態度で臨んだところ、白鳥は遂にスウェーデンに赴任した。

外務省では、この頃、中国問題については、外務次官である重光を中心に対策を講じていた。広田外相も重光の中国経験に鑑みて、広範囲に彼に裁量を与えていた。そして、その下で、谷、そして後に桑島アジア局長が汗をかいていた。その時の重光の基本方針は、満州事変を満州に局限し、中国本土はあくまで中国政府に任せて、日本は干渉しないというものであった。そこで、次の3点につき対中政策が整理された。第1に、満州国建国は既定方針によるが、その承認を中国には直ちに要求しない。第2に、日中間の経済協力は出来るだけ進める。第3に、第三国の介入は極力排除する。

1933年5月の塘沽協定により、満州事変は一応休戦した。日中関係を改善し協力を促進するためには、双方の外交機関の代表を公使から大使に格上げし、出先の軍部に抑えられることなく、重大な日中関係の処理に当たらせることが必要であるとの認識が外交当局間で高まった。軍部はこのような外務省の方針には当然反対であり、特に急先鋒は関東軍であった。関東軍は、満州の治安維持のため、華北、内蒙古方面まで手を伸ばす必要を主張し、中国問題を外務省の手から引き離して、軍部独断で処理しようと考えていた。

外務省は、1935年に公使館を大使館に格上げし、有吉明を初代特命全権大使に任命する。しかしながら、軍部は、外務省の考え方に根本的に反対し、着々と華北方面に影響力を伸ばして行った。結局、満州問題は収拾出来ない方向に進んで行くこととなる。軍部の意図や行動を把握出来ない外務省は、単に南京政府との交渉で事態の全局が破綻しないよう努力する役割くらいしか果たせず、満州事変の収拾といった大きな政策は、軍部の華北工作により完全に有名無実となる。大使は、有吉から有田、そして川越へと引き継がれていく。

1936年の2・26事件当時、重光は外務次官であった。広田外相が参内したまま、他の閣僚や元老と共に宮内省に起居することとなったので、外務省の留守を守ることになった。各国公館から見舞いが来る中で、シャム（タイ）やアフガニスタンといったアジア途上国の公使から、東洋先進国にこのようなことが起きるのは残念至極で遺憾に耐えないと涙を流され、感慨無量なものがあったと述懐している。事態が陸軍によって収拾されない場合、海軍がやるとして軍艦を東京湾に停泊させて陸戦隊が上陸、大砲まで準備し始めたので、海軍省と首相官邸の間にある外務省は立ち退きを要求され、神田の学士会館に臨時に本部を移す。

天皇の意向が関係者に伝えられ、29日、戒厳司令官香椎浩平中将の名前で「兵に告ぐ」の放送が流れ、決起部隊は反乱軍との認定を受け事態は収拾される。そして、後継内閣は広田弘毅が首班となる。軍部の重光に対する感情は、大使館昇格問題以降特に悪化し、外務省内でも重光更迭の機運が高まって来た。

広田は、中国大使着任1ヶ月しかたっていない有田を呼び戻し外相に任命、そして、重光の後任として堀内謙介を据えた。広田は、重光を有田の後任として中国大使にする意向であったが、陸軍が反対した。

　他方、有田外相自身は、川越茂天津総領事を中国大使にする考えを既に持っており、実際そうなった。軍部は、事実上広田内閣を左右する影響力を持ち、外交当局間の交渉にも望みはない形勢となった。そうこうする中、12月12日、張学良が蒋介石を西安華西池で軟禁兵諫するいわゆる西安事件が起きる。

　重光は、その後、ソ連大使、英国大使、中国大使、外務大臣を歴任する。吉田茂駐英大使の下で働き、後に重光が外相時代に秘書官となる加瀬俊一は、重光が１９３８年に吉田の後任としてロンドンに赴任して来ると聞き、陰気な重光が好きではなかったと率直に語っているが、共に働いてみると重光大使の力量は抜群であることを認識し、その後、水魚の交わりを結ぶようになったと回想している。

　１９４１年12月8日の太平洋戦争開始直後から翌年9月までの中国大使時代には、中国からの完全撤兵、利権の全面返還を内容とする対中新政策を進めようとするが、現地軍の抵抗に遭う。重光が大使として南京に赴任した当時は、戦勝報道により日本の権威が最高潮に達していた。

　重光は、ロンドンを離れる前のある日、加瀬に対して「日本が迷路に入りこんだのは中国問題の処理を誤ったからであり、先ず対中政策の転換を図る必要がある。平等互恵の提携関係を結び、そして、この精神を漸次東亜全域に及ぼすのだ」としみじみ語ったという。

　そして、彼は日中関係の根本的な政策建て直しを志した。政治、経済上の指導を中国側に委譲し、日本は内政干渉せず、中国側が行う自主的な立て直しに援助を行う、換言すれば、中国を完全な独立国として取り扱い、不平等条約を廃止し、中国から撤兵し、利権を返還することによって日中関係の根本的調整を図ろうとした。このことは、重光が満州事変当時上海に駐在していた際に抱いていた政策であった。いわゆる「対支新政策」と称されるものである。

対支新政策は1942年中に準備され、翌年から実行に移された。蘇州、杭州、漢口、天津における日本の専管居留地の返還、上海、廈門の共同租界の返還、関税問題の解決、不平等条約の解消等の努力が払われた。

重光が東条内閣の外相を務めていた1943年11月、東京で「大東亜会議」が開催され、「大東亜共同宣言」が採択される。これは1941年に発表された「大西洋憲章」に対抗するものでもあり、また、対支新政策と軌を一にするものであったと、重光は英米の抑圧から大東亜を解放し、大東亜の共存共栄を図ろうとする大東亜共同宣言の精神を支持している。

終戦後の1945年9月2日、東久邇宮内閣の外相として政府を代表し、ミズーリ号艦上にて降伏文書の調印を行う。A級戦犯として極東国際軍事裁判で禁固7年の刑を受けるが、対日平和条約発効後、刑期を満了する。鳩山内閣では、副首相兼外相として日ソ国交回復交渉や国連加盟を手がける。1957年、狭心症で死去、69歳。波乱と激動に満ちた一生であった。

戦前の重光外交を総合的に評価すると、彼は幣原の国際協調外交を一定の範囲で尊重し継承しようとすると同時に、満州における日本の特殊権益の重要性とその平和的保護の必要性も認識していた。また、第二次大戦中には欧米の桎梏からアジアを解放してアジア人の共存共栄を図るという、互いに併存し難い外交目標を追求していたように見える。そして、事実その政策は、日本の敗戦によって瓦解するのである。

石射猪太郎

石射猪太郎（1887―1954）は、福島に生まれる。1915年、第24回外交官領事官試験に合格し、外務省に入省する。同期は8名であった。1929年に吉林総領事、1932年に上海総領事、1937年に外務省東亜局長を務めた中国専門家である。1938年、東亜局長辞任後は、オランダ公使、ブラジル大使、ビルマ大使を務め、1946年に引き揚げ、外務省を辞任。その後、GHQから公職追放措置を受ける。彼の回顧録「外交官の一生」に沿って、彼の対中外交がいかなるものであったのか見てみたい。

石射は、上海東亜同文書院を5期生として卒業している。その後、いったん満鉄に入社するが、結婚のために帰郷した機会に辞職する。奮起して2年の準備の後に高文試験に合格、更に2度の挑戦の後、外交官試験に次席で合格する。石射が1915年、東亜同文書院卒業生の中で初めて外交官・領事館試験（キャリア試験）に合格して以降、若杉要（1917年、第3期）、堀内干城（1918年、第8期）、山本熊一（1919年、第9期）と後に続く者が出てきた。フィリピン派遣軍参謀副長を務めた宇都宮直賢少将は「外務省に人なしと悪口された時代に、敢然として軍部に盾をつき、気を吐いた」として東亜同文書院出身外交官及び同学院の人材教育を高く評価している。

1915年、石射は満鉄を離れて4年、晴れて外務省生活が始まった。青年外交官時代に、広東、天津、サンフランシスコ、ワシントン、メキシコといった在外勤務を経験する。

1924年、本省に戻り通商局第3課に勤務する。移民、旅券、在外居留民の保護、外国人の出入国を所掌する課であった。石射は、ここで幣原外相によるいわゆる幣原外交の洗礼を受けることとなる。幣原外交の基本政策は対中不干渉政策であり、日本の権益に対する中国側の挑戦的な対応に対して、武力発動による干渉の必要性が政党や右翼から主張される中で、国際協調を基調とする正統な霞ヶ関外交を貫こうとした。石射によれば、対外強硬論者や日和見主義者が外務省に抗議のために暴れ込んで来て、幣原外相の身辺は物騒であったが、本人はいつも平然と信念に徹していたという。

しかし、1927年、若槻礼次郎内閣が倒れると、幣原も内閣を去り、田中政友会内閣では、田中首相自身が外相を兼任し、森恪政務次官が実質上の外務大臣として幣原外交を覆すこととなる。東方会議を開き、日本の満蒙における特殊権益保護のため断固たる措置をとることをその基本とした。石射に言わせると、森は豪放にして機略縦横、徹底的対中強硬論者であった。

ちなみに、森は、日露戦争当時、山本条太郎支店長の下、三井物産上海支店の若手研修生として勤務していた。山本の指示を受け、ロシア・バルチック艦隊の行方を探るためヨットに乗って東シナ海へ出帆する。バルチック艦隊が食料、飲料水、燃料の補給と艦船修理のため最後の寄港地に予定していた上海は、三井物産等の手回しによりはしけの手配が出来ず、変更を余儀なくされていた。

バルチック艦隊の行方は、1905年5月14日にカムラン湾（現ベトナム）を出港して以来消息が消えた。バルチック艦隊が一体対馬海峡、津軽海峡、宗谷海峡のどの海峡航路を通過するかは、迎え撃つ帝国海軍連合艦隊の死活問題であった。その時、森は19日未明にルソン島北のバタン諸島付近で燃料を搭載したバルチック艦隊を遂に発見し尾行する。これを刻々上海支店に打電し、山本がこの情報を帝国海軍に転電する。「皇国の興廃」を賭けた官民挙げての連携プレーであった。

山本と森との関係は、その後一生続く。共に政友会に入党し、1920年の第14回帝国議会衆議院議員総選挙に共に立候補し当選する。森は、1927年、田中義一内閣で外相を兼任した田中の下、政務次官として「東方会議」を実質的に主宰し、幣原外交とは一線を画した田中積極外交を推進することとなる。

ちなみに、彼らが上海支店に勤務していた頃に、松岡洋右も外務省入省後の最初の赴任地として上海総領事館に領事官補として勤務しており、松岡は山本との終生の関係を結ぶこととなることは前述の通りである。

田中内閣当時、外務省ではアジア局モンロー主義が噂されていた。中国問題を担当するアジア局が存在感を示し、特定のグループで局内を固め、部外者にはアジア局に口を挟ませない、そのような派閥的な人事が行われているという非難が一部でなされていたという。しかしながら、石射は、当時の外務省を回顧して、人事は大体メリット・システムで行われ、官学・私学渾然として学閥もなく、広い見解と自由主義的な雰囲気がまだ支配的であったという。

ロンドン勤務の頃、濱口内閣の下で再び幣原が外相となる。帰朝挨拶に行くと、幣原の意向で吉林総領事に任命される。ここで彼は満州事変を経験することとなる。石射が満州事変の一報に接するのは、1931年9月19日早暁であった。吉林でもこれに呼応し、大陸浪人と思しき連中により、日本人商店に銃弾が打ち込まれ、在留邦人を恐怖に陥れ、関東軍の出動を誘おうとする動きがあった。

第2師団の吉林到着にあたり、日本政府の事変不拡大方針に基づき、石射は、師団長の吉林省に対する即時独立宣言の要求を、中国への内政干渉として再考を促したのであるが、多門師団長は、すでに関東軍司令部の命令が出ているとして聞く耳を持たなかった。吉林省政府は、9月28日、国民政府からの独立を半ば強制的に宣言させられることとなる。

関東軍は、外務省の出先機関である総領事館を当初より敵対視していた。要するに幣原軟弱外交の片棒を担ぐ集団とみなしていた。12月8日の「満州事変機密政略日誌」の中で片倉衷関東軍参謀（大尉）は、

「石射吉林総領事は事変開始以来その行動とにかく面白からず、ややもすれば軍部の行動を白眼視し妨害を敢えてし」と批判している。そして翌年1月、関東軍参謀会議は、石射を「幣原軟弱外交の片割れ」としてその召喚決議を行い、外務省に要求している。

在留邦人も総領事館から離反し関東軍側についた。関東軍の威力の前に、既に吉林の中国官民が屈服している状況下で総領事館の必要性は感じられず、軍に接近してむしろ総領事館の弱腰を非難することが居留民の大勢になったという。

石射は、「強力者に迎合する民心の動向をはっきり認識した私は、彼らの心理を浅ましくは思ったが、腹は立たなかった」とまで述べている。居留民会長も満鉄所長も石射から離れて行った。しかしながら、石射は、国際協調を基調とする幣原外交を信望し、隣邦中国とは、怨恨を超えて固く結び合うべきであるとの信念から、満州事変を関東軍による兵変と見なし、「本官は関東軍と両立せず」との公電を本省に打って、吉林総領事を辞する帰朝申請を行う。1932年のことであった。

東京に戻って間もなく、上海総領事の発令を受ける。有吉明が中国公使に任命される直前であった。上海は、石射により東亜同文書院で学生時代を過ごした懐かしの場所であったが、一方で、満州事変の翌年には戦火が上海に飛び火し、この年の1月28日には日中両軍がこの地で衝突することとなった（第一次上海事変）。また、同年4月29日の天長節には、祝賀行事が行われた虹口公園において、朝鮮人尹奉吉が投じた手榴弾により、白川陸将、野村海将、重光公使、村井総領事、河端居留民団委員長等が死傷する事件が発生した。石射は9月、このような状況の下、村井の後任として上海に赴いたのである。

当時、上海には、約3万人の日本人が住んでいた。日本は、国民政府を承認して以降、公使館の公使は通常上海に在勤した。公使館は、総領事館の建物内に同居していた。公使館には、有吉公使以下、一等書記官、二等書記官、三等書記官が配置され、別に須磨弥吉郎一等書記官を部長とする情報部が設置されていた。また、商務官事務所が更に別に置かれていた。総領事館の方は、石射の下に二人の副領事が幹部として働き、50名を超える領事館警察が配置され、また、両館とも10数名の書記生が勤務していた。当時、他に例のない大規模の在外公館であった。

更に、陸海軍とも公使館付武官、補佐官を配置していた。陸軍は上海地域に派遣軍はいなかったが、海軍は第3艦隊旗艦の八雲が総領事館前の黄浦江に横付けされていた。また、海軍特別陸戦隊が約2千の兵力を擁していた。石射の観察では、「上海の海軍は犯罪性を持たない正直者、陸軍は知能犯的性格を持った悪漢」であった。

石射の国際協調主義は、自身、上海東亜同文書院で培われた日中関係についての思いに始まったと回顧している。石射は、日中両国が心から溶け合い、各々の利害を抑えて兄弟としての関係を形成出来れば、東アジアの発展に大いに益するとの信念に基づき、「上海を無風状態にする」ことを上海総領事として目指したいと着任第一声を発した。

石射は、上海の在留邦人を、いわゆる土着派居留民と在華紡、銀行、商社に代表される会社派居留民とに分け、前者の右翼的傾向と後者の欧米の空気に触れた穏健派的傾向を対比させている。

有吉大使の中国側への真摯な対応は徐々に日中関係を正常化し、1935年5月には、双方の公使館を大使館に昇格させることとなった。

同年6月には、前述の「新生」不敬事件と呼ばれる事件が起きた。上海で発行されていた中国語の週刊誌「新生」が各国の皇室・王室を紹介する中で、天皇につき、儀礼上必要な場合の他、国民は天皇を忘れており、日本の真の統治者は軍部と有産階級である云々と言及したことに関し、上海の邦字紙が連日問題とし、在留邦人がいきり立った事件である。これに対する、有吉大使及び石射総領事の処理振りを不忠の臣として批判する怪文書が出回ったことは紹介した通りである。

１９３６年初めには有吉大使が辞任、後任の有田大使は着任1ヶ月で2・26事件後の広田弘毅内閣の外相就任のため帰国、川越天津総領事が後任大使となる。そのような中、石射の上海総領事の任期も4年近くを経て終わることとなる。次のポストは、シャム（タイ）公使。当時、外務省には「三舎を避ける」という言葉があり、ギリシャ、ペルシャ、シャム公使ポストは官歴の晩鐘として嫌がられていたらしい。しかし、赴任翌年の3月には、本省から東亜局長就任要請の電信が届く。

近衛内閣の広田外相の下で中国問題を主管する東亜局長に就任した石射は、広田外相に対して、その頃には以前抱いていた崇拝と期待が失せはじめ、彼の軍部と右翼に対する弱腰に幻滅を感じていたと述懐している。

１９３７年7月7日、北京郊外盧溝橋で事件が起きる。11日、陸軍省軍務局からの連絡員が外務省東亜1課にやって来る。同日の緊急閣議で陸軍大臣から3個師団の動員案が提案されるが、外務大臣が反対して止めてくれとの要請である。陸軍部内の不統一である。参謀本部作戦部長であった石原莞爾は、満州事変の立案者であったが、この時は対ソ戦への備えから中国に兵を用いるのはもっての他との考えであった。

石射は、頼まれるまでもなく、静養先から戻って来た広田外相を東京駅でつかまえ、陸軍内部の状況を説明しつつ、中国側を刺激しないよう動員案を潰すよう要請する。広田外相は、石射の説明に同意したにも拘わらず、閣議での動員案はあっさり通ってしまう。広田外相によれば、万が一のための準備動員案であり、反対する理由がなかったという説明であった。

石射は、東亜1課関係者と共にこの外相の対応にいたく失望する。事件が起こるごとに政府が軍部に引きずられる。今回は、いっそのこと政府の方で先手を打って、軍をたじろがせる方が事件の解決のために効果的であるという首相側近の考えが反映されたという。

広田は石射のワシントン時代の上司であり、当初石射は広田に対して深い尊敬の念を抱いていた。しかしながら、盧溝橋事件に際しての広田の対応を「広田外務大臣がこれほど御都合主義な無定見な人物であるとは思わなかった。非常時日本、殊に今度のような事変に彼の如きを外務大臣に頂いたのは日本の不幸である」と石射は厳しく批判している。

19日には、蘆山で蒋介石が有名な「最後の関頭」演説を行う。そして、20日の閣議では、3個師団の動員が閣議決定される。翌日、石射は辞意を決意して広田外相に面会する。広田からは、動員は実施しても事態が急変しない限り出兵はしないと陸軍大臣が言っているとして石射を一喝し、かと思えば、穏やかに要請されたりして、結局辞表を撤回させられた。

8月1日には、石射は停戦交渉の腹案を陸軍、海軍と話し合い、元上海総領事で当時在華紡総務理事を務めていた船津辰一郎を通じた中国外交部アジア局長高宗武との間での和平工作、いわゆる船津工作のルートにその腹案を乗せて外交交渉の糸口を開こうと図った。夫人の病状も深刻でこのような大任には耐えないとして固辞していた船津をなんとか説得したが、この船津工作は、華北から帰任した川越茂大使の知るところとなり、大使館・総領事館は直接関与するなとの本省の訓令にも拘わらず、それを無視して大使みずから前面に出ることとなった。そうこうするうちにいわゆる大山事件が発生して大使と高宗武との交渉も中止となり、結局船津工作は失敗した。もっとも、予定通り船津工作が行われたとしても、その後の事態の展開はその結実を不可能としていたであろうと石射自身は回想している。

8月9日、上海海軍特別陸戦隊の大山中尉が中国保安隊に殺されるいわゆる大山事件が発生し、第3艦隊が派遣され、13日、戦火は再び上海に及ぶ（第二次上海事変）。事変発生後、日本の新聞・雑誌は軍部・政府の強硬姿勢を礼賛し、「暴支膺懲」の記事一色に塗りつぶされた。

12月13日、首都南京が陥落した日、政府大本営連絡会議が開かれる。近衛首相、広田外相、杉山陸相、米内海相、末次内相、賀屋蔵相、多田参謀次長、古賀軍令部次長が居並ぶ中で、石射は陸軍省・海軍省軍務局長との三省局長会議の結果を踏まえた和平条件を説明する役回りを担った。首相は終始沈黙、海相と軍令部次長が原案を支持した他は、異論が出され和平条件は次第に加重されて行った。

石射は、発言権のない立場を忘れて立ち上がり、このような和平条件では中国側が到底受ける訳がないと抵抗したが、冷たく無視されたという。閣議で決定された和平条件は、トラウトマン工作として中国駐在ドイツ大使オスカー・トラウトマンによって蒋介石側に伝えられたが、提示条件が漠然としているので具体的に明示されたいとの反応が返ってくる。これを受け、1938年1月16日、近衛首相は、「国民政府を対手とせず」との声明を発出することとなり、日中戦争は明確な戦争目的と出口の見えないまま、泥沼化の様相を見せ始めるのである。

日本社会は、ますます軍部主導の高度国防国家化が進められていく。2月には、国家総動員法案が帝国議会に上程される。3月3日、衆議院での審議の折、政府側説明員として出席した陸軍省佐藤賢了少佐が、代議士の発言に対して「黙れ」と一喝する前代未聞の出来事が起こる。翌日陸軍大臣の陳謝で片を付けたが本人はなんらの処分も受けなかった。議会政治の終焉を象徴するがごとき光景であった。

また、軍部のみならず、外務省内にも「革新派」と称する少壮官僚が、白鳥敏夫イタリア大使をリーダーに強硬な対外政策の推進を主張していた。外務省革新派官僚は必ずしも明確な思想で統率されていた訳ではないが、その中には、狂信的な日独軍事同盟論者やドイツ心酔者が生まれ、さながら「皇道外交」を奉じる外務省の青年将校気取りであったという。彼らは、蒋介石及び国民政府との融和は絶対に許されざるものであり、この背後にいる英米アングロサクソン国家とも中途半端な妥協を認めない強硬派であった。軍が強硬、外務省が融和といった単純な図式ではなかった。

石射は、「今後の事変対策についての考案」と題する日中戦争収拾策に関する長文意見書を、1938年7月、事変からちょうど1年が経過した時期に宇垣外相に提出する。外相は、数日かかって熟読した上で、自分の考えとも一致しているとして五相会議のメンバーにコピーを回覧した。これは、石射の日中戦争観、対中観、対中基本政策が反映された渾身の意見書であったが、結局五相会議の受け入れるところとはならなかった。

意見書の概要は次の通りである。先ず、事変を振り返り、政略や謀略をいかに使っても、国民政府の抗日への結束を乱すことが不可能であり、また、第三国を国民政府から引き離すためには、日本の占領地において国民政府下の統治と比べ自分たちの権益がより尊重されるという実感を与えることが先決であると論じている。

日本政府・軍も国民も、中国の抗日意識と力量をあまりに過小評価しすぎ、日本が一撃を加えれば、彼らが戦意を喪失するものと誤算していた。そしてその結果として日中戦争は東アジア未曾有の大規模な戦争となり、長期持久戦の様相を呈している。この失敗は、過去数年来の中国国内の情勢変化、中国国民の民族的自覚、国力の増進、蒋介石の一連の外交演説や声明を日本側が十分研究していなかったことに起因する。

中国側は、日本を長期抗戦によって消耗させれば、最後の勝利は自分たちにあるとの戦略的な観点に立って、個々の戦闘での敗戦を大きな問題としていない。その中で、日本の事変継続の財政面での余裕はますます厳しいものとなっている。国民の中には、このような状況を「太閤様のいない朝鮮征伐」と皮肉る者さえある。今、事変の収拾を図らねば、日本の国力はますます消耗を重ね、諸外国の乗ずるところともなり、我が国の将来は取り返しのつかない破綻と屈辱を招来しかねない。したがって、一刻も早い事変の収拾が急務である。

以上の認識の下に、石射は和平条件決定の前提としての心得を以下の通り述べている。先ず、寛容の度量を示し中国側の面目を立てる。第2に、中国の主権に制限を加えない。第3に、蒋介石の下野を絶対条件としない。第4に、中国内政に干渉しない。第5に、国民党解消を要求しない。そして、第6に、経済の提携に重点を置く。

その上で、以下の和平基礎条件を提案する。先ず、政治面では、満州国の正式承認、共同防共政策の確立と遂行、抗日の取り締まり、臨時政府及び維新政府は合体の上で国民政府の下に地方特殊政権として一定期間存続させ、将来的に国民政府に取り扱いを判断させること、内蒙は中国の主権の下に自治的現状を維持する。軍事面では、長城南方一帯及び上海周辺の一定地域を非武装地域としつつ、中国側の面子を考慮し時期的な期限をつけ、かつ、地域の範囲も必要最小限度とする。北部、内蒙、中部の一定地域に日本の駐兵権を認めるが1年以内に限定し、駐兵地点及び兵力とも最小限度に留める。経済面では、資源開発における日中協力を進め第三国の経済活動を妨害しない。交通、航空、貿易面の協定を締結する。賠償については、直接損害への賠償は要求するが、中国国民を敵としない方針に基づき戦費賠償の要求は行わない。

石射は、結論として次のように論じている。現在、日本は、あくまで強圧的な政策を進めて中国を植民地的に処理するのか、それとも日中融和の道を目指すのか、その対中政策において重大な岐路にさしかかっている。日本政府としては、全能力を動員して対中政策の実現に当たらねばならず、日中融和の道を目指して進路をしかと定め、粛々と国民を率いる責務があると締めくくっている。残念ながら、その後の日本が選択した方向は、石射の目指す日中融和の方向とは異なり、正に彼が懸念していた「取り返しのつかない破綻と屈辱」を日本及び日本国民に招来することになる。

1938年5月、宇垣外相就任後、興亜院設置問題が発生した。日中戦争によって占領地域での行政事務が増えたため、これを統一する組織を作ろうとする動きである。外務省は外交一元化、権限縮小に対する反発から当然大反対であった。陸軍・海軍からも東亜局長である石射のところに様々なアプローチがあったが、宇垣外相は事務当局以上に強硬に反対した。近衛首相は陸海軍のバックで興亜院設置を進めようとして、最終的には外相の辞任、近衛首相の外相兼任となり、興亜院は同年12月に設置される。この興亜院は、その後、1942年に、外務省東亜局・南亜局、拓務省、対満事務局と統合され、大東亜省となる。

石射も、堀内次官と共に辞表を提出する。挨拶に向かった石射に対して、宇垣は、「事変の解決を自分に任せると言いながら外務省の権限を縮小する近衛内閣には留まることは出来ない」と心境を語ったという。石射自身、近衛に対しては、心の中で軽蔑していたと述懐している。明敏な良識を持ちながら、善を貫く意思に欠け、外部からの圧力に屈従する、このような性格の故に、日中戦争は強硬論に引きずられ、とめどなく拡大された、このような信念に不忠実な人物を非常時の首相として仰ぐ日本は不幸であると。

この後、石射は、オランダ公使、ブラジル大使、ビルマ大使と海外に勤務し、対中外交を担当する部局から離れた。

石射は、国民政府から叙勲を受けている。1927年、南京に国民政府が成立して以降、叙勲された日本人は、石射のほか、有吉明大使、堀内干城書記官の3名だけであったという。石射は、「上海を無風状態に置く」という彼の努力が評価されたものとして、光栄かつ愉快に感じたと述懐している。

石射の外交官としての半生は、いわゆる国際協調主義、平和主義、対中善隣主義を基調とする幣原外交に代表される、いわゆる霞ヶ関の正統外交の信望者であり実行者であろうとした半生であった。彼は、外交程実利主義的なものはないと語っている。プラスを増やし、マイナスを減らす。外交の意義はそこに尽きる。そして、少しでも我が方に有利に解決しようとしても、自国の国力、相手国の情勢、国際政治の大局を無視することは出来ない。彼我半々の解決に最終的には満足せねばならず、そこには妥協も求められる。このような作業に当たるのが各国の外交当局である。正直で地味なやり方が、結局総合的に大きなプラスを我が方に与える所以である。

軍部や右翼が目先の利益に引きずられ、あるいは政党が政争の具として外交を利用し、当方8割、9割の外交を強要した。そして、軍部の強要に屈した外交が強硬外交と持て囃され、幣原外交即ち正統霞ヶ関外交が軟弱外交と非難された。

その中で、多くの国民が強硬外交の熱烈な信望者となったのも歴史の一面である。結局、外交当局者である外務省の外交に、それを貫く信念と勇気が欠けていたと石射は結論づける。その結果、敵に一歩も「神国」日本の領土を踏ませないとの「必勝」の覚悟であった日本の軍部と強硬外交は、やがて日中戦争勃発の8年後には正にその敵となった米国に完膚なきままに敗北を喫し、その占領を受けて、皇居前広場で彼らの閲兵式が行われるという主権国家としての最大の屈辱を味わうこととなるのである。

堀内干城

堀内干城（1889―1951）は、奈良に生まれる。1918年、第27回外交官領事官試験（この年から高等試験外交科に名称変更）に合格し、外務省に入省する。同期は23名であった。1929年から7年間、上海の公使館一等書記官として赴任し、佐分利貞男、重光葵、有吉明、有田八郎、川越茂の五人の公使・大使に仕えた。その後、天津、北京の総領事、外務本省東亜局長を経て再び上海に戻り、公使兼総領事を務める。大使の補佐として南京に赴任中に敗戦を迎える。31年に亘って外務省に奉職し、その内の16年間を中国で過ごしている。

堀内は、戦後の1950年、回顧録「中国の嵐の中で―日華外交三十年夜話―」を書き残した理由を、次のように述べている。中国人は、日本が1915年の21ヶ条要求以来、絶え間なく中国を侵略したという印象を持っており、日本人も敗戦以来そのような見方をしている。このような相互誤解は是正する必要がある。

堀内は、このように述べながら、当時、道義的に対中外交を進めなくてはならないとの考え方が日本政府内にも存在し、少なくとも外務省においてはそのような意図の下に対中外交を進めようとした、と自らを含めた外務省の対中外交を弁護している。

同時に、日本の中に拡張主義、積極主義に基づいた侵略的な外交を支持する勢力があり、この道義派と侵略派の争いが日本の対中外交の歴史であったとも述べている。そして、いつの間にか、侵略派が勝利し、満州事変、日中戦争となり遂に日本の敗戦を招いた。

堀内は、佐分利公使、重光公使、有吉大使といった幣原外交を継承するグループに自分の身を位置づけ、国内外で中国に直接かかわった20年間、道義と人間味に基づき、両国の経済的利益の調整を対中外交推進の要諦として来たと振り返る。

堀内の父は、奈良の旧家の跡継ぎであったが、水害で財産を失い、堀内は叔父の家で育てられる。他人にやっかいになっている自分を認識し、他人に迷惑をかけないよう周囲と調和する努力を小さい頃から身につけた。彼は、自分の道義性、人間性、そして勤勉さは、この少年時代に形成されたと述懐している。

中学時代に最も私淑した師が漢文教師であり、その授業を通じて中国への関心が芽生える。そして、1908年、上海東亜同文書院に入学する。同文書院時代の大旅行で、当時北京公使館の三等書記官であった松岡洋右を訪問した際に外交官になることを勧められ、その決心を固める。

同文書院卒業後、日本に戻り京都帝大に入学する。1918年、4度目の外交官試験にやっと合格し、同年10月、外務省に入省する。

この時、幣原喜重郎次官の謦咳に接する。外交は戦争ではない。一方が勝って、他方が負けるということではない。ギブ・アンド・テイクにより双方が満足する形で合意することが外交本来の目的である。一方の要求が十二分に貫徹され、他方の要求が満たされない場合は、後世に大きな禍根を残すという幣原外交の理念を学ぶこととなる。

幣原外交は、また、小村寿太郎の外交を引き継ぐものであった。小村は、外交官は、国民の喝采を博そう等と考えてはいけない、それは、必ず国を戦争に導く危険を生じる、外交官は常に軟弱外交と言われて国民から攻撃されることを覚悟しなければならない、そして、国民には、いわゆる軟弱外交こそ真に両国親善関係を樹立し、共存共栄を実現するための不可欠の要件であることを理解させる必要があると常々部下に口癖のように語っていたという。

堀内は、入省後、通商局勤務を命ぜられる。その頃、第一次世界大戦の戦後処理のためのパリ講和会議での日本代表団の能力不足から外交官の実務能力の向上が急務となった。外務省革新同志会というものが作られ、情報収集機能の強化、外交官試験の一新、老輩の淘汰、語学研修等の改革案が出された。

堀内も、今後の外交として政治外交よりも経済外交を主体として考えるべきとの案を主張していた。それまでの外務省は、政務局が主流で、通商局は傍流という認識がされており、在外ポストも通商局出身者は良いポストにつけない状況であった。通商局勤務が9年に及んだ堀内は、日本外交における対外貿易の進展の重要性を強調した。更に、これと並行して二重外交の打破が主張された。陸軍との二重外交の萌芽がこの頃から醸成されていたからである。

1925年当時、幣原外相の下で、ワシントン会議のフォローアップの一環として北京関税会議が開かれた。一律の課税となれば比較的安価な物品の対中輸出が多い日本製品が欧米製品に比べ不利となる。そうであれば、むしろ、日本から中国の関税自主権を承認し、不平等条約撤廃の先鞭を打つことにより中国の支持を獲得した上で、出来るだけ日本に不利とならないよう差額税率を受け入れさせようとの戦略の下、対中協調外交を進めた。

このような日本の率先的な姿勢は、中国で非常な好意をもって迎えられ、上海をはじめ大都市の排日活動は徐々に影を潜め、親日の雰囲気が醸成されていくという好ましい状況が生まれつつあった。但し、肝心の関税交渉及び治外法権撤廃の協議は、結論が出る前に中国内政が一層混乱し、交渉相手であった段祺瑞内閣も崩壊してしまい、自然消滅となってしまった。

1927年、若槻礼次郎内閣が倒れ、田中義一内閣が組織される。田中が外相を兼任し、森恪政務次官が実質的外相として指揮をとると、対中外交は積極外交に転換し、拡張主義が台頭する。国民党の北伐に対して居留民保護の目的で日本政府は山東出兵を決定し、済南事件が起きる。排日運動も再び中国各地に広がり、幣原外交の成果は消し去られ、中国の対日感情は再び険悪になっていく。

堀内は、１９２７年７月、在英日本大使館二等書記官として赴任するが、約２年の勤務の後、重光総領事の希望により、上海総領事館に転勤することとなる。佐分利在英大使館参事官も同じ頃、ソ連駐在大使内示を受けアグレマンまで取り付けていたが、田中内閣が総辞職した後の濱口内閣の下で、幣原が再び外相に任命されると、幣原のたっての希望で佐分利は中国公使に任命される。

しかしながら、佐分利は１９２９年９月に中国に赴任し、信任状を捧呈して間もなく、中国の治外法権撤廃交渉を始めるための準備のために一時帰国中の11月29日、箱根富士屋ホテルでなぞの自殺を遂げることとなる。佐分利の後任の小幡酉吉公使がかつて21ヶ条要求の頃に中国に駐在し、侵略外交に参画していたとの理由で王正廷外交部長の拒否によりアグレマンが出ず、重光参事官兼総領事が代理公使（のち公使）として対中外交を現場で仕切り、その下に堀内は赴任することとなったのである。

その後、日中関係の調整は順調に進み、中国の対日感情も好転した。１９３１年７～８月頃には、蒋介石が日本から招聘した軍事顧問は60～70名を数えるまでになったという。

しかし、そのような日中国交改善の雰囲気は柳条湖事件に端を発する満州事変によって吹っ飛んでしまう。上海の在留邦人社会にも、排日の風潮を打破するためには高圧的な手段をもって国民政府に親日政策を強要することが必要であるとの強硬意見が拡大して行った。堀内は、重光と共に１９３２年１月に現地情勢報告のため上京したが、出発前に在留邦人から数通の投書に接したところ、いずれも、重光公使の軟弱外交を非難攻撃する内容であったという。

１月28日、戦火は上海に飛び火し、日中両軍が直接衝突、第一次上海事変が起きる。３月３日に停戦命令が出されるが、４月29日の天長節祝賀行事で朝鮮人尹奉吉の投じる爆弾によって重光公使は右脚を切断する重傷を負う。重光は、このような状況下にも拘わらず、停戦協定の早期締結を本省に請訓し、5月5日、重光は、右脚切断手術の直前、病床で協定に署名する。

4月末に重光が重傷を負ってのち、9月に有吉明公使が着任するまでの間、堀内は、上海事変後の日中国交調整に尽力する。有吉は、1909年から10年間、上海総領事を勤めたことがあり、上海の民間にも信用高く、中国に対して極めて冷静かつ公平な認識を持っていたと堀内は回想している。

1935年、公使館が大使館に格上げされ、有吉は初代中国駐在特命全権大使となる。有吉の外交も小村外相以来の霞ヶ関正統外交を引き継ぐものであり、水鳥外交であった。水鳥は一見すると呑気に水面に浮かんでいるようであるが、水中で不断の努力をして水かきをしている。ただ、それが上からは見えない。有吉の外交が正にそれであった。有吉は、1936年2月に離任する。

堀内もいったん帰朝して転任を希望した。しかしながら、後任大使の有田八郎から、堀内に引き続き上海で自分の仕事を補佐してほしいと要望され、2月に有田と共に再び上海に向かった。有田は堀内の尊敬する先輩であったが、2・26事件後の広田内閣で有田が急遽外相を務めることとなり、中国大使の在任期間はわずか1ヶ月余りであった。

堀内は、その後まもなく天津総領事の発令を受け、7年に及ぶ上海勤務を終え、1936年9月、天津に赴任する。翌年7月7日には、北京郊外盧溝橋で事件が勃発し局地解決が成功せず、紆余曲折を経て8月13日に戦火は上海に飛び火し、やがて日中全面戦争の火蓋が切って落とされる。

この頃の外務省・在外公館の主要な業務は、3つの方面に分けられた。第1は、中国民衆の被害を最小限とし、日本の出兵が彼らを抑圧するためではなく蔣介石の抗日方針を改めさせることにあることを中国民衆に理解させること。第2に、欧米列強の権益が侵されないよう留意すること。そして、第3に、満州事変のような政治工作を軍にやらせないことである。しかしながら、次から次に起こる軍事行動のために、十分な成果を上げることは期待出来ず、また、在留邦人の一部も軍に呼応して在外公館の方針とは異なる行動に走った。

1939年10月、堀内は野村吉三郎外相の下で東亜局長内示を受け、同月帰国する。1940年7月、第二次近衛内閣に松岡洋右が外相として入閣する。就任後、彼は大々的な外務省幹部更迭人事を実施する。堀内も辞意を松岡に伝えると、彼から上海に総領事として赴任して、日米の出先における対抗関係を調整してほしいと要望され、これを受ける。

9月、今回は参事官兼総領事として上海に赴任する。着任直後の在留邦人による歓迎会席上の挨拶で、堀内は、今や上海の在留邦人は10数万の多きに上っている、それぞれ上海にいることが果たして日中関係に良い影響を及ぼしているか否か冷静に判断して、余り役に立っていないと思うものは引き揚げるべきである、在留邦人数が事変前の水準に減らない限り、日本は、この事変を処理出来ないと発言したという。一部識者は堀内に共鳴したものの、大多数は意外な感に打たれていた。しかし、堀内は任期中この方針を基本とした。

1942年11月、堀内は、大東亜省が設けられた際に南京勤務を命じられ、重光大使を補佐する特命全権公使となった。そして、南京で終戦を迎える。国民政府宋子文行政院長の委嘱を受け、戦後も3年半程中国に残る。この間、邦人技術者の留用事業や海南島開発の現地調査に携わった。

堀内は、中国が日本から接収した中国国内の各種工場・施設を稼働させるために、日本の技術者・専門家を留用することは最も効果的であり、かつ、中国経済を復興させることを通じて、それと密接な関係にある日本経済を間接的に復興させることにも繋がると考えていた。2017年1月13日付朝日新聞は外務省が同月に行った外交文書公開を報じている。それによれば、「残留し日中関係のために貢献したく固く決意している」と堀内が1946年3月に語った覚悟が幣原喜重郎首相宛の外務省報告書に記されている。実際、堀内は上海で邦人技術者互助会の責任者として福利厚生にも努め、旧日系紡績工場の戦後の操業や綿布価格の安定に貢献し、中国側からも歓迎されたという。

1950年の時点で、堀内は将来の日中関係につき次の3点を認識すべきであると述べている。第1は、現在の中国の政治、経済、社会状態の悪いのは日本の責任であるということである。日本人はその道義的責任を反省すると共に、今後、中国と経済・文化交流を推進していく上で、この基本姿勢に立って行動すべきである。第2は、日本の再軍備問題であり、中国は、日本が将来米国の援助の下、再び中国侵略を行う可能性を危惧しており、この誤解を解く努力が必要であるということ。そして、第3に、中国が工業化し発展していくことが日本の経済復興にも繫がるという基本認識が重要であるということである。

堀内は、回顧録の最後の方で、外務省勤務31年を振り返り、また、そのうちの16年間を中国に身を置いて来た経験を回顧してこう述べている。小村外相の残した霞ヶ関伝統外交である国際協調主義、即ち道義性、合理性の外交を推進していた時代は、日中両国関係は親善を基調としており、中国は、日本を友人として提携してやっていく気持ちでいたが、日本が拡張主義、侵略主義的な政策を展開した時代は、排日・抗日の事態が各地で発生した。

しかし、彼にも多少の心の揺れも見受けられる。中国人は、甘い顔を見せればつけ上がり、鞭をくれれば大人しくなると日本では一般的に教えられ、堀内は、このような認識は誤りであると深く信じるが、一方で、ある程度の理由があるのではないかとも時折反省させられたと語っている。

堀内は、過去自分が携わった対中外交において、中国国民を圧迫し、搾取するという考えは毛頭なかったし、自分の良心に省みて、なんら中国国民に対して疚しいところはないと断言している。他方で、日本は、結果的に中国を侵略し、自分は、その侵略外交の責任者であることは免れないとも述べている。日本が中国国民に植え付けた深い恨みは拭いきれない。日本民族として、過去を自ら反省して、その罪過をはっきり認識して、平和愛好の文化国民として、今度こそは、真に道義性、合理性の外交を推進しなければならない。両民族間の真の友情が、将来における両国関係の唯一の基盤であり、その友情は人の道を日本人が行い、そして中国人が応じることにより初めて築き上げられると悟った、と最後に言い残している。

堀内にとって、戦前日本の対中政策はひとことで言えば、正に「道義」と「合理」的思考を欠いた独善外交であったということであろうか。

須磨弥吉郎

須磨弥吉郎（1892―1970）は、秋田県に生まれる。広島高等師範を中退後、中央大学に入学。途中、東京帝大文科の専科に入学するも退学し、1919年に中央大学法科を卒業する。同年第28回高等試験外交科に合格し、外務省に入省する。同期は24名であった。

中国には、1927年に公使館二等書記官として赴任、広東勤務等を経て、1932年、日本公使館情報部長（一等書記官）として上海に常駐する。その後、1933年に南京総領事、翌年には公使館一等書記官を兼任する。

国民政府に関する須磨の情報は、俗に「須磨情報」と呼ばれ、その玉石混淆は毀誉褒貶を呼んでいたという。1939年には、外務省情報部長を務める。太平洋戦争勃発前後には、中立国スペインの特命全権公使として、米国等の動静に関する情報を収集した。戦後、A級戦犯容疑で拘束されるが、不起訴処分となり、公職追放解除後に衆議院議員を2期務め、1970年に死去する。

須磨は、また、美術品の収集家としても有名であり、彼が集めた西洋・中国美術は、「須磨コレクション」として長崎や京都の美術館・博物館に残されている。

須磨弥吉郎の子息である須磨未千秋が編集した「須磨弥吉郎外交秘録」という弥吉郎自身が残した文章をまとめた書物がある。はしがきに未千秋の後輩にあたる衛藤瀋吉亜細亜大学学長・東大名誉教授（当時）が文章を寄せている。それによると、衛藤が旧制一高時代、漢文の教師麓保孝が、我が国の外交官試験をパスした外交官は、欧米に駐在すれば必ずその国の言葉を覚えるが、中国に駐在しながら中国語を学んだ者はいない、ただ一人の例外は須磨弥吉郎であると、授業で語ったことがあり、初めて聞いた須磨弥吉郎という名前を記憶にしかと留めたと述べている。

衛藤によれば、須磨は、以下の点で異色の外交官であった。第1に、経歴である。前述の通り、広島高等師範を退学し、中央大学法科に入学。この時すでに25歳であった。翌年、東京帝大文学部に専科生として入学。正規の学生ではなく、いわば聴講生である。その後、東京帝大を退学し、27歳で外務省に入省、同じ年に中央大学を卒業する。第2に、巨漢で英国流の趣味の良い身だしなみと威厳をもった独特の風貌である。第3に、旺盛な探究心。古今東西の事象に関する博覧強記振りと達意の文章は人を驚嘆させたという。そして、第4に、情報収集能力である。駐在地における様々なルートを通じた情報収集は、いわゆる「須磨情報」として外務省内外に有名であった。

衛藤は、敗戦に至る昭和史は、政治外交の失敗を軍事力発動によってカバーし、軍事力発動の戦略的失敗を戦術上の果敢さや兵士の勇戦奮闘で補った歴史であり、須磨の中に流れる現代史解釈もこれと軌を一にするものであると見ている。

外交秘録に収められた「報国憂記」（スペインに公使として滞在中の1945年6月に脱稿）の中で、須磨は、対中政策の決定と軍部の関係につき、次のように記している。対中政策は日本の生命線であり、どの政府機関がどのような責任権限を持つかは重要ではない。しかし、軍部、特に現地出先機関が外交に介入し、軍中央の命令に従わず勝手に振舞っている。軍部が外交にまで容喙することが余りに多いことが対中関係上一般的に起こっていることであり、外交の一貫性や継続性が保たれないことを矯正する必要がある。軍人が政治に興味を示し介入することにより、日本の政治が堕落した。そして、日米戦における日本軍の戦い振りは、第一流の兵士を有し、第二流の装備を使い、第三流の指揮者を戴いているごときである。

須磨は、1939年から1940年にかけて、本省情報部長を務めたが、その際、在外公館、陸海軍、新聞、銀行、商社等から収集した世界各地より接到する情報を分析した。彼の結論は、概ね任国の宣伝の取り次ぎを超えるものではなく、底流にある本質に迫ることもなく、世界情勢を踏まえない局部的観測が余りに多く、危惧を感じたと述懐している。そのため、自ら掘り下げた情報収集及び判断の出来る国として当時中立国であったスペインという任地を望み、公使として赴任したと記している。

日中戦争の意義を、須磨は次のように捉えていた。中国は、日本を防衛する陣地であり、その陣地を固めないで南方の開発にのみ熱中するのは、盗賊団の前に錠前を備えず、手職をなすようなものである。日中戦争は、日本民族の発展の過程で想定されていた事件である。即ち、中国問題は、日本にとり永久の問題であり、日中戦争の故に日米問題も先鋭化し、枢軸国対自由主義国の紛争を招来した世界的意義を忘れてはならない。日中戦争の処理方針の不統一、一貫性の欠如は、即ち第二次大戦の結果とも密接に繋がる。

１９３１年の満州事変発生２ヶ月後に記した「満州時局対策要綱」で須磨は、満州の領土及び行政を他の中国の地域と不可分であると認識し、中国の国民意識に不必要な憤激を与えるべきではないと主張している。陸軍は外務省他政府各部門の意見に耳を貸す用意がない。日本の生存権は究極的には満蒙及びソ連極東地域に及ぶとの陸軍の考えは理由のないことではないが、これら地域を直ちに領有しようとするがごとき行為は時代錯誤も甚だしい、満州を独立させ、中国と切り離す思想は断じて糾す必要があると非難している。

国民革命の自覚と認識は、中国全土に澎湃としており、中国国民の間に起こっている不平等条約の撤廃、関税自主権の回復、治外法権の排除、租界の回収等を要求する運動は、真の意味の独立を達成するまで消えることはない。この中国国民の民族意識を無視すると、予想も出来ない事態が発生する可能性がある。もし、日本が中国のこのような国民運動と半永久的に闘争することとなれば、日本は自ら窒息してしまい、国運を危殆せしめ、将来に禍根を残すと戒めている。

須磨は、満州事変に対して日本が取るべき対策として、満州の独立は根本的解決を与えず、中国の実態を静観すること、広州国民政府等反蔣介石に傾くグループに事実上の支援を与えること、を提案している。

須磨は、１９２９年に芳澤公使の下、北京に二等書記官として赴任して以降、広東、上海、南京と11年に亘って、中国に身を置いて対中外交に取り組んで来た。この間、軍人ともいろいろと交渉をやって来た。北京の２年間は、田中義一内閣の対中積極外交から、濱口雄幸内閣の下で第二次幣原外交に移行し、対中外交が大きく転換された時期であった。

須磨は、その後、1930年に、幣原外相の指示により広東総領事として転勤する。蒋介石と対立している南方の政情を把握すべしとの幣原外相の意向が反映されたものと須磨は推察している。

1931年のある夜、広州沙面にある総領事公邸に広州国民政府の汪兆銘と孫科が訪ねてきて、「満州を日本にやる」という提案が須磨に対してあった。満州問題の解決のため、同政府外交部長の陳友仁を同年7月、日本に派遣した。幣原外相は、広州国民政府を日本が承認していないことから、非公式に3回程面会した。先方の目的は、満州における日本の権益を尊重する代わりに、日本に広州国民政府を正式に承認させることであった。

満州については、幣原と陳との間で概ね次の了解に達した。日本は満州における中国の主権を承認し、領土的に侵略の意図がないことを宣明する。他方、日本は満州において幾多の権益を有しており、これは多年に亘る歴史の成果である。したがって、日本は、満州において日本人が居住し、商工農の平和的業務に従事出来る状態を道徳的に要求出来る。

陳の帰国後、汪兆銘は、陳が幣原と交わした覚書に署名した。当時広州国民政府を支持していた広西派の李宗仁と白崇禧が覚書に反対したため、須磨は、汪兆銘の要請を受けて、広西省桂林に赴き、二人を説得、9月17日に広東に戻り、その旨を幣原外相に電報で伝えた。満州事変が勃発したのは、その翌日であった。須磨の外交工作は水泡と消えた。

2年余りの広東勤務の後、須磨は上海に転勤する。1932年1月28日に始まった第一次上海事変は、5月に停戦協定が署名され、翌年5月の塘沽協定で満州事変は一応収束した。

上海では、重光公使の後に有吉明公使が着任していた。公使館には情報部が設置され、須磨は一等書記官として情報部長を務めた。公使は、通常上海に常駐し、ガーデン・ブリッジを日本人の多くが居住する虹口側に渡ったところにある総領事館の建物に同居していた。

当時、各国の諜報機関が入り乱れ国際スパイの坩堝とも言える上海であったが、日本側の情報機関だけでも陸軍、海軍、外務省、内務省（警察）、司法省、台湾総督府、朝鮮総督府、満鉄等の各機関がお互いに深い連携もなくそれぞれ競争しながら情報収集していた。

須磨は、その後、南京総領事を兼ねて南京に常駐した。この時に、いわゆる「蔵本事件」が起きる。1934年6月、南京総領事館所属の蔵本英昭書記生の行方不明事件である。須磨は、「在支十有一年と外交秘話」の中で、「私が南京在勤中、蔵本という書記生が神経衰弱の気味で行方不明となり、一時は大騒ぎとなったが、支那側の手で紫金山で発見されたので、私も引込みがつかなくなるという困った事件があった」と記している。須磨が事後、外交部に遺憾の意を表しに駆けつけたところ、応対した汪兆銘外交部長は、「一時日本側が支那側に抗議したこと等、一切水に流すという淡々たる態度で、さすがに大陸的な寛容の人であると感心させられた」とさらりと述べている。

但し、重光葵の「外交回想録」によれば、この事件は、重光が外務本省で中国問題の主たる責任を担っていた外務次官の時の事件であり、須磨南京総領事が、事件発覚後、中国側の誘拐によるものと断定して、厳重な抗議を中国政府に行っていたところ、抗議の翌日に蔵本本人が紫金山の洞窟にいるところを発見されたというお粗末な結末であった。蔵本は、部下にも追い越され、なかなか昇進しないことに不満を持って失踪したことが判明した。

他方、岩井英一の「回想の上海」によれば、蔵本失踪事件の見方はかなり異なる。有吉は、須磨から届く電報内容では、今ひとつ事情が分からないとして、須磨と上海時代に仲の良かった岩井に、南京に急行して状況を把握するよう指示する。南京にやって来た岩井に対して、須磨は、次のように話したという。蔵本が自殺したことは、十中八九間違いない。しかし、死人にくちなしだから、この事件をきっかけに国民政府をして抗日排日の取り締まりにもっと力を入れさせたい。そのことによって、軍の中支進出の出鼻を挫きたい。しかし、このようなことは、機微なので電報に書けなかったと話したという。関係者の回顧内容が全く異なっており、真相はよくわからない。

1935年には、日中双方の公使館が大使館に格上げされたが、大使館昇格の通達を須磨が直接汪兆銘行政院長に手交したところ、日本が中国の地位を高く取り扱い尊重した行為として、汪兆銘は泣いて喜び、最後は須磨に一礼してわざわざ車寄せまで唐有壬外交部次長を伴って見送りに来て、自ら車のドアを閉める丁重さと歓待振りであったという。須磨は、非常に恐縮した。

1936年5月、川越茂が新たに中国大使として赴任する。日中間に様々な事件が起こり、不穏な動きもあったので、有田八郎外相から排日政策を中心として、国民政府と一般的調整の交渉を行うよう訓令が接到した。川越大使は、張群外交部長と年末まで7回、須磨は外交部長や高宗武アジア局長と20数回の交渉を重ねた。日本側としては、北支に軍隊を入れない代わりに、中国側から長年の懸案事項についての保障を取り付けようとするものであった。

そうこうするうちに、唐有壬外交部次長が、親日派として上海フランス租界内の自宅前で暗殺される。また、関東軍による綏遠事件（1936年末、徳王の指揮する内蒙古軍が関東軍の支援の下、綏遠省に進出し、同省主席の傅作義の軍に撃退された事件）が発生し、須磨たちの国交調整の外交努力は水泡に帰する。

南京総領事時代、須磨は、陸軍の駐在武官と良好な関係を保ち、お互いの親元に送る情報電報を見せ合う程であったという。外交官と軍人の摩擦は全くなく、お互いによく協調していたと述懐している。そのため、閑院宮参謀総長から須磨宛、複数回に亘って感謝電報も接到したらしい。

須磨は、1937年に在米大使館参事官として転勤し、1939年、満州国大使館参事官の発令を受けて離任する際に、ハル米国務長官から呼ばれ、平沼内閣が日独伊三国軍事同盟を締結することは確実の情勢と見ており、これを阻止するために国務長官自ら訪日する用意がある旨伝えられる。

須磨が帰国した時には、既に阿部信行内閣に代わっていたが、首相兼外相の阿部は、このことを須磨から聞き、こういう重大な情勢下では、須磨を満州にやることは出来ないので本省に留まって欲しいと要請された。満州国からアグレマンが既に出ていたので、形式上満州国に赴き、植田謙吉大使（関東軍司令官）に挨拶した後帰国し、本省情報部長になった。

須磨の情報収集は、一貫して自分の情報に判断や説明を加えない方針でやって来たと述懐している。1936年12月12日に発生した西安事件を偶然事前に情報収集出来たことは、忘れられない思い出として残っていると当時を振り返っている。事件の前日、旧知の作家パール・バックから、須磨の美術コレクションを見せて欲しいとの要望があり、同じく旧知の張学良顧問の豪州人ドナルドと共に須磨の自宅にやって来た。

パール・バックは米国人宣教師の娘として中国に育ち、南京大学で教鞭を執っていた米国人と結婚して南京に移り住み、本人も南京大学に招聘され英文学の講義をしていたことがある。小説「大地」は1930年にこの地で執筆され、翌年出版された。1938年にノーベル文学賞を受賞する。

午後の半日、愉快な時間を過ごしての帰り際、書斎から階段を降りながらドナルドが須磨に、「明日は大変なことが起こるが、何でもない」と囁いた。須磨が問い返すと、「蒋介石が、明日張学良に軟禁されるが、実は何でもない」と付け加えた。須磨は、直ちに外務本省に情報電報を送った。30余年の外務省生活で滅多にない快心事であったと記している。この時が情報収集のプロ、須磨の外務省生活でのクライマックスであったのかも知れない。

岩井英一

岩井英一は、1899年、愛知県に生まれる。愛知県派遣留学生として、1918年に上海東亜同文書院に入学し、1921年、卒業する。中国語の成績は、本人によれば、終始「乙」で、「甲」を取ったことは一度もない。但し、本人は、外務省に入って中国各界人士と幅広く接触し、仕事も十分出来た、言葉が余りにうまい場合は、通訳官としては良いが、中国人相手に仕事をする場合は、かえって相手から警戒される面もあるので、「乙」程度がちょうど良い、いずれにせよ東亜同文書院での「乙」は相当の水準である、と開き直りにも聞こえる弁解をしている。

東亜同文書院の推薦で、卒業と同時に外務省に入省する。外務省のエリート外交官は、外交官領事官試験合格者のいわゆるキャリア組であり、正規の採用試験を受けていない岩井の外務省での出世は遅れ、後述するようにそれが処遇に対する彼の不満を招いている。

24年間の外務省生活のうち、約19年間を中国の汕頭、長沙、上海、成都（重慶）、広東、マカオ、香港の在外公館に勤務し、専門的知識と語学力、人脈を駆使し中国と深く関わって来た。

上海には、第一次上海事変及び第二次上海事変直後に2度に亘って勤務しており、総領事館の幹部でないにも拘わらず、情報収集分野で外務省の機密費を活用しながら、軍部との関係を含め隠然たる存在感を示した希有の外交官である。

岩井の関係で有名なのは、上海に１９３８年に設置されたいわゆる「岩井公館」と呼ばれる情報収集機関である。ここには、国民党や共産党に繋がる人物を含め、多くの情報網や二重スパイを抱え、興亜建国運動や汪兆銘工作等各種の工作に関わって来たとされる。中国では、今も、岩井のことを「日本のスパイ外交官であり、悪名高い（臭名昭著）特務機関である岩井公館の責任者である」と一般的には紹介されている。

岩井は、自分が戦前の上海で行ったことを、戦後、日本や中国で悪意に満ちた認識に基づいて書かれ、自分の名誉が傷つけられているとして、かつての出身校である東亜同文書院同窓会滬友会機関誌「滬友」に連載した文章に加筆を行って、１９８３年に「回想の上海」という題名で出版している。「回想の上海」出版委員会という、友人の支援を得た自費出版に近い形での４５０頁に亘る大部の回想録である。

他の外交官の回想録と異なり、当時の関係者に対する個人的な感情を直接表現した主観的な内容を多く含む異色な記述であり、また、「情報屋」のプロとして、情報収集や情報工作の実務的側面を中心に執筆されており、彼の対中認識の根本の姿勢が必ずしも明確でない面もある。外交官として型破りで特異であるが故に、少なからぬ毀誉褒貶を免れなかった岩井であるが、当時の雰囲気の一端に触れる意味で、この回想録にしたがい、岩井と上海の関わりを振り返ってみたい。

なお、２０１５年に、遠藤誉の「毛沢東　日本軍と共謀した男」で、「回想の上海」及び岩井公館のことが取り上げられ、再び一部で脚光を浴びている。もっとも、これは、毛沢東の中国共産党が蒋介石国民党の影響力を弱体化するために、敵である日本の岩井公館に、潘漢年等共産党員を接近させ、国民党に関する情報を提供したという文脈で紹介されている。

岩井は、満州事変から日中戦争の間、前後二期、合計約11年に亘り上海に在勤した。彼によれば、全身全霊をかけて所信に邁進した時期であった。第一次上海事変発生直後に総領事館副領事として赴任した前期には、彼の発意で公使館に情報部が設置され、彼自身公使館兼任発令を受け、この情報部で、情報収集及び地元中国人記者に対するスポークスマンとして働いた。

また、第二次上海事変後に上海総領事館に赴任した後期には、日中戦争の早期終結実現のため、総領事館内に特別調査班を新設、また、陸軍の影佐禎昭大佐と協力しながら興亜建国運動を展開、そのための「岩井公館」を設置した。本人曰く、外務省の長い歴史の中でも、おそらくかつてなかった政治大工作に従事した。他方で、本省情報部と直接連携しながら行った工作は、現地大使館、総領事館等と必ずしも調整されたものではなく、上層部からの毀誉褒貶も激しかったようだ。

岩井は、出身校東亜同文書院建学の理想達成のため、両国友好親善の維持を旨として、不幸にして日中が戦火を交えた後は早期停戦のために、また、全面戦争化の時期には全面和平実現のために、創意を生かして全力を尽くして来たと自ら振り返っている。

彼は、満州、朝鮮は、日本が日露戦争勝利のために払った大きな犠牲の賜物であるが、そのような歴史的経緯を、蒋介石は無視し、北伐成功の余勢をかって実力回収を企てたとして、満州事変の責任の一半を蒋介石に帰している。

最初の上海勤務の際、公使館、総領事館の情報収集力の貧弱さを痛感した岩井は、その強化の具体案を重光公使の名前で本省に意見具申する。中国に関する情報は、領事館警察の特高が中国共産党情報を収集していた以外は、総領事館、公使館とも、限られた館員が少数の中国人を使って南京国民政府や19路軍の情報を取っているだけで貧弱であった。公使館付陸海軍武官府の情報収集能力の方が総領事館、公使館をはるかに上回っていたと彼は回想している。

岩井は、当初彼が所属していた総領事館の上司である村井総領事の名前で意見具申しようとしたが、重光公使が、これは公使館でやると主張し、その結果、公使館に情報部が新設され、初代情報部長には、既に触れた須磨弥吉郎が就任した。岩井は、公使館兼任となり、須磨の下で勤務することとなる。須磨とは呼吸が合った。岩井の入手した情報を高く評価し、その情報に基づいた岩井の意見書もほとんどの場合支持した。

なお、岩井は、重光に対して、あまり良い感じを持っていなかったようであり、後に第2回目の上海勤務時、重光が大使として赴任していた際に、上海で情報担当官会議があり、その際の重光の招宴の席での思い出を語っている。岩井はその場での重光の独善的な態度は今思い出しても腹が立つと、汪兆銘の包容力の大きさと比較して重光を批判している。

他方で、通常の回顧録では窺えない、重光のプライベートなエピソードも紹介している。１９３２年4月29日のいわゆる天長節爆弾事件の前日、井口首席領事から岩井は、重光公使が激務の息抜きにカフェ・ライオンに一人で時折昼飯を食べに行っている、そこにふみ子という絶世の美人女給がいて、公使はご執心だが、彼女が全然近寄らないので何とかしてほしいとの要請を受けた。岩井はふみ子とは懇意であり、早速、電話で言い含めると彼女は快諾したので、その日の昼食に重光は、カフェ・ライオンに足を伸ばした。岩井が様子を見に行くと、重光はふみ子を側に引き寄せて彼女の膝をなでながら、至極ご満悦の様子で、日頃は見せない笑顔まで見せていたという。

実際、カフェ・ライオンのふみ子は純日本的な性格で品の良い評判の若い娘として当時上海の邦人社会では有名で、多くの客を引きつけていたらしい。作家村松梢風はサンデー毎日に彼女をモデルに小説を書いたくらいである。村井総領事も馴染み客の一人であった。

翌日の事件で、重光は右脚を切断、岩井の方は、激しい雨が降って来たので、爆弾が投げられる前に新聞記者を誘って現場を去って官舎に戻ってビールを飲んでいたらしい。

第1回目の上海勤務の時期、岩井は自分の成し遂げた成果として、国民党秘密結社藍衣社の存在の察知や「新生」不敬記事事件発生の際、雑誌検閲の管轄が国民党中央党部であることを突き止め、国民党宣伝部長から謝罪文を取ったこと等を挙げている。

なお、この不敬記事事件では、石射猪太郎が「外交官の一生」で、公使館付陸軍武官補佐官の影佐禎昭中佐の裏での策動や磯谷武官の要求を悪しざまに書いているのは、余りに感情的で情けないと石射の狭量に対するこれまた感情的な反発を、岩井は回想録に記している。

須磨が去った後は、後任の河相達夫が中国語が出来なかったこともあり、岩井は、公使館の対中国人記者スポークスマンを兼ねた。中国紙に岩井の談話が載らない日はない位有名になったという。

第2代情報部長であった河相には、徹頭徹尾お世話になったと記している。河相は、岩井の反骨精神、役人らしくないところを気に入ってくれていたようである。そして、最大の置き土産は、1934年の異動でやって来た影佐禎昭を紹介してくれたことであると述懐している。岩井は、河相が外務省勤務24年間の最大の恩人とすれば、影佐は陸軍における最大の後援者であり大恩人であるとまで述べている。

河相が後に外務省情報部長となったので、岩井は、1937年4月にいったん帰国して彼の元で働くが、1937年7月に盧溝橋事件が発生し、それが、上海に飛び火（第二次上海事変）、日中全面戦争の様相を帯びると、岩井は、河相に上海で戦争の早期終結のため最善の努力をしたい旨直訴し、翌年2月、再度の上海勤務（総領事館）が実現する。

なお、上海に赴任する前、ちょうど、第二次上海事変が勃発した8月13日に、岩井は、東京赤坂の料亭で参謀本部支那課長をしていた影佐と食事を共にした。その前に、岩井は、河相に対して、満州事変以降、外務省がいつも軍の後手に回っているのは、外務省の役人が軍の対中強硬派、積極派に恐れをなして接触せず、また、接触しても言うべきことをろくに言えないために、軍の考え方や動きを知ることが出来なかったことに一因があるとして、上海で以前、お世話になった影佐が今度参謀本部支那課長になったのを機会に、彼と月1回でも懇談する機会を作って欲しいと要請し、これが実現したものである。

影佐は、岩井に、いよいよ上海に2個師団、青島に2個師団出兵することにしたと説明があった。岩井は、これに対して、今は、日中全面戦争という重大な局面になるかならないかの瀬戸際であり、青島に出す兵力を含めすべての兵力を上海に投入し、いち早く首都南京を攻略し、戦争を1日も早く終結することが重要である旨応じた。

それから約1週間後、影佐から、君の言う通りにしたという返事があった。岩井は、もし、彼と影佐のような友情と協力関係が、外務省関係者と軍強硬派との間に数多く作られていたら、満州事変はともかく、関内進出や日中全面戦争の火種を未然にチェックする機会があったのではなかろうかという思いが強いと振り返る。果たしてそうであろうか。

なお、岩井は、出世が必ずしも順調ではなく、自分の活躍を正当に評価しない外務省に対して強い不平を漏らしている。第2回目の上海赴任に当たり、ようやく副領事に昇進する。外務省に入省して16年半後である。このような処遇に対する不満が、外務省や上司に対する辛辣な批判の底にはあるのかもしれない。彼は、外務省の「キャリアにあらざれば人にあらず」といった特権階級意識のために、非常時に役立つ真の有為な人材が育たず、満州事変以降、万事に軍の後塵を拝するを余儀なくされるに至ったと感想を述べている。

他方で、軍、特に陸軍関係者から見ればお高くとまっているキャリア組と比較して、岩井とは率直な話をしやすかったようである。塚本誠「ある情報将校の記録」によれば、塚本が、１９３５年5月、憲兵大尉として上海に派遣され、後に影佐禎昭の下、「梅機関」で働いていた頃の思い出を語っている。現地でも陸軍、海軍、外務省の意見がなかなか一致しなかったが、その中で潤滑油的な役割を果たしていたのが岩井英一であり、美髭を蓄え、いつも太いステッキを持って街を闊歩していたと記している。

岩井は、2回目の上海に赴任した後、現地で戦争の早期終結のための強力な調査機関が必要であることを痛感し、河相に進言、許可を得てその新設に着手する。幸い、本省情報部3課に外務省革新派の急先鋒で、気の強いことにかけては無類の高瀬侍郎事務官（後の拓大総長）がいて、情報部の機密費支出の管理をしており、岩井の計画を強力かつ全面的に支援してくれた。

岩井は、独断でこれを総領事館特別調査班と命名し、１９３８年に発足する。総領事館、公使館では事前の相談もなく勝手に命名したことに相当不満で後々まで尾を引いたが、本省情報部との直接の話し合いで決定したもので、岩井は無視した。後から考えれば、下克上も極まれりと岩井自身が反省している。以上の経緯から、特別調査班の事務所は、総領事館とは別途、近くのアスター・ハウス内に起き、その後、ピアスアパート、そして、太平洋戦争勃発で接収した旧米国総領事館跡に移った。

調査員は、通算で70名を数えたという。その中には、彼の後輩である東亜同文書院卒業生だけでも20数名を数えたという。しかも、出来たばかりの給与も高くない特別調査班に首席卒業生等が入ってきて話題となったらしい。しかしながら、中国戦線は果てしなく拡大し、太平洋戦争も勃発、調査員の応召も相次ぎ、特別調査班設立当初の野心的な計画は実らず、敗戦を迎えた。ちなみに、１９７６年にロッキード事件で脱税と外為法違反で在宅起訴されたフィクサー児玉誉士夫も、この頃、特別調査班の嘱託であった。

ちなみに、岩井は、海軍武官が使用していたブロードウェイ・マンション９階の部屋を譲り受け、その後、部屋を変えながらも上海滞在中、ここを常宿として、また、個人事務所としても使っていた。

岩井の手掛けたもうひとつの工作が、いわゆる興亜建国運動及びその本部としての「岩井公館」である。蒋介石と対立して重慶を脱出し、ハノイ経由で上海に来た汪兆銘と日本政府との間に、全面和平達成の手段として、蒋介石の重慶国民党に対抗して、汪を中心に国民党と野党各党各派、無派を糾合して、南京に新しい国民政府を樹立する交渉が行われていた（影佐禎昭大佐による「梅工作」）。在野政党の参加は皆無であったので、岩井は、影佐から中国人による政党を早急に組織するよう要請された。

前期上海勤務時に意気投合していた袁殊（袁学易）を中心に、新党の基盤つくりの大衆組織工作をやらせた。岩井は、袁に、新党に集まる人士は、藍衣社、ＣＣ団、官僚経験者、共産党転向者、ははは、共産党員でも構わないと告げている。袁の興亜建国のスローガンは、和平地区にあって抗戦の前途に希望を失っていた知識階級に深く訴えた。この運動本部は、日本軍からの不必要な圧力を受けないためにも、中国側の希望により、岩井の私邸の形式をとることとなり、岩井公館と称された。１９３８年に設置され、岩井自身は、総顧問に就く。また、所要の経費は外務省情報部が全面的に引き受け、影佐のところからは出してもらっていない。袁は岩井公館の主幹として活躍する。

ちなみに、袁は、早稲田大学に留学、１９３１年に共産党に入党し、１９３３年に国民党スパイ組織に潜入する。「新声通信社」記者であった時代に岩井と知り合う。その後、袁が国民党に逮捕された際に、岩井の尽力で釈放される。岩井が、１９３８年２月に再び上海勤務となると、二人の関係は復活する。

この興亜建国運動は、１９３９年10月末には、40数万人の大衆組織化に成功する。しかしながら、汪兆銘の片腕であった周仏海から異論が出て、結局、政党組織を断念して文化思想運動に方向転換し、主力を重慶への宣伝攻勢に注ぐこととなった。

岩井は、2回目の上海勤務6年間で行ったことは、すべて日中全面和平実現のための精一杯の努力であったと記している。すべて、自分の一存で独断専行し、工作に要した金銭は、1980年頃の貨幣価値に換算すれば数十億円に達した筈であると追憶している。

戦時中、外務省情報部の予算を最も余計に使った男としていろいろな批判もあったようだ。岩井自身、中国人に深く入り、信頼されたのも、自分が東亜同文書院卒業生として、建学の精神をもって常時中国人に接したこともさることながら、情報部の巨額の機密費のお蔭であると自ら率直に認めている。

袁の秘密の紹介を通じて知り合い、時折会っていた潘漢年は、1926年、共産党に入党、1936年、モスクワから帰国し、コミンテルン代表として、同年張学良を説得し、西安事件を起こさせた人物であった。翌年、毛沢東は、潘を延安から国内外の特務が入り乱れる上海に派遣した。岩井は、彼に、共産党内部の事情や今後の動向に関する報告書の作成を依頼したところ、意外にあっさりと引き受けてくれた。この報告書を見た外務省情報部の中国共産党研究担当者は、共産党の今後3年先の動向まで理解出来る絶好の情報であると絶賛したらしい。

当時陸軍がやっていた「桐工作」の重慶側代表の宋子良が偽物である情報を提供したのも潘漢年であったと岩井は述べている。また、驚くことに、潘は、袁を通じて華北での日本軍と共産党軍との停戦について話し合いをしたいので日本側に連絡してほしいとの要請まであったという。遠藤誉著「毛沢東日本軍と共謀した男」では、これらの点をとらえ、他の文献にも当たりながら、毛沢東が潘を岩井公館に派遣したのは、共産党が蒋介石の国民党軍に打撃を与えるためであったと結論付けている。中国側の文献では、日本側の動静に関する情報収集のために潘が送り込まれたことになっているが、潘は岩井から多額の情報提供料を定期的に受け取っており、辻褄が合わないとしている。

ちなみに、潘は、新中国成立後、上海市常務副市長となるが、１９５５年、毛沢東によって漢奸及び反革命罪で投獄され、１９７７年、湖南省の労働改造農場で病死する。名誉回復されたのは１９８２年である。

なお、汪兆銘を重慶から引き出し、政権樹立工作に至るいわゆる汪兆銘工作そのものに岩井自身は全く関係していないと述べている。

岩井の現地大使館、総領事館を一切無視した独断専行は、各方面の反感と嫉妬を買ったようである。岩井自身、以下のような事情で館上層部との関係に悩まされたと述べている。第1に、キャリアにあらずんば人にあらずという空気の中で、一介の副領事でしかなかったこと。第2に、上海随一の高層高級マンションであったブロードウェイ・マンションの最高、最上等の部屋に住み、機密費を湯水のごとく使っていたと思われたこと。第3に、本省情報部と頻繁に連絡をとり、着任後、3年9ヶ月足らずで24回も上海・東京間を飛び回っていたこと。第4に、興亜建国運動本部総顧問の資格で、シボレー1台を運転手付きで提供されていたこと。当時、大使と総領事しか専用車は持っていなかった。

岩井の同窓である東亜同文書院出身者には、キャリア組で本省東亜局長をはじめ中枢ポストに就いた石射猪太郎、堀内干城、山本熊一、若杉要といった外交官がいるが、岩井は、彼らから不思議と余り支持を受けた覚えがないと述懐している。岩井の方も、同窓ではありながら、キャリア組である彼らとは心理的な壁があったのかもしれない。

独断専行のせいか、１９４３年秋、上海から追放同然の形で広東大使館事務所に転勤発令を受ける。

その後、1945年、マカオ領事館に移る。外務省24年余りの勤務で、館長の地位に就くのは、5ヶ月足らずのマカオ領事が最初で最後であった。マカオ情勢報告のため7月25日に一時帰国したところ、本邦滞在中に敗戦を迎える。

岩井は、1981年、36年振りに戦後初めて中国の地を再訪する。かつての岩井公館に関係した中国人に会うことは叶わなかった。しかし、1972年に国交正常化が実現して9年が経過していた当時の日中関係を踏まえ、自分たちが戦時中、興亜建国運動を通じて再建を期待していた日中両国の強い連帯の新関係が、今や現実化しつつあるように思われてくるが、自己満足に過ぎないであろうかと一人感慨に耽っている。

戦前の興亜建国運動と戦後の日中国交正常化という二つの異質の事柄を結びつけて、そこに連関を求め、正に「自己満足」している岩井の主観的な認識には違和感を持たざるを得ない。

3. 日本人外交官の挫折と教訓

霞ヶ関正統外交の信望者であった多くの外交官が、結局はその志を達成することが出来ずに対中外交が挫折してしまった主たる原因は何であろうか。彼らの回想録や評論等を読んだ上での筆者なりの結論は、次のようなものである。

第1に、外交官の信念と勇気の問題である。彼ら外交官が、国家の命運を左右する重大な岐路に立たされた時に、自らの確固とした信念と勇気を貫く力に欠けていたと言わざるを得ないのではないか。個々の外交官の中国や日中関係に対する主観的な思いや理想はともかく、それが客観的な現実であった。

これは、まえがきに記したことにも関係するが、彼らの多くは、戦前の旧制高等学校や帝国大学で教養主義教育を受けた日本社会における文官エリートであった。彼らは、軍、特に陸軍士官学校・陸軍大学で教育された武官エリートとの関係において、対外関係の処理という国家運営の根幹に関わる分野での指導力や政策決定のイニシアチブを遂に掌握することが出来なかった。それは、統帥権の独立といった明治憲法下の制度的欠陥や戦前の軍人将校教育の組織的問題もさることながら、彼らを凌駕する知識、教養、人格、魅力、判断力、発言力を持ち、国家のために身を賭してそれを実現しようとする信念と勇気を貫く国家指導者を養成し得なかった戦前文官エリート教育の欠陥でもある。

「長いものには巻かれよ」といった事なかれ主義が外交官をも浸食していた。軍部の行動に内心反対しつつも、敢えて異を唱えない処世術を外交官が身につけた。軍人に対する文官の卑屈な対応は外交官も例外ではなかったのである。政治の中枢にあったある文官が、１９３０年代の軍事テロの時代に元外交官の斎藤良衛にこう言ったと彼の著書「欺かれた歴史」に記されている。「軍人の傍若無人振りには腹が立って堪らぬ。国家の前途誠に憂苦に堪えぬものがある。しかし、うかつなことを言い出せば、危険が身に迫る。軍人のなすことに横槍を入れるのは、命がけの仕事だから、じっと見ているより他に方法がない」と。残念なことであるが、これは、政治家に留まらず多くの外交官にとっても偽らざる思いであったのであろう。

第2に、外務省と陸軍の総合力の差である。中国大陸において圧倒的な専門性、情報収集力、人的ネットワーク、機密費を含めた資金力、謀略を含めた工作手段、出先の独断専行といった実行力等帝国陸軍が持つ総合力に、外務省は結局太刀打ち出来なかった。戸部良一が「日本陸軍と中国」で述べているごとく、戦前の日本において、中国情報を最も広汎かつ組織的に収集し、その情報の量と質の両面で圧倒的優位を誇っていた組織は陸軍であった。外交一元化の名の下、対中外交に軍が関与することを嫌った外務省も、情報収集に関しては陸軍にかなわなかったのが現実であった。軍事力という実力を背景にこれら総合力を駆使した陸軍に対して、外務省は政治力にせよ、資金力にせよ、宣伝力にせよ、陸軍の敵ではなかった。軍部をコントロールしながら主体的に外交を展開する能力は、特に１９３０年代以降の外務省には残念ながら備わっていなかった。

陸軍では外務省を「害務省」と揶揄してはばからず、実際、満州事変以降は対中外交において実権は陸軍の手中に移っていた。ましてや統帥権独立の名の下に、政府は軍の作戦や工作については首相と言えども十分知らされず、第一次近衛内閣の書記官長であった風見章によれば、柳川兵団の杭州湾上陸にしても、王克敏の中華民国臨時政府（北京）樹立にしても、近衛首相はその事実を新聞記者や報道から知る始末であった。

第3に、「東亜新秩序」形成を目指す外交官の伸張である。戸部良一が「外務省革新派　世界新秩序の幻影」で述べているように、戦前の外交官が、「穏健で平和主義的な新英米派であり、軍部に抵抗しながら結局はその横暴な力に押し切られてしまった」というイメージにすべて当てはまる訳ではない。必ずしも皆が国際協調外交の推進者ではなかった。特に満州事変以降、いわゆる外務省革新派と呼ばれた官僚たちは、ワシントン体制に準拠して英米協調外交を推進した幣原外交を批判し、陸軍強硬派と呼応しながら新国際秩序の建設を標榜し、アジアから欧米列強の政治的影響力を排除して、積極的な大陸政策の推進を目指した。陸軍内部の下克上程ではないにしても、大臣や次官の人事命令に対する不満から、海外赴任を拒否し東京に居座る者さえ出る始末であった。また、中国との協調を図ろうとした外交官の中にも、満蒙を日本の特殊権益と捉え、関内の中国と切り離して考える者が少なくなかった。

そもそも、外務省と陸軍の間に対中政策を巡る主導権争いが存在し、仲が悪かったのは事実としても、陸軍を「悪玉」、外務省を「善玉」と色分け出来る程、歴史は単純ではなかったはずである。出先と東京、軍部と外交当局、各時代の精神や枢要なポストに就いた人物の対中観や大局観といったものに濃淡や程度の違いはあったであろうが、総じて言えることは、近代化に遅れ、混乱に明け暮れる中国への「侮り」と日本が主導するアジア新秩序に理解を示さず、反抗を続ける中国に対し鉄槌を下すべしとの「暴支膺懲」的な「奢り」が、軍部と外務省、あるいは一般国民とを問わず、当時の日本の対中政策や対中認識の基調に通奏低音のように存在し、中華民族の統一と自立を求める時代の大きなうねりを過小評価し、結局、事変解決の糸口を見いだせず、泥沼化を防ぎ得なかった点において、陸軍と外務省との間にそれ程決定的な違いがあったようには見えない。

第4に、対中強硬政策を支持する世論の存在である。1925年には成年男子による普通選挙が導入され、エリート外交から大衆外交への流れが進んで行く。中国内の排日・侮日政策が高まっていく中、在留邦人や国内世論、マスメディアは、外務省・在外公館の対応を軟弱外交と非難し、国益や居留民保護のために軍による強硬政策を圧倒的に支持した。上海においても、排日・抗日運動が激しさを増すと、「土着派」と呼ばれる現地に根を生やし、中国人の中で骨を埋める覚悟で生活していた多数派庶民層の在留邦人が、むしろ、自らの身近な安全と生活を守るために、軍による断固たる武力行使を強く求めたのが現実であった。時代はもはや「舌先三寸」の外交官の時代ではなく、「実力」を持った軍人の出番であるという認識を多くの国民が共有した。

筆者の手元に盧溝橋事件勃発直後に出された「文藝春秋」昭和12年（1937年）8月臨時増刊号が

ある。神保町の古本屋で購入したものである。表紙には「日支の全面激突」とタイトルが付けられている。これに朝日新聞記者であった黒田礼二が「支那膺懲論」と題して冒頭に寄稿している。彼の論点は当時の日本国民の主観的な思いを総論として代弁しているように見える。それはまた、伝統的な霞ヶ関国際協調外交が盧溝橋事件の時点でもはや国民の支持をほとんど得ていなかった証左でもある。彼は、事変の発生原因を単に盧溝橋事件という個別事象に依るのではなく、蒋介石南京政府が継続して日本の満蒙における特殊権益を無視し、自己過信と欧米勢力に依存し、排日抗日侮日政策を推進してきたこと、そして日本の対中外交が積年南京政府との提携親善という幻想から優柔不断な政策をとってきたことに求めている。蒋介石国民党政府は、日本の存在と勃興を敵視することによって成立しており、したがって事変の目的は南京政府を徹底的に打倒し、解消することにより排日抗日侮日政策を放棄させ、東洋の盟主としての日本の存在と勃興に理解と同情を示す支那国民との提携を図ることでなければならないと結論付けている。当時の軍や政府のみならず、誌面に反映されているジャーナリスト、オピニオン・リーダーの意見、更にはそれを強く支持する広範な世論の存在は、日本の描く独りよがりの東亜新秩序の瓦解を事変開始直後から暗示しているかのようである。

即ち、外務省の対中協調外交は、国民層に対する理解を得るための努力を欠き、満州事変以降、特に盧溝橋事件後はそれを支える内政上の基盤を持ち得なかった。威勢の良い軍の強硬政策への国民の熱烈な支持と歓声の中、外務省の協調外交は掻き消され、存在の場を失って行った。

明治の開国以降、欧米列強が支配する帝国主義の時代にあって、国家の生存を確保することは新興近代国家日本の至上命題であった。１９０２年の日英同盟は、その後の日本の国運の発展に決定的な役割を果たした。弾が尽き戦争継続が困難となる中で、日露戦争の終結には様々な思惑を持った米国の斡旋が功を奏した。

19世紀の旧大国英国と20世紀の新大国米国の2大アングロサクソン国家との国際協調の中で、対外政策、特に対中政策を進めていくことが日本外交の基調となった。中国の独立を前提とした上での既得権益の調整や門戸開放・機会均等の尊重である。ここに外務省による霞ヶ関正統外交の基礎が作られた。

第一次世界大戦終結前後の国際情勢は、この英米との関係を不安定化した。21ヶ条要求、山東権益返還問題、人種平等案の否決、米国における日系移民制限、シベリア出兵、日英同盟の廃棄といった英米との関係を不安定化させる様々な懸案が生じた。しかしながら、日米、日英双方の思惑は、ワシントン会議（1921～1922年）を経て調整され、1920年代の国際協調の時代を迎える。

1931年の満州事変は、日米関係の転換点となった。日露戦争で10万の英霊の犠牲と20億円（当時の一般会計予算の約7倍）の国帑という戦費の上に勝ち取った満州における日本の「特殊権益」が、混乱と内紛を重ねながらも統一に向かって収斂していく中国の民族主義と正面衝突した時、日本は、英米との関係で大きな岐路に差し掛かることとなる。

ここで決定的な発言力と実行力を持ったのが、陸軍、特に出先の関東軍であった。そして、日本の世論も、軍の実力行使に喝采し、外務省は軟弱外交と非難されることとなる。日本は、国際連盟を脱退し満州国を建国する。紆余曲折を経ながらも、英米諸国及び中国の益々力を強めるナショナリズムと正面から対決する道を選択した。外務省内でも新しい情勢を踏まえた革新外交が叫ばれる。そして、日本の外交は、国際協調を基調とする霞ヶ関正統外交から離脱し、日本を盟主とする東亜新秩序の形成を積極的に目指すこととなる。

この路線は、盧溝橋事件を経て日中全面戦争へと発展、最終的には中国を巡る米国の国益との深刻かつ決定的な衝突を招くことになる。欧州では１９３９年に第二次世界大戦が勃発、ドイツの勝利を信じた日本は、１９４０年、日独伊三国軍事同盟を締結した。そして、ソ連を取り込んで米国に対抗するため、１９４１年４月に日ソ中立条約を締結する。しかしながら、これらの試みによって日米の衝突を回避することは結局叶わず、同年12月８日、運命の日を迎える。帝国海軍連合艦隊機動部隊は真珠湾奇襲攻撃を敢行し、日米の戦いの火蓋は切って落とされるのである。

日清・日露の両戦役で勝利を収め、台湾、朝鮮を領有・併合し、第一次世界大戦の戦勝国として国際連盟の常任理事国になるまでに一気に国際社会での地位を上げ「一等国」となった近代日本であったが、国際関係の既存秩序を作り上げて来た英米と協調し中国の民族主義とも妥協を図ろうとした国際協調外交は、国際情勢の変化と共に積極外交、革新外交（大衆外交）へと移行して行った。「満蒙の特殊権益」保護のための満州事変と国際連盟脱退、そして、対中政策の行き詰まりは「暴支膺懲」による日中全面戦争となり、枢軸外交の推進、「東亜新秩序」の形成、「大東亜共栄圏」の構築、と独自外交が益々エスカレートして歯止めを失ってしまう。そして、遂に日本の命運は尽きてしまうのである。

「外務省を志した理由」でも触れたが、外務省入省前に書いた筆者の外交官試験合格体験記には、「働き甲斐を求めて」というタイトルが付いている。これは、確か自分で決めたタイトルであったと記憶する。体験記の最後に、満州事変勃発の際の、奉天総領事館森島守人総領事代理と関東軍板垣征四郎大佐（高級参謀）、花谷正少佐（参謀）とのやり取りを紹介しながら、このような時代に正統外交を何とか守り抜こうとした外交官がいたことに触れて、２度と国家的、国民的悲劇を繰り返さないためにも外務省の使命は大きい、確固とした志を持った多くの人たちが、外務省に来ることを望む、と後輩受験生への激励で文章を締め括っている。

35年も前の青年時代の、しかも、かなり肩に力の入った自分の文章を読み返すのは気恥ずかしい思いであるが、外務省に入る前から筆者にとり、本書のテーマである霞ヶ関正統外交のことが中心的な関心事としてあったことに改めて気付かされた。今またこうして、約35年の外務省生活を経て、そのことを再び考えているのは、何か不思議な感覚である。

外交官試験の準備をしていた大学生時代に読んだ書物の中に、ハロルド・ニコルソンの「外交」という本がある。20世紀初頭に活躍した英国人外交官の書いたこの本は外交官を目指す学生にとり、バイブル的な存在であった。その頃は、特段の感慨もなく読み飛ばしていた箇所を、30数年の外務省での実務を経て改めて読むと、なかなかに味わい深い。ニコルソンは、外交官の資質として、誠実さ（veracity）、正確さ（precision）、穏やかさ（calm）、忠誠心（loyalty）、高潔さ（good character）、謙虚さ（modesty）が重要であることを強調している。

既述のように、何人かの外交官やジャーナリストが、戦前日本の対中外交の失敗を反省して、日本に欠けていたものは「誠実さ」であったと振り返っている。現代の外交の世界は、戦前期上海の公使館（大使館）・総領事館で外交を展開していた時代と比べると、出先公館の位置づけや、本省との調整の仕方、官僚と政治の関係、帝国陸海軍の消滅、日中関係、日本と中国の国際的地位等大きな環境変化があり、それに伴い外交官の役割も大きく変化している。また、権謀術数渦巻く中で、お人好しでは外交官は務まらないのは今も昔も変わらない。しかしながら、ニコルソンがここに挙げている特質は、すべてが相手との「信頼関係」の構築に直接関わるものである。個々の外交官に求められる特質、更に言えば国家間の関係についての最も重要で基本となる要素は、時代が変わっても不変であることを、改めて実感をもって認識した次第である。

第四章　最近の上海と日本

1．戦後の上海総領事館と個人的思い出

戦後の長い間、日中関係は不正常な状態が続くが、田中角栄首相（当時）の訪中を通じて、１９７２年９月29日に遂に国交正常化が実現する。ちなみに、この日、北京で日中共同声明が調印された後、田中首相一行は周恩来総理同行の下、上海に立ち寄っている。上海では、空港で「四人組」の一人であった張春橋上海市革命委員会主任の出迎えを受け、郊外の馬橋人民公社を視察、夜は革命委員会主催歓迎宴に臨んだ。翌30日朝、田中首相一行は、空港で子供たちを含む約５千名の動員された市民の熱狂的な歓送の列に見送られ、日中国交正常化実現のための６日間の中国の旅を成功裏に終えるのである。

国交正常化を受けて北京の日本大使館は同年12月18日に開設され、翌年１月９日に林祐一臨時代理大使が着任し、３月31日には小川平四郎初代大使が赴任する。ちなみに、林大使は、筆者が１９８３年に外務省に入省して研修所で中国語を習っていた時の講師の一人であり、毎週土曜日に人民日報購読の授業を受けた。授業の半分は、戦後、戦前の北京生活を含めた大使の昔話であったのが懐かしい。

在上海日本総領事館は、戦後、１９４６年４月４日に一旦引揚げた後、１９７５年９月２日に再開し

た。その間、相手は中華民国政府から中華人民共和国政府に変わった。

中国には現在、上海の他、香港（1942年2月20日閉鎖、1952年10月17日再開）、広州（1980年3月1日開設）、瀋陽（1986年1月16日開設）、重慶（1998年3月からの出張駐在官事務所を経て2005年1月1日開設）及び青島（2009年1月1日開設）の計6ヶ所に総領事館があり、瀋陽と同じ遼寧省に位置する大連には領事事務所を設けている。

杉本信行総領事

筆者は戦後15人目の上海総領事であるが、外務省でお世話になった歴代総領事の中で、ここでは特に仕事上の関係の深かった第10代総領事の杉本信行氏（1949－2006）について言及したい。

杉本氏は、1973年外務省入省後、チャイナ・スクールとして北京や瀋陽の大学で研修後、2度に亘る北京の日本大使館勤務を経て、2001年、戦後第10代の上海総領事として赴任した。残念ながら任期途中で肺癌が発見され、2004年帰国、2006年に還らぬ人となる。

杉本氏は筆者にとり年次がちょうど10年上の先輩であるが、外務省で最もお世話になった上司の一人である。筆者が、1984年から2年間、北京に留学していた際、杉本氏は、中江要介大使、阿南惟茂参事官（後の中国大使）の下で政治部一等書記官のポストに就き、我々研修員は彼の直接の指導を受けた。反ファシスト戦争勝利・抗日戦争勝利40周年と中曽根康弘首相の靖国神社公式参拝が重なった1985年の9・18満州事変記念日には、留学先の北京大学学生が組織する反日デモが発生したが、筆者は留学生の目からみた彼ら中国人学生の行動の実態及び背景を報告書にして杉本氏に提出したことを覚えている。杉本氏はその後、パリに転勤した。

1989年6月の天安門事件を北京の大使館二等書記官で経験した筆者は、その夏に任期を終えて、5年振りに本省に戻り、経済局の経済安全保障室総務班長のポストに就いた。担当は、ココム（対共産圏輸出規制）やオーストラリア・グループ（生物・化学兵器の原料となる先駆材の輸出規制）、MTCR（ミサイル関連技術輸出規制レジーム）、スーパー・コンピュータ輸出規制等であった。当時はまだ、東西冷戦構造の最終局面にあり、ココムが存在していた。西側各国の担当者が、定期的にパリの米国大使館別館に集まり、関係国間で戦略的に機微な物資・技術の共産圏への輸出管理の非公式な調整を行っていた。

この時、杉本氏は、前述の通り北京からパリの日本大使館に転勤しており、参事官として現地でココムの担当をしていた。杉本氏と筆者の関係は、いわば、現地責任者と本省の担当官という関係であった。そうこうするうちに杉本氏は帰国発令を受け、なんと、筆者の直属の上司である経済安全保障室長となったのである。

その後も、筆者が中国課課長補佐をしていた頃、杉本氏は外務省を一旦離れ、財団法人交流協会（現公益法人日本台湾交流協会）台北事務所の総務部長として赴任した。現地では出張の時等にお世話になった。

1998年には北京の大使館で再び直属の上司としてお仕えすることとなる。谷野作太郎大使の下、彼が経済部長（公使）、筆者が経済部一等書記官（総括）であった。その後、杉本氏が2001年に上海総領事に転任してからは、一度、筆者が本省国際エネルギー課長時代に国際会議出席のため2004年に上海を訪れた際に、公邸で楽しい再会の一時を過ごしたことを記憶している。

杉本氏が上海総領事時代の2004年春に部下の若手館員の一人が中国側公安当局関係者による度重

なるアプローチに悩み事務所内で自ら命を絶ったことは痛恨の極みであったろう。杉本氏は館員を守れなかった無念さは今も変わることないと自らの著書に記している。

それに追い打ちをかけるように、一時帰国中に自らの身体に病巣が発見された。上海総領事の激務に空白を設けてはならないとの判断から、職を辞することを決め、一旦上海に戻って実質わずか10日程度の残務整理期間の後、カウンターパートや関係者に対して十分な離任の挨拶もできないまま、後ろ髪を引かれる思いで杉本氏は上海を離任した。

その年の11月、帰朝と同時に入院して精密検査を受けて、医師から告げられた最終診断は末期癌であった。手術も放射線治療も間に合わない、化学治療で全身に広がった癌細胞を叩くしか方法がないという冷徹な事実であった。

筆者が最後に杉本氏に会ったのは、２００６年7月であった。同氏が、自分の余命を見据え、渾身の力を振り絞って書いた著書「大地の咆哮　元上海総領事が見た中国」（ＰＨＰ研究所）の出版記念会が東京で開かれた時である。

彼は、まえがきに若手館員の死に遭遇し、また、自身外交官として33年のうち計14年近く現場で関わって来た中国との交渉体験を通じて、「現代中国をどう認識し、どう対応するのか、日本の対中外交はどうあるべきか」につき語ることが自分の使命であるとの思いから執筆に至ったと述べている。

杉本氏は、いわゆる外務省のチャイナ・スクールに属していたが、彼自身はあくまで日本国の外交官として、日本の国益を第一に、地域の平和や安全、繁栄のため行動して来たと自負していると述べている。筆者もその通りだと思う。また、中国認識で大切なことは、観念的に中国を観ることではなく、机上の空論を排した現実に即して中国を理解すること、そして、中国共産党が支配する「中華人民共和国」

の現体制と「中国人一般」を同一視しないことが肝要だと語っている。

中国は日本にとって、時としてやっかいな隣国であるが、引っ越すわけにはいかない、この中国をどう正確に捉え、日本にとって好ましい存在になるように努力していくかが日本の対中外交の要諦だとの基本認識の下、抗ガン剤の副作用で頭が朦朧とする中、薬で痛みを抑えながらパソコンに向かって最後の力を振り絞って杉本氏が残した「遺書」が「大地の咆哮」である。生前、外務省でそして北京や上海で彼の謦咳に接することができ、本書に紹介されている経験や基本認識の一端を本人から日々の仕事を通じて直接教示してもらったことは、筆者の望外の幸運であったと言えよう。

出版記念会で久し振りに見る同氏は見た目にもかなりやつれていて、車椅子の姿であった。しかも、絞るような小さな声で挨拶され、元気で陽気な昔の姿を知る者としてはとても大きなショックであった。その際に、杉本氏から「君とは一番長く一緒に働いたね」と声をかけて頂き、感激と無念で返す言葉もなくいたたまれない気持ちであった。

すこしでも長く生きてもらいたいとの希望も空しく、杉本氏はそれから間もない8月3日に遂に永眠された。享年57歳。あまりにも早い死であった。私は、その頃東京からクアラルンプールに転勤が決まっており、赴任の直前であったが、上智大学の教会で行われたお別れの会には駆けつけることができた。

部下との付き合いの良い上司であった。そして部下に伸び伸びと仕事をやらせてくれた。本人は酒に弱く飲むとすぐ眠ってしまうが、仕事の後に部下との懇親でよく飲み会やカラオケにも付き合ってくれた。

たまたま、出身大学の学部が一緒で、筆者が北京に留学中の1986年、大学の現地同窓会（京京会）が発足した時に、当時の中江要介大使も同窓であった関係で、大使公邸にて開催された第1回会合の時も一緒だった。上海の同窓会（京仙会）も杉本総領事時代の２００２年に、同氏の発案で設立されたと聞いている。

北京語言学院での語学研修、在中国日本大使館での若い時代の勤務という共通の経験に加えて、杉本氏逝去後も、筆者は、杉本氏が就いていた北京の大使館経済部長、同氏が赴任したブリュッセル、そして上海総領事と同じポジションや場所に勤務することとなった。不思議な巡り合わせである。改めて杉本総領事の冥福を祈りたい。

加山泰書記官

戦後の上海総領事館を語る際にどうしても触れたい先輩がもう一人いる。それは、１９７５年に上海総領事館を再開するに当たって、先遣隊として北京の大使館から上海に乗り込み、和平飯店内に臨時事務所を設置する業務に携わった加山泰書記官（１９３０―１９８５）のことである。

加山氏は、館務に当面必要な国旗、看板、館印、文房具類等を揃え、北京の同僚と共に同年8月中旬に上海に乗り込んだ。和平飯店に投宿して、上海市当局とも交渉しながら総領事館として適当な物件を探したが、結局、戦前にサッスーン財閥が建てたキャセイ・ホテルとして有名だったこの和平飯店が最も適当と判断した。そして、同飯店内に、事務所、総領事公邸、館員宿舎を当面置くこととなった。初期の日本語補習校もホテル内に設置された。

筆者は、本書の冒頭で述べた通り、１９８４年9月初旬に北京の日本国大使館に外交官補として赴任した。実際は、形式上大使館に籍を置きつつも、大学に留学して中国語の勉強をした2年間であった。赴任直後、大使館に出向いて一連の諸手続を済ませると、右も左もよく分からない北京の街で、他の同期と共に、さて、夕食をどこで食べようかと大使館玄関前で思案していた。ちょうど、そこに、当時、大使館庶務班長を務めていた加山泰書記官が偶然通りかかった。「君ら、行く当てがないのなら、僕が食事に連れて行ってあげよう」と、親切にも我々研修員を自家用車に乗せ、近くの国際倶楽部のレストランに連れて行って夕食を奢ってくれたのである。心細かった我々にとっては、正に「地獄で仏」のような有り難さが身に染みた。

この時、我々2名が、加山書記官の運転する自家用車の後部座席に乗ろうとすると、「君ら、職業運転手でない場合は、助手席が上席だから助手席に先ず座りなさい、そうでないと、自分は大使館の運転手ということになってしまう」と、外交上のプロトコールまで教育してくれた。自分の不勉強に恥ずかしい思いをしながらも、親切に後輩を指導してくれる有り難い上司だと思ったことを今も記憶している。

その加山氏が、翌年6月13日、単身で生活していた斉家園外交官アパートの自室で、クモ膜下出血のため突然急逝する。54歳の若さであった。週末であったので、翌週初に出勤したお手伝いが部屋で倒れていた加山氏を発見した。加山氏は、その2週間程前に休暇で一時帰国していたが、その際、東京での人間ドックでの検診では異常なしという結果だったそうである。

信じられない暗澹たる気持ちで、15日、留学先の大学から崇文門教会に駆けつけ、追悼礼拝に出席したことを今もよく覚えている。

そして、筆者が2015年に上海に赴任した後、総領事館事務所内の図書室で偶然見つけた加山氏の追悼録「黄浦江の流れに　回想の加山泰」を読んで初めて知ることになるが、加山氏は、1930年に上海虹口地区の北四川路沿いの自宅で生まれていた。黄浦江の水で産湯を使っていた訳である。父親が、商務印書館で勤務していた関係で、長く上海生活をしていたらしい。上海事変も現地で経験している。

本人は、上海日本居留民団立第一尋常高等小学校（北部小学校）、同じく日本商業学校、日本工業学校で学び、１９４５年、敗戦の年の2月に両親と共に横浜に引き揚げるまでの14年間を上海で暮らしている。ちなみに、この北部小学校の建物は虹口の四川北路に今も残っており、中国の実験中学として使われている。

また、同じクリスチャンで、お互いの自宅も近く、通った教会も同じだったせいか、幼い加山氏は当時内山書店の店主内山完造から大変可愛がられたことを自ら記録として残している。１９７３年に戦後初めて、28年振りに上海を再訪した際、加山氏は、同じ信仰を持ち、戦前上海で日中交流に尽くした内山を懐かしみ、内山夫妻の墓参りをしている。また、戦前の自宅が虹口安楽安路（現在の多倫路）に当時まだ残されており、訪ねると中国人の住人が歓迎してくれたという。

北部小学校。現在は上海の実験中学として使用

加山氏は、日本に引き揚げてそれ程経っていない１９４９年、高校2年生の時に神奈川県で開かれた高校の弁論大会に参加して優勝している。「祖国再建の鍵、復興せよ道徳を」と題して、祖国の再建を文化国家、平和国家に求めるためには先ず何よりも道義国家にならなければならないと熱っぽく語っている。

加山氏は、１９７２年の日中国交正常化直前に北京の日中覚書事務所で働き、正常化が実現すると、その翌年に外務省に復職して日本大使館開館準備及び開館直後の慌ただしい3年間を北京で過ごした。自身の体験からか、在留邦人子弟の教育環境整備にも熱心に取り組んだ。

そして、１９７５年には第二の故郷とも言うべき生を受けた上海で、これまた総領事館開館の大変な業務に従事したのである。外務省に奉職して35年間。この間、海外では香港に1回、北京に2回、そして上海に1回勤務している。

時代は下り、筆者は2000年代半ばの横浜で、加山氏の長男至さんと劇的な邂逅を果たす。航空会社勤務から俳優に転じ、テレビ・ドラマや舞台で活躍している姿を時折拝見する。

筆者にとり、それぞれ、別個に散りばめられた様々な記憶と所縁の破片が、数十年の時間と空間を越えて、ここ上海においてひとつのパズルとして完成したような不思議な思いにしばし囚われた。改めて加山氏の冥福をお祈りする。

2. 現総領事公邸の歴史

戦後、上海日本総領事館は、1972年の国交正常化実現3年後の1975年に再開した。1972年の大使館開設に次いで、中国で2番目の我が国在外公館である。

前述の通り、当初は和平飯店内に事務所や公邸、館員宿舎等を設けていたが、1978年に旧フランス租界淮海中路の建物に事務所を移した。

その後、業務の拡大と館員数の増加に伴い、1998年に長寧区万山路に総領事館事務所を新たに建設し、元の事務所は現在公邸として活用している。そして、2012年に領事部が本館近くの上海世貿大廈内13階に分館として

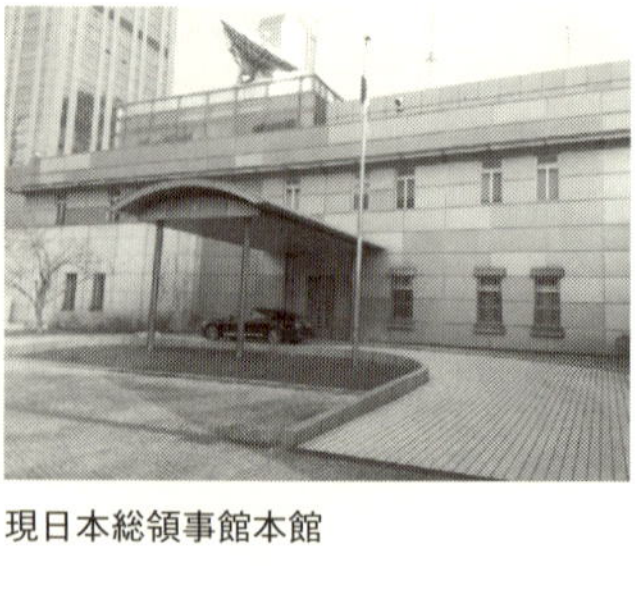

現日本総領事館本館

移転し、現在に至っている。したがって、現在使用している総領事館事務所本館・分館及び公邸とも戦前の日本総領事館とは関係ない建物である。

現在の公邸は、淮海中路にあるが、この通りは、かつてのフランス租界のメイン・ストリートであった。かつてお雇い外国人として富岡製糸場の設立に貢献した仏人ポール・ブリューナは、その後、上海で活躍したが、彼の名を取って１９０６年、この通りはルート・ポール・ブリューナ（宝昌路）と呼ばれた。その後、将軍の名前に代わり、アヴニュー・ジョッフル（霞飛路）となった。三井洋行（三井物産）、鈴木商店、台湾銀行、満鉄等の上海代表の社宅がこの通りに集中し、閑静な住宅街であったという。

筆者は、２０１５年８月に上海総領事として赴任してより、総領事公邸の歴史、特に戦前、豊田紡織を創業して、上海に１９２１年工場を立ち上げた豊田佐吉氏の当時の邸宅との関係に関心を持った。というのは、現在の総領事公邸は、戦前の一時期、豊田佐吉氏が購入して住んでいた自宅と同一ではないかとの説があったからである。

豊田氏は、かつて三井物産所属の設計者であり、その後独立した平野勇造氏の斡旋により、１９１９年にフランス租界にあった邸宅を購入し、１９２７年に帰国するまで西川秋次技師長を右腕に豊田紡織工場の経営に携わり、上海のこの邸宅に住んでいた。彼は、上海への投資を日中親善のためと口癖のように言っていたという。当時の関連の写真や記録等がいくつか残っている。

芳澤謙吉が北京公使であった１９２９年１月、済南事件の事後処理を南京国民政府と交渉するため、上海に長期出張に来た際に、フランス租界にあった豊田紡織会社の別荘を、豊田家の親戚である児玉一造氏の紹介で借りたと「外交六十年」に記している。庭も広く手頃で美麗な建物であったと回想している。この記述から推定すると、芳澤が交渉をまとめるまで数ヶ月滞在したのは、恐らく、豊田佐吉が去った後のこの豊田邸ではなかったかと推察する。芳澤は、ここに起居し、重光葵上海総領事をはじめ、関係者が毎日出入りして芳澤を補佐した。ちなみに、重光も一時、官邸が使えず、三井物産の別荘に間借りしていた時期があったらしい。

この豊田佐吉邸と現公邸との関係につき、従来からあった諸説につき、改めて筆者なりに調査したところ、結論を述べれば、次の通り、旧豊田佐吉邸は公邸東隣の上海新村（1939年に開発された集合住宅）の場所にあったことが確認された。なお、残念ながら、当時の豊田邸は、右集合住宅開発の際に撤去されており、現存していない。

豊田佐吉邸がかつてあった場所（現在の上海新村）

総領事公邸の由来

現日本総領事公邸（淮海中路1517号）は、新古典様式の広い庭を有する3階建ての洋館であり、館内はロココ調の天井飾りやステンドグラス等の美しい意匠で飾られている。戦前は、庭園が現在よりも更に広がっており、その中には小川が流れ噴水池があり、池の中にはギリシャ神像が設置されていた。築山もあったらしい。現在の敷地面積は7、035㎡であるが、当時は12、424㎡あったという。1900年にドイツの銀行家（徳華銀行の頭取）によって建てられたと言われている。

1914年の第一次大戦勃発後にドイツ人銀行家は帰国し、清朝末期に李鴻章の下で郵伝大臣を務め上海交通大学の前身である南洋公学の創設者であり実業家でもあった盛宣懐一族がこの物件を入手し、その第5子である盛重頤の邸宅となる。当時、盛宣懐は、上海に2千を超える不動産を所有していたという。ちなみに、盛は、外国からの借款により鉄道国有化を推進したが、その反対運動が辛亥革命を招来し、日本に亡命したことがある。1916年に再び上海に戻り、その直後亡くなっている。東京芝大門にあった中華料理店「留園」はその一族が経営していた。この中華料理店の一部は、上海交通大学新キャンパス内の留園に活用されている。

盛邸は、その後、国民政府により没収され、1929年、この屋敷は国民政府軍事参議院長・安徽省監軍の陳調元の住居となった。更に、安徽軍閥で北洋政府の総理大臣を務めた段祺瑞が、北伐の完了によって勢力を失った後、蒋介石に迎えられて上海に移り、晩年の1933〜36年をこの邸宅で過ごした。その頃には「段祺瑞公館」と呼ばれていたらしい。その後、日中戦争中、庭の一部は日本人に購入され上海新村の一部となった。第二次大戦後の一時期（1945〜47年頃）には1990年代に台湾の外交部長、更には監察院長を務めることとなる銭復も幼少期に住んでいた。盛重頤が投機に失敗し1948年、当時百万米ドルで実業家栄宗敬の子栄鴻三（栄毅仁の父方のいとこ）に売却された。

新中国成立後は、上海市高等教育局の事務所となり、文革時代にはステンドグラス等に破損被害も生じたという。1978年以降は総領事館事務所、1998年以降は総領事公邸となり、今日に至っている。

以上、現公邸の大まかな歴史的経緯については記録等で明らかになっているが、一部必ずしも明確でない時期もあり、それが総領事公邸＝旧豊田佐吉邸説が信じられる一つの要因ともなっていた。

総領事公邸と豊田佐吉邸の関係

豊田佐吉邸については、これまで次の3つの可能性が複数の関係者や研究者によって指摘されていた。

（1）豊田佐吉邸＝現日本総領事公邸説（豊田佐吉邸が現存することを前提）

（2）豊田佐吉邸＝現米国総領事館説（豊田佐吉邸が現存することを前提）
（3）豊田佐吉邸跡＝現上海新村説（この場所にかつて豊田佐吉邸が存在したが現在の集合住宅（上海新村）建設の際に壊されたとの説）

特に、（1）の豊田佐吉邸＝現日本総領事公邸説については、それが正しいとすれば現公邸は戦前から日本と縁の深い建物ということとなる。しかしながら、最近の調査結果によって、（3）説が正しいことが確認された。

（3）説の決定的な証拠を提示する前に、（1）説及び（2）説について説明を加えたい。先ず、（2）の豊田佐吉邸＝現米国総領事館説についてであるが、（ア）過去の地図の中のいくつか（例えば、大阪朝日新聞作成の上海地図（1932年3月5日作成））が、現淮海中路と現ウルムチ路の交差点南西角を豊田邸として図示しており、この場所は現在米国が総領事館の一部として使っている古い洋館が存在している場所であること（日本総領事公邸の並びにあり、日本総領事公邸、上海新村、米国総領事館と隣同士で東に向かって繋がっている）、また、（イ）米国総領事館のホームページには同建物が戦前、日本人実業家によって使用されていたことへの言及があることによる。

前者（ア）については、確かに朝日新聞掲載地図のごとく一部の地図には交差点南西角を豊田邸としているものがあるが、より精密な日本海軍陸戦隊本部作成の地図（1928年）によれば、交差点角から少し中に入った区画を豊田邸として示しており、交差点角を豊田邸としている地図は不正確な表示である可能性が高い。

また、後者（イ）については、現存の米国総領事館の建物は1921年建設の洋館であり、豊田佐吉氏が邸宅に住み始めた時にはまだ完成していなかった。そして、最初の持ち主はジャーディン・マセソン関係者であった。旧豊田邸の写真と比べて見ても全く建築様式や外観が異なっている。更に、米国総領事館がホームページ上で紹介している日本人実業家は、第二次大戦中の頃の話であり、豊田佐吉氏が住んでいた1920年代とは時代が異なっていること等から、この（2）説は誤りと判断される。

なお、戦前の上海の建築を散策する者にとってのバイブル的存在である、「上海歴史ガイドマップ」（木之内誠　編著　大修館書店　1999年、2011年増補改訂版）も、豊田邸を現米国総領事館と図示している。2015年、筆者が木之内首都大学東京教授と直接書簡のやり取りをして確認したところ、同教授は新たな調査結果を踏まえて自分（木之内）も、現在では、豊田邸は上海新村にかつてあったと想定している、したがって当該書で示した考えを改訂版では修正したい旨筆者に書簡を寄せて来た。

次に、（1）の豊田佐吉邸＝現日本総領事公邸説については、（ア）総領事公邸の過去の歴史の中で、豊田佐吉氏が上海に住んでいた時期の住人の歴史に空白があり、別の人物が住んでいた明確な証拠が見つからないこと、（イ）車寄せの玄関の構造が豊田邸のそれと類似していること、（ウ）一見すると両邸宅の外観は異なっているが、公邸の建物の外枠を取り外すと似ているとの指摘、（エ）戦前の住所表記リストによれば豊田邸の次が牛乳工場となっていること（戦前の牛乳工場（Culty Milk）跡地は現在の上海図書館であることは確認されており、公邸は上海図書館の東隣に接していること）等の理由による。

以上について、筆者なりの調査結果は次の通りである。先ず、（ア）については、1920年代、豊田佐吉が上海に住んでいたのと同時期における公邸の住人についての明確な記録が発見できていないことは、その通りである。この点については、筆者自ら、物件所有者である上海市外事用房経営公司担当課長と2015年秋に意見交換した際に、先方は、「自分たちの保有する文書の中に、かつて豊田佐吉氏が公邸に住んだことを示す資料はない。但し、それは、豊田佐吉氏が住んでいた可能性を全く否定するものではない」と述べ、可能性は非常に低いがゼロではないという説明であった。この点は、現時点でこれ以上の情報に接していない。

（イ）玄関の構造については、確かに似てはいるが、写真の細部を比較すると違いがあり、少なくとも同一のものとは認識できない。比較的近い時期に設計された洋館であれば、玄関の意匠が類似することはむしろ自然である。

（ウ）外観については、建築様式が異なり、写真を見比べる限りではかなり構造が異なる。公邸の外枠の部分を取り外すと建物が似ているとの指摘も、少なくとも筆者が見る限り、にわかには信じがたい。公邸の建物が、１９００年に建築後、何度か改築された可能性がないか否か確認したところ、上海市外事用房経営公司の話によれば、かつて使用された暖炉が埋められて暖炉用の煙突が撤去されている以外は、基本的に大きな構造上の変化はないとのことであり、実際に戦前の写真と現在の写真を見比べてもほとんど違いはない。

（エ）戦前の住居表記リストについては詳細な検討に値するが、当該リストをよく見ると、例えば、１９２５年の〝Shanghai Street Directory〟によれば、豊田邸がジョッフル通り（霞飛路）９５９号（注：番地は時代によって多少変更している）であり、その次に確かに牛乳工場がリスト・アップされている。ジョッフル通りの公邸側が奇数、もう一方の側が偶数の番地を与えられ、基本的に奇数、偶数がそれぞれ順番に並んでいる。しかし、よく見ると、豊田邸と牛乳工場の間は番号が飛んでいる。豊田邸は先程述べたように９５９号、牛乳工場は１１３９号となっている。他の住所表記の多くは連続している（例えば９５１、９５３、９５５と奇数番号が連続している）。このことが具体的に何を意味するのか、これだけでは不明である。但し、この住所リストで並んで標記されていることのみをもって、豊田邸が牛乳工場に隣接していたと結論づけることは尚早であると感じた。

豊田佐吉邸跡＝現在の上海新村

以上のような調査検討を加えていたところに、最近になって、豊田佐吉邸が現公邸東隣の上海新村にかつてあったことを示す決定的な写真が発見された。その写真は、上海教育出版社から1999年に出版された「上海近代建築風格」（鄭時齢　著）という写真集に掲載されていた。この写真集は、戦前の上海租界における代表的な近代建築を紹介したもので、その中に現在公邸として使用している邸宅の紹介が168ページから171ページに亘って掲載されている。撮影時期は明示されていないが、専門家によればおそらく1930年代のものと考えられる。

戦前の現日本総領事公邸。右奥に豊田佐吉邸が写っている。鄭時齢「上海近代建築風格」（上海教育出版社 1999）より

ある日、筆者の妻が、この写真集を眺めていると、公邸として使われている邸宅の全景を中庭から撮った写真があった。彼女が目を凝らしてよく見ると、邸宅の右奥に別の邸宅が写っていた。場所は、現在の上海新村の敷地内の通り沿いに近い場所である。現在公邸として使用されている邸宅が周囲の邸宅と一緒に写っている戦前の写真を見るのはこれが初めてであった。そして、この隣に写っていた邸宅が、別の写真で馴染みのある豊田佐吉邸として紹介されている邸宅とそっくりであった。

念のため、戦前上海の日本人についていくつもの研究成果を発表している陳祖恩東華大学教授及びかつてトヨタ自動車（中国）投資有限公司上海首席代表を務め、「創成期の豊田と上海　その知られざる歴史」（時事通信社　２００９年）を著した東和男氏に上海市歴史博物館でこの写真の原本を確認して頂いた。そして、詳細な比較検討の結果、右奥に写っている邸宅が豊田佐吉邸に間違いないことが確認された。

１９３０年代のある時期に、現在の公邸と豊田佐吉邸が同時に存在していたという事実は、公邸＝佐吉邸説が明らかな間違いであること、豊田佐吉邸の存在した場所が現在の上海新村であることを如実に示すと共に、おそらくその開発段階の１９３０年代末に撤去されたことが推察される。

なお、東氏が２００９年に前掲書を著した際には、根拠となる決定的な資料がなく推論の域を脱していなかったが、今回の決定的な写真が出て来たことから、東氏自身、前掲書で自ら推論していた豊田邸＝上海新村説が正しかったことを証明した形となった。

豊田佐吉邸＝公邸説の論争には、一応一区切りをつけることができたと考える。他方、今後、上海新村が開発された当時の経緯や背景を調べることにより、豊田佐吉邸が撤去された前後の状況が更に明らかになることが期待される。

２０１６年11月のある日であった。台湾から90歳を越える老女が家族と共に、筆者のいる総領事公邸を訪ねて来た。本人の名前は、辜厳倬雲。彼女の亡くなった夫は、戦前、台北帝大、東京帝大を卒業した台湾の実業家で、蒋介石の日本語通訳も担当していた辜振甫である。彼は、１９９０年に両岸関係の台湾側民間団体である海峡交流基金会初代理事長を務め、１９９３年には、当時、大陸側窓口機関である海峡両岸関係協会

戦前の豊田佐吉邸（トヨタグループ提供）

の会長であった汪道涵氏とシンガポールで会談を行ったことでも有名である。

幸振甫未亡人は、汪氏の子息の紹介で公邸にやって来た。未亡人は、本人の話によれば、恐らく1930年代の頃、この邸宅に住んでいたことがあったらしい。久し振りにもう一度かつての住居を見てみたいとのたっての希望でやって来た次第である。彼女は、中国近代の啓蒙思想家厳復の孫であり、また、盛宣懐の娘が彼女の母方の叔父の夫人という関係にあるらしい。

彼女の家族は、当時上海に複数の住居を所有しており、現総領事公邸もその1つであったようである。住んでいた時期は、日中の軍事衝突が既に発生していた頃のようであるが、若干記憶が曖昧であったため訪問時のやり取りのみでは、明確にその時期を特定することができなかった。いずれにせよ、公邸の歴史を巡っても、まだまだ、解明されるべき点が少なくない。

3. 天皇皇后両陛下の上海御訪問

1992年は、日中国交正常化20周年という日中関係において節目の記念すべき年であった。この年の1月に、外務省中国課補佐に異動となった筆者にとり、慌ただしくも外務省人生において忘れがたい思い出となる1年であった。4月には、江沢民総書記が公賓として訪日した。東京での首脳会談、天皇陛下御引見等の公式日程の後、大阪、瀬戸内及び福岡の地方視察が組まれ、筆者はこれに同行した。その際には、江沢民に随行していた銭其琛外相、李嵐清対外経済貿易相、温家宝中央弁公庁主任、楊振亜大使等と同じマイクロに乗って移動した。

この時に日中関係者の脳裏にあった大きなテーマは天皇訪中であった。なにしろ、実現されれば、有史以来初めての出来事である。正常化20周年を迎え、日中両国がこれまで達成した友好親善関係の成熟度を確認し、更にそれを深める契機となるという意味で、天皇の訪中実現は非常に重要な課題であった。

天皇訪中に関して、筆者には脳裏に焼き付いた一つの音声映像がある。1972年9月29日、北京で日中国交正常化を実現した田中角栄首相（当時）一行は、最後の訪問地上海に当日立ち寄った。そして、一泊の後、翌日朝空港を飛び立つべく、特別機のタラップに近づこうとした際に、周恩来首相から「お帰りになったら、御国の天皇陛下に宜しくお伝え下さい」との伝言を受ける瞬間である。その後、鄧小平、胡耀邦等中国要人から一般的な形で天皇訪中を歓迎する発言が時折聞かれたが、真剣に実現可能性が検討されたことはこれまでなかった。昭和天皇から今上天皇へと代替わりはあったが、この時から20年を経て、いよいよ天皇訪中が現実的課題となったとの感慨と緊張に包まれたことを個人的に覚えている。

しかしながら、天皇が憲法上、日本国及び日本国民の統合の象徴であり、国政に関する権能を有しない存在であることから、天皇の外国訪問は双方の国民の歓迎の中で実施されなければ、その本来の目的である親善を実現することができない。ましてや、天皇訪中問題を政治的論争の渦中に巻き込むことになってしまうと、それ自身、訪中の不成功を意味する。

その観点から、日本政府は、世論の動向や有識者・マスコミの意見、中国政府の受け入れ体制等を慎重に見極めた。加藤紘一官房長官（当時）が、天皇訪中賛成・反対両派の有識者を官邸に招致し意見を聴取した。中国政府は、天皇訪中実現に並々ならぬ意欲を示し、実現されれば最大限の配慮を持って御訪中の成功に向けた作業を行う旨日本政府に確約した。

日本政府は、諸般の要素を総合的かつ慎重に検討した結果、正常化20周年を祝賀し、両国の相互理解を深め、友好親善を増進するために天皇皇后両陛下に訪中頂くことは時宜にかなっているとの最終判断を下した。そして、宮澤喜一首相（当時）は、８月25日の閣議決定をもって、天皇皇后両陛下が楊尚昆国家主席の招きに応じて10月23～28日の日程で訪中することを正式に発表したのである。

その年の春節には、鄧小平が南巡講話において、改革・開放政策の一層の促進を唱えたことから、中国の経済改革の方向は何ら変化ないと受けとめられていたが、１９８９年の天安門事件の記憶がまだ鮮明であった当時、日本と政治・社会体制が根本的に異なり、言論の自由に制約のある中国を天皇が訪問することに対して慎重論を唱える国内識者もいた。事実、銭其琛外相は後に回顧録「外交十記」において、天皇訪中を天安門事件で孤立した中国が国際社会に復帰するための足がかりにしようとの戦略的意図を有していたことを率直に語っている。

しかしながら、いったん、天皇訪中が正式に決定されて以降は、それが恙なく実施されることを祈念する世論が大勢となった。不測の事態に備えて、アジア局長の自宅には臨時の警察官詰所が設けられ、中国課長も万が一の事態に備えて、準備期間中の出勤・退勤時には安全のため特別に官用車が配車されたが、結果的にはそれも杞憂に終わった。

筆者は、中国課に籍を置きながら、天皇皇后両陛下御訪中準備室に併任発令となり、中国課長及び儀典官の二重の指揮の下、中国政府並びに官邸、外務省、宮内庁、警察庁をはじめとする関係省庁との調整作業を含めた御訪中準備に携わった。２度に亘る先遣隊派遣の第１回目の訪中団に参加し、事前視察を行った。その際にも中国側各地各層の受け入れ側担当者の緊張と力の入り方が印象的であった。上海郊外の農村を事前視察した際には存在しなかったアクセス道路が、本番当日には稲穂の実った水田の一部を埋め立てて農家まで到達していたのには驚いた。

歴史上初の天皇訪中であり、今上陛下にとっても皇太子時代を含めて初めての御訪中についての思いには強いものがあったことが、事前の記者会見や訪問中の御発言等に窺える。御訪中前の10月15日の皇居宮殿石橋の間での記者会見で、天皇陛下は、日本人は古くから中国文化を学び、漢字から仮名を作り出したように日中には似ている面と異なっている面が入り交じっていると聞いているので、訪中で多くの中国人と交わり相互理解を深め、友好関係の増進に資するように努めたいと述べられた。

また、古くは天皇が遣隋使、遣唐使を派遣し、その後、中国との関係が直接なくなった後も、中国文化が皇室に深い影響を持っていたことが、例えば天皇の即位礼の礼服にもうかがえるとし、明治以降、一時期不幸な歴史もあったが、それを乗り越え、相互信頼に基づく末永い友好関係が培われていくことを念願する、中国を実際に見て理解を深めることは、今後の中国を考える上でも意義深いとして、「論語」にある忠恕という言葉や「孟子」、「三国志」、「朝辞白帝彩雲間」に始まる李白の詩等小さい時から中国の古典や歴史を学んだこと等を天皇陛下は記者会見で紹介された。

23日午前10時半、日航特別機で天皇皇后両陛下は羽田を出発した。政府専用機がまだ導入されていなかった時代である。筆者も同行者の末席に名を連ね、特別機に同乗したが、事務方は、早朝5時には起きて準備を行わなければならず、朝寝坊して万が一のことがあっては大変と、広島にいる妹から念のためモーニング・コールの電話をもらった記憶がある。

一行には手続上も取り扱い上も明確に区別があり、当時の渡辺美智雄副首相兼外務大臣が首席随員、以下随員、随行員、同行者となっていた。随員は閣議発令、随行員は宮内庁発令、同行者は外務省発令であった。筆者は同行者であった。一行にリスト・アップされている人数で64名であった。この他、大使館・総領事館関係者を含めリストには掲載されていない多くの関係者が直接・間接に携わった。

北京到着第1日目の夜、人民大会堂で楊主席主催による歓迎晩餐会が執り行われた。

晩餐会には、中国側74名、日本側38名、計112名がいくつかの丸テーブルに分かれて着席した。両陛下が着かれた第一卓は18名。食卓の会話では、日本料理と中国料理の話、昔から日本は中国文化の影響を受けてきたこと、一例として孝明天皇（明治天皇の父）時代までは中国式の礼服で即位を行っていたこと等が話題となり、宴会の最中に日本の「さくらさくら」、「ソーラン節」や皇后陛下が皇太子妃時代に作詞された「ねむの木の子守唄」、両陛下が御結婚された際の「祝典行進曲」が演奏された。中国側の下調べと暖かい歓迎の気持ちが伝わった。

楊尚昆国家主席が歓迎のスピーチを行った。彼は、次のように述べた。「中華民族と日本民族はいずれも偉大な民族であります。……遺憾なことに、近代の歴史において、中日関係に不幸な一時期があったため、中国国民は大きな災難を蒙りました。前のことを忘れず、後の戒めとし、歴史の教訓を銘記することは両国国民の根本的利益に合致することであります。……この度の御訪問は、両国国民の相互理解と伝統的な友情を一層増進し、両国の善隣友好協力関係を新たな深まりと広がりに向けて推し進めることとなるでありましょう。」

それに対して天皇陛下は、お言葉の中で過去の歴史に言及し、「両国の関係の永きに亘る歴史において、我が国が中国国民に対し多大の苦難を与えた不幸な一時期がありました。これは私の深く悲しみとするところであります。戦争が終わった時、我が国民は、このような戦争を再び繰り返してはならないとの深い反省にたち、平和国家としての道を歩むことを固く決意して、国の再建に取り組みました」と述べられた。このお言葉は、晩餐会に出席していた中国要人たちの心を打ち、静かな感動が伝わった。

北京に2泊し、歓迎式典、楊尚昆国家主席との会見、楊主席主催歓迎晩餐会、八達嶺長城視察、科学者との歓談、李鵬総理夫妻引見、江沢民総書記主催晩餐会、故宮博物院視察、在留邦人・日中関係者引見等の過密日程を公務として行われ、25日、次の訪問地西安に向かわれた。

西安でも2泊し、大雁塔、碑林、陝西歴史博物館、西大門城壁等を視察され、白清才陝西省長主催歓迎晩餐会、文芸の夕べに出席された。

そして、27日には最後の訪問地上海に到着され、上海交通大学を視察された。大学構内では、「熱烈歓迎日本国天皇陛下皇后陛下」の横断幕が掲げられていた。先ず前年に完成した海洋工程実験室を御視察された。その後、キャンパス内を歩かれ図書館に向かわれた際に、100~200名程度の学生の拍手で迎えられた。図書館内では学長他教授および学生約50名と懇談された。サッカーやテニス、魚類の研究等の話題で学生たちと楽しいひと時を過ごされた。

その後、宿舎の西郊賓館に戻られて、上海の学者、文化人、スポーツ選手等16名を御引見された。その席で最初に発言した上海天文台長が、プレートの関係で日中は毎年3㎝ずつ近寄っているようであるが、天皇陛下の今次御訪中で両国の接近スピードは更に早くなるであろうと話し、和やかな雰囲気で御引見が行われた。

27日に上海で行われた邦人記者懇談会において、天皇陛下は23日の北京人民大会堂での歓迎晩餐会でのお言葉について、「中国の人々に対する気持ちを率直に述べました。……人の心と心は誠意をもって接すれば、国境を越えて通じるものと考えています。……日本と中国の間には永きに亘るさまざまな関係があったわけですが、そのような中で友好関係の増進に尽くした多くの人々によって、現在の友好関係が築かれてきたことへの思いを深くしました。」と述べられた。

上海最後の夜であった27日、新錦江飯店4階「白玉蘭の間」での黄菊市長主催歓迎夕食会の終了後、

30万人以上の市民がライトアップされた南京路沿道や外灘（バンド）を歓迎のため埋め尽くす中、車列を減速させつつ進まれたことは訪中のハイライトとも言えるシーンであり、特に深く天皇陛下の印象に残られたようである。帰国後、次の御製を詠まれことでも両国の友好親善に尽くされた天皇のお気持ちがひしひしと伝わってくる。

笑顔もて迎へられつつ上海の灯ともる街を車にて行く

10月28日、南浦大橋、農村視察、在留邦人拝謁を行われた。無事中国訪問を終えられた天皇陛下は羽田空港到着の際にお言葉を述べられた。その中で中国官民の手厚く暖かいおもてなしに感謝されるとともに、地理的に近く長い交流のあった両国国民が今後更に相互理解と友好を深め合うことの重要さを改めて強く感じたとそのお気持ちを表明された。

日本政府も翌日、内閣官房長官談話を発出して両陛下の御訪中の成功をお祝いし、中国政府・国民への心からの謝意を示した。

中国外交部スポークスマンは同日、定例記者会見において「両陛下の御訪中は日中関係における非常に重要な出来事であった。双方の努力により、御訪問は無事に終わり円満な成功を収めた。これにより相互理解は更に深まり、善隣友好も促進された。両国関係の発展を推進するに当たり、両陛下の御訪中は非常に大きな影響を及ぼすであろう」との発言を行った。

両陛下が上海で宿泊された西郊賓館は、外国の賓客や中国の国家指導者が上海を訪問する際に利用される広大な敷地を持った別荘形式の迎賓館である。現在もその性格は変わっていないが、その後、黄浦江沿いの外灘や浦東地区を中心に超高級ホテルが林立する現在では、存在感はかつてと比べると薄くなっている。但し、都会の喧噪から隔絶され、広大な森と池に囲まれた環境は、外資系がマネージメントを担当する高級ホテルといえども味わうことができず、その落ち着いた豊かな雰囲気から中国人の人気も高く、結婚式や各種宴会等によく利用されている。

最近、中国の友人に招かれ西郊賓館で夕食をとった際、レストランから今日のメニューは天皇陛下が来訪された時と同じメニューであるとの紹介を受けた。両陛下の上海訪問日程を念のためチェックしたが、西郊賓館では朝食以外、食事を召し上がっていないはずなのであるが。西郊賓館で万一食事されることを想定して準備していたメニューなのか、はたまた、新錦江飯店での歓迎晩餐会のメニューを借用したものなのか、真相は不明である。

末端ながら天皇訪中に関わり、訪問先の各地で中国の市民との交わりや親善を非常に誠実に心を込めて行われている天皇陛下の姿に改めて感銘を受けた次第である。

天皇訪中が、事前の国内世論の一部意見の違いにも拘わらず、正式に決定されると、国民の総論もその成功を祈念する方向に収斂し、実際上、御訪問は、ほぼ完璧な形で終了した。相互理解と友好親善を増進するという訪問の所期の目的を達成したことに対する世論・マスメディアの評価も総じて高かったことに関係者一同胸をなで下ろした。国交正常化20周年を経た日中関係は、天皇訪中を実現するまでに成熟し、これから、新たな段階に入っていくであろうとのある種の高揚感と期待感に筆者も一時浸されたものである。

しかしながら、現実の日中関係は、その後の中国の急速な経済成長と国際的地位の向上、日本経済の長期停滞、共産党体制の堅持と愛国主義歴史教育、靖国神社参拝問題、中国軍の近代化、国際関係の構造変化等の影響を受けて、それ程単純で理想的な方向に一直線に進んではいないのは残念である。

4. 上海と日本の今

筆者は、2015年8月から総領事として上海勤務を始めた。5回目の中国生活であったが過去4回とも北京であったので、初めての江南での日々であった。思えば、1980年代半ばと後半、1990年代後半、2000年代後半、そして2010年代半ばと過去30年以上に亘る中国の大きな変化とその中で変わらざる本質というものを現場で定点観測できたと言えるかもしれない。

上海市は、北緯31度に位置し、鹿児島市とほぼ同緯度である。面積は6、341平方㎞で、東京都と埼玉県を合わせた広さに相当し、そのうち、中心の市街地が8分の1程度を占める。長江河口の中州である崇明島も上海市の一部であり、この島の面積は、中国では海南島に次ぐ大きさであり、沖縄本島に匹敵する。

上海市は、行政上、北京市、天津市及び重慶市と共に中央直轄市であり、各省・自治区と同格の一級行政区と位置づけられている。市内には、16の区がある。19世紀半ばの上海県の人口は約54万人であったが、1930年には約315万人、1949年の中華人民共和国建国の際には約550万人と拡大し、2015年末の常住人口は約2、400万人を擁し、中国最大規模の都市に成長した。

上海は、中国の経済発展をリードすると共に、近現代史において政治の主役にもなった都市である。中国共産党第1回党大会開催（1921年）、文豪魯迅の活躍、文化大革命の発端となった「海瑞罷官」

を評すとの文匯報記事の掲載（1965年11月10日）、「四人組」（江青、張春橋、姚文元、王洪文）の根拠地、江沢民をはじめとする「上海閥」といった中国の近現代史を作った震源地でもある。

1984年12月、留学先であった北京の大学の冬休みを利用して、筆者が初めて上海を旅行した際、当時最も高いビルは1933年に建てられた南京路の国際飯店（パークホテル）であった。地上22階83・8メートル、1960年代半ばまで極東1高いビルと言われていたが、それが当時も代表的なビルであったことが、上海にまだ改革・開放政策が本格的に及んでいないことを如実に物語っていた。庶民の住む住宅の軒先には、「馬桶」があちこちに干されていた。トイレ事情が悪く、市民の多くは、まだ、いわゆる「おまる」を使っていた時代である。

パークホテル

2016年に全世界で完成した200メートル以上の高層建築は128棟で、その内、中国は84棟、約3分の2を占め、9年連続世界一である。上海が大きく貢献しているのは言うまでもない。

1992年に、天皇皇后両陛下に随行し上海を訪問した際、浦東にある農家（周浦郷）を参観した。当時は、3階建ての農家の前に稲刈り前の水田が黄金色に輝いて広がっていたのを覚えている。2015年の12月に、上海総領事として天皇誕生日レセプションを天皇陛下が在留邦人の拝謁をされた花園飯店（オークラ・ガーデン・ホテル）で主催するに当たり、この農村がどうなっているか、再訪してみた。当時黄浦江の東側に横たわる浦東地区はまだ本格的な開発が始まっておらず、高層ビルはほとんど皆無であった。当時周浦郷と呼ばれた地名は、都市化によって周浦鎮と名前が変わり、農地や農家の跡

形もなく完全な市街地の一部と化していた。当時稲穂が実っていた農村風景を想像することは不可能で、全く別の場所に来たような感覚であった。

１９９２年の春節の鄧小平による南巡講話、同年10月の国務院による浦東新区設置の批准以降、上海にも本格的な改革・開放の波が押し寄せた。その後、工場や倉庫以外はほとんど何もなかった黄浦江の対岸の浦東地区は、現在、一大金融センターとなり、マンハッタンも凌ぐような高層ビル群が集積している。上海人ですら、当初は自分の職場が浦東にあることは恥ずかしくて他人に言えないような場所が、わずか四半世紀の間に中国、アジア、そして世界の注目する最先端の地となったのである。

上海の地下鉄網は、１９９３年に最初の路線が開通して以来、20年足らずで東京の総延長距離を上回ってしまった（但し、利用者数では相変わらず東京が世界一のようである）。14路線の総延長距離は、約５４０㎞となり、世界一である。更に、２０２０年には、21路線、総延長は約８００㎞になる予定である。

浦東金融街の眺め

上海の沖合30㎞の洋山に橋をつないでできたコンテナ・ターミナルである洋山深水港は、日本的なスケールでは計り知れない巨大さである。この港を含めた上海港の貨物取扱量は、東京港の約7倍である。

ちなみに、中国で最初の高速道路が完成したのは１９８８年のことであり、上海市内に開通した滬嘉高速道路である。２０１５年末現在、高速道路の国内総延長距離は１２３、０００㎞であり、米国に次ぐ高速道路大国になった。１９８７年、筆者が、北京の大使館二等書記官をしていた頃のある週末、自家用車で同僚と天津まで、途中舗装のされていない一般道を通って1泊2日旅行をしたことがある。当時、道路を走る一般車はほとんどなく、使えるガソリン・スタンドも道中では皆無であった。したがって、車のトランクにガソリン・タンクを積んで旅行に出たのを今もよく覚えている。

2016年の中国国内自動車販売台数は2、800万台を越え、米国を1千万台以上引き離して世界最大の自動車市場に成長している。ちなみに、日本国内での販売台数は497万台であった。隔世の感である。近年、高速道路は、年平均約6、000kmのペースで新たに建設されている。日本の高速道路総延長距離（約8、300km）に近い新たな高速道路を毎年建設していることになる。驚異的である。

高速鉄道もしかりである。1990年代後半、筆者が、北京の大使館経済部に一等書記官で勤務していた折、21世紀の日中協力の象徴的なプロジェクトとして中国の高速鉄道計画に日本の新幹線システムの採用を促すべく、ドイツやフランスのシステムとの競争をしていたことが、ついこの間のようである。中国は、その後、日本を含めた諸外国からの技術支援を受けながらも、あくまで独自技術という建前で高速鉄道技術を開発し、2007年から、「動車」又は「和諧」と呼ばれる高速鉄道の導入を開始した。そして、わずか3年後には、世界一長い約8、400kmの高速鉄道網を築き上げ、最高時速350kmでの営業を行っている。

日本の新幹線は、1964年開業以来、50年に亘って世界をリードして来たが、その約3、000kmという営業距離を、中国は2009年に追い越してしまい、高速道路と同様、1年で日本の新幹線営業総距離を超える高速鉄道網を新設している。最近では、25、000kmに達し、日本の新幹線網の8倍を超えている。1984年12月、筆者が、北京から初めて上海を旅行した際は、寝台列車で15時間程かかった記憶があるが、今では北京・上海間を最短5時間足らずで結ぶ。時間の確実さや空港での手続時間を考慮に入れると航空便とも十分競合できる。とにかく、変化の感覚が日本と比較にならない程速い。上海市内には、上海駅、上海虹橋駅、上海南駅、上海西駅と4つの駅があり、分刻みで全国各都市との間で列車が発着している。高速鉄道のターミナルとして造られた駅は、どれも日本的感覚では考えられない巨大なスケールである。

リニア高速（上海トランスピッド）は、2004年に商業運行を開始して10年以上が経過した。浦東空港駅から浦東の竜陽路駅までの30㎞強の距離を最高時速430㎞で快走する。ドイツの技術支援を受けたものである。但し、料金が高いこと、乗り継ぎが不便なこと、発する磁気への懸念等から地元上海人の人気は余り芳しくなく、旅行者がアトラクション感覚で1度乗車するような交通手段になっている。

2016年の航空便利用者は、浦東空港が6、600万人、虹橋空港が4、050万人でそれぞれ全国2位と7位、航空貨物取扱量では、浦東が344億トンを超え全国1位である。

上海の不動産価格は、東京以上であり、中心部の平均住宅価格は1㎡当たり約10万元（160万円）である。日本円で1億円相当の物件はごくごく普通である。ある総領事館運転手の自宅は、市場価値で1億5千万円だと言っていた。

このようなすさまじいインフラと金の流れの中でダイナミックに動いている2、400万人の巨大都市が上海である。

浦東新区は、金融、貿易、経済面でのアジアの中心を目指し、着々と開発が進んでいる。2008年には、高さ492ｍの上海環球金融中心（森ビル）が陸家嘴金融貿易区に完成し、日中を代表する企業や弁護士・会計士等が事務所を構えている。その近くには、2016年に一部入居が開始された上海中心（上海タワー）があり、これは632ｍで、2016年末現在、ドバイのブルジュ・ハリファに次いで世界で2番目の高さを誇る。

2010年には、中国で初めての総合博覧会として上海万博が開催され、184日間の入場者は、大阪万博の6、422万人を上回り、7、300万人の史上最高を記録した。万博跡地は、さまざまな文化、教育、研究施設等に利用され、もともと浦西地区に集中している一連の文化施設の移転や新設が計画されている。例えば、上海博物館や上海図書館等も、その新館をこの地に建設する具体的な計画を立てている。

2016年6月には、上海ディズニー・リゾートが中国大陸では初めて浦東に開園した。敷地面積は、サッカー場56個分の広さで、米国フロリダ州のディズニー・ワールドに次ぐ大きさを誇っている。週末入場料金が東京ディズニーよりも高く、また、園内レストランの食事価格が高く不満も聞かれるが、最新設備のアトラクションは評判良く、年間入場者は1、000万人を軽く越える。

上海は、2020年までに、国際経済、国際金融、国際航運及び国際貿易の中心となる「4つの中心」の目標を掲げており、2013年には、浦東地区に自由貿易試験区を設定し、「ネガティブリスト」に基づき金融分野の規制緩和やその他のサービス業の更なる対外開放、行政事務簡素化の実験を行っている。関係行政機関間の連携が必ずしも円滑でなく、当初の期待感は幾分萎んでいるが、2015年には試験区の区域拡大が実施された。2016年から始まった第13次5カ年計画では、自由貿易試験区と科学技術イノベーションを2枚看板に、上海市の更なる飛躍を図ることとなっている。

現在、上海は総領事館届出ベースの在留邦人が44、387名である（2016年10月現在、以下同じ）。総領事館管轄地域（上海市、江蘇省、浙江省、安徽省、江西省）に拡げると58、161名に達する、上海市内の日系企業約1万拠点（管轄地域内では2万2千拠点）、上海日本商工倶楽部加盟社約

2千4百社、上海日本人学校義務教育生徒数約2千3百名と、いずれも抜きん出て世界最大か、あるいは世界最大規模である（長期在留邦人数、日本人学校生徒数ではバンコクに次いで第二位。他は第一位）。

筆者が驚いたのは、上海に着任した当初、高校時代の同級生がこの地域に筆者を含め4名もいたことである。彼らは、大手商社や鉄鋼メーカー、それに地元福山の電子機器メーカーの駐在員であった。一学年200名余りの生徒しかいない高校の同級生のこのような集中度をもってしても、日本と上海との関係の深さが分かろうというものである。

上海総領事館の査証発給件数は、2014年87万件、2015年155万件、そして2016年には175万件に上った。これは、我が国の全在外公館が発給している査証件数の3分の1を占める。最近の査証件数の伸びは少し鈍化している。というのは、数次査証を取得している者の増加、査証取得を必要としないクルーズ船客の増加（年間約500隻、100万人以上が上海から出航）等の要因があるからであり、管轄地域から訪日する中国人旅行客の延べ実数は堅調に伸びている。

査証業務や在留邦人の拡大に伴い、総領事館の館員数も、日本人・中国人（臨時職員を含む）を合わせると100名を軽く越え、在ニューヨーク総領事館を抜いて世界最大となった。

管轄地域の日本との貿易額は、中国全土の約50％、日本からの投資額は全中国の約70％、在留邦人人口は全中国の約50％、中国人人口は全中国の約20％、GDPは全国の約30％、日本との航空便は毎週400便以上飛んでいる。このような数字を並べると、上海を中心とする華東地域と日本との関係の緊密さを改めて認識させられる。

上海市は、横浜市（1973年）、大阪市（1974年）、大阪府（1980年）と姉妹都市関係を結んでおり、長崎県（1996年）とは友好交流関係にある。

ちなみに、中国全土への進出日系企業数は、約3万3千拠点、人的往来は、年間約900万名（16年）（うち、訪日中国人数637万人（外国人訪問客の4分の1強））である。中国の在留邦人数が登録ベースで約13万名（15年。海外在留邦人数（約132万名）の10%）。また、在日中国人が約65万名と在日韓国・朝鮮人を既に超過している。在日中国人留学生は、約9万9千名（2016年）で全体の約40%である。

上海と福岡との距離は、上海と北京の距離より短い。特に1980年代以降、多くの中国人留学生・就学生がこの地から徒手空拳で日本に渡り、例えば、早朝2時に起きて新聞配達をしたり、深夜遅くまでレストランの皿洗いをして、苦学しながら、日本で今日に繋がるビジネス・チャンスを掴み、中国や日本で事業を興して、現在では相当な資産と地位を築いた人たちも少なくない。

上海に赴任し、彼らと日常的に接することにより、北京とはまた異なった知日派層が、質的にも量的にも相当程度上海に生活し、陰に陽に日本の各種文化・経済交流活動やその他の日中交流事業を支え、日中関係の発展に尽くしてくれていることに大変励まされた。

彼らは、程度の差はあれ、日本に対して今日の自分の地位を築くチャンスを与えてくれた国として、暖かい思いを寄せてくれている。また、自分が身をもって暮らした日本社会や個人的に知り合った日本人、多様で美しく豊かな自然環境や食生活、伝統と現代が融合した日本文化に対して非常に肯定的かつ積極的な評価をしている。

中国という政治社会体制の下で、公の場で「親日」と見られることには種々の危険が伴うので目立ちはしないが、日中交流に貢献したいと考えている人、実際に行動している人も筆者の回りには少なくない。2016年4月の熊本震災の折には、日本の学校と交流のある上海の高校や大学、企業団体等多くの上海の人々が、先を争って義捐金を総領事館に提供してくれ、感謝の気持ちで本当に目頭が熱くなった。海外から日本政府に届いた義捐金の半分は中国からのものである。

もちろん、当地も日中の不幸な時代の例外ではなく、２次に亘る上海事変も経験し、半植民地の租界時代に日本人から不愉快な扱いを受けた年輩者も少なくなかったであろうが、生活水準においても、日常生活スタイルにおいても、また、文化やファッションの嗜好においても上海人と日本人には類似点も少なくないと感じる。

着任した２０１５年にこのようなことがあった。12月13日は、「南京事件」の記念日で、当日日曜日は、南京の「虐殺記念館」において記念式典が厳かに挙行されていた。他方、同時刻に、上海市の目抜き通りである淮海中路を散策中、その前日の12日に開店した無印良品旗艦店の前を通りかかると、小雨の中、若者の長蛇の列が連なり、入場制限をしていた。

もちろん、中国は、日本と社会制度、政治体制の異なる国である。しかしながら、そのような制約の中でも、社会は必然的に多様化していく。若者の嗜好や行動も例外ではない。

総領事公邸に1、2ヶ月に1度の頻度で定期的に、週末の午後上海の各大学の学生を10名程度招待し、日本人経営のケーキ屋から買ったケーキとコーヒー・紅茶を楽しみながら、自由な意見交換をする場を設けた。日本語専攻か経済、法律、あるいは理工系の専門であるかに拘わらず、上海の若者気質は、日中政府間の時として厳しい政治関係とは、また、別次元のものとして存在していることを感じる。

日本のアニメや漫画に小さい頃から馴染み、声優のアテレコやコスプレを楽しみ、Ｊ‐ＰＯＰを聴いて生きる勇気をもらい、日本の映画やドラマのファンとなり、漫才に笑い、日本の戦国武将に興味を持ち、村上春樹や東野圭吾の小説に熱中し、これらを通じて日本語を趣味として学び、自然に操る若者も上海には少なくない。テレビ番組では、相変わらず日中戦争を描いたドラマの中に、奇妙で残虐でカリカチュアされた日本の軍人が登場するが、このような宣伝ドラマを真剣に見ている若者は、少なくとも筆者の周囲にはいない。

もちろん、中国は広大な社会であり、上海の一部の若者の生態をもって中国全体を代表させることはできないが、日中の若者たちの交流が更に増えていけば、彼らが社会の中堅に就く頃には、日中関係はもっと前向きな新しい段階を迎える可能性があるのではないかとの期待感を持たせてくれる。そこに至るまで、日中の政治指導者が両国間の複雑でデリケートな諸問題を賢明、慎重かつ繊細にマネージしていくことが前提となることは言うまでもないことであるが。

大橋大楼（旧日本軍憲兵隊司令部）。現在は建物にコンビニエンスストアが入っている

第五章　今後の日本外交と中国

1．私と戦後日本社会の発展過程

振り返れば、筆者の個人としての成長過程と戦後日本社会の発展過程が軌を一にしていた時代をこれまで生きて来たような気がする。１９６０年代のまだ貧しくも活気に溢れ高度成長を開始した日本社会の一地方の田舎で幼少期を過ごし、小学校時代の１９６８年には西独を抜いて西側世界第2位の経済大国となり、１９７０年には６４００万人の一人として大阪万博に足を運び、明るい日本の未来を夢見た。大学時代には、「ジャパン・アズ・ナンバー・ワン」ともてはやされ、もはや欧米に学ぶべきものはないといった傲慢な知的雰囲気もあった。

司馬遼太郎原作の「坂の上の雲」に準えれば、この時代は、正に、戦後の坂の上の雲を目指して日本が急速に上昇しつつあった幸福な時期であった。筆者が外務省に入省して１９８０年代半ばに米国に留学した頃には日米貿易摩擦が激しく、著名な歴史学者でジャーナリストであったセオドア・ホワイトのような知識人ですら、〝The Danger from Japan〟という文章をニューヨーク・タイムズ・マガジン（１９８５年7月28日）に書き、傲慢な日本人に真珠湾からミズーリ号への歴史を今一度想起させるべきであると極めて感情的な表現で日本の姿勢を批判する程に米国は疲弊し、苛立っていた。

ホワイトは、ハーバードで中国語を学び、日中戦争中の1939年に重慶に足を運び、雑誌TIMEの通信員の仕事をしていた。彼は1978年に出版した回想録〝In Search of History〟の中で、当時の日本に対する思いを率直に述べている。それによると、彼は偏見と認識しつつも未だに日本人のことを考えると身の毛がよだつ、なぜなら重慶や華北で最初に目にしたのが日本軍の暴力であったからであると記している。1980年代の日米貿易摩擦の際の彼の対日観を根底で形成したのは、戦時中に彼が中国大陸で、そして東南アジアで経験した日本に対する嫌悪感であったことは容易に想像がつく。

現米国総領事館

それにしても、余りに感情的な「ジャパン・バッシング」現象が起きていた。「21世紀は日本の時代」とまで言われる程、その勢いはとてつもなく輝いて見えていた時代であった。〝invincible（無敵の）〟といった言葉が日本を表現するのに使われていた。

しかし、そのような時代は長くは続かず、1990年代初頭のバブル経済崩壊以降、2000年代にかけては、長期間、その後遺症からの脱却に苦しみ、「失われた10年」あるいは「失われた20年」と言われ、米国主導のグローバリズム全盛の中で、日本は構造改革を進め、競争力を高め、社会を効率化・活性化しようと努力した。

そして、今度は、サブプライム・ローンやリーマン・ショックに端を発する2008年の世界経済金融危機を経験し、米国の国力の相対的低下と中国の台頭をはじめとする多極化への兆しを前に、日本は、デフレーション、少子高齢化、財政悪化、国際競争力の低下と言った深刻な諸問題を抱え、アベノミクスの下、再び、新たな経済発展モデルや国家像、社会像を模索している。そして、気がついてみると、日本という社会そのもののみならず、中年から人生の後半に向かっている自分自身にも改めて気づくという次第である。

少子高齢化と人口減に関連して言えば、戦前日本の大陸進出を推し進めた背景には、安全保障上の観点とともに、国土が狭く、資源の少ない日本がその人口増加と国力の発展を支えていくには大陸の広大な土地と資源、そして市場が必須であるとの認識があった。その日本が、21世紀には人口減と高齢化という今世紀最大の挑戦を受けているというのは皮肉である。

2. 最近の日中関係

日本が国際社会での地位を変化させるのと軌を一にして、中国は文革時代から改革開放政策に大きく転換を図り、天安門事件の試練や東西冷戦の終焉、ソ連の崩壊といった国際社会の激動の中で、自らの国力と地位を急速に台頭させていく。そして、中国は今、「中国の夢」、即ち中華民族の復興を目指して、米国との「新型大国関係」、AIIBの設立、「一帯一路」構想、海軍の第一列島線を越えた活動等自らが主導する国際秩序の形成に積極的に乗り出している。

一言で言えば、「富国強兵」の道を突き進んでいる。当然ながら、日中関係もこれらの変化を受けざるを得ない。

1972年の国交正常化から1989年の天安門事件までの「友好」の時代、1990年代半ばから2000年代半ばまでの「政冷経熱」の時代を経て、2006年10月の安倍首相の訪中以降の「戦略的互恵関係」の時代、2012年の尖閣諸島の所有権移転を巡る日中間の「新冷戦」とも言うべき確執の時代を経て、現在は一定の緊張関係を孕みながらも政治関係の改善に向けて前進中である。

2012年の日本政府による尖閣諸島3島の取得・保有以降、数年間の日中関係は非常に厳しい時期であった。筆者の個人的印象でも、外務省に入省して以来、最も緊張感を孕んだ時期であったと言えよう。その後、2014年11月の北京APECの機会に日中首脳会談が復活し、日中関係は全般的に改善へと向かっている。しかしながら、その勢いはまだ十分とは言えない。

日本のGDPは1996年には世界の15・0%を占めていたが、2014年には5・8%に低下している。その意味では、日本の経済力は国際社会の中で相対的に低下しているが、中国内政が第13次5カ年計画の開始（2016~20年）、第19回党大会（2017年）を迎えて、国内外情勢の不確実要素が増大している中、社会の安定と共産党の一党支配体制維持の観点から、中国は隣国である日本との安定した関係を構築する重要性を一方では再認識しているものと思われる。

最近の中国経済の減速と日本からの投資減少傾向、国内構造改革と都市化、産業の高度化、社会保障制度の整備を含む高齢化・健康対策、環境保全等様々な分野での日本との協力強化の重要性、日本の長期安定政権と真剣に向き合う必要性、トランプ新政権下における米国の対東アジア経済・安保政策の不確実性、欧米社会を覆う内向きで排外主義的、保護主義的傾向、台湾情勢の動向、東アジア自由貿易体制の方向、AIIB等中国主導の国際金融システムへの日本の協力取り付け等の様々な要素を考えると、歴史問題や主権に係る「核心的な利益」に関する問題での日本への一方的な妥協は中国指導者にとり命取りになり期待できない反面、日本との幅広い安定した関係の発展を進めていくことは中国の国益に合致するとの冷静な国益上の判断は、現指導部の中にあるものと思われる。もちろん、「内政」が「外交」を制約する中国の本質部分に変化はないであろう。その意味では、19回党大会を経た二期目の習近平体制がどれほどの国内支持基盤と求心力を持つか注目されるところである。

3．今後の日中関係

明治以降の日本外交を回顧し、今後を展望する際に、教訓にすべき戦前の最大の外交的失策は、米国の国益と決定的に対立し、日米戦争という破局への道を選択してしまったということである。このことにより、欧米列強による激しい植民地分割争いという帝国主義の時代にあって、明治の開国を決断し、薄氷を踏む思いで日清・日露の戦役に勝利し、独立を確固のものとしたにも拘わらず、また、第一次大戦に勝利し国際連盟常任理事国の地位を得て列強の仲間入りを果たしたにも拘わらず、営々として築き上げた戦前の蓄積を一挙にすべて失った上に、「歴史」や「領土」を巡る問題をはじめ戦後の日本外交に大きな足かせと負の遺産を残してしまうこととなった。

米国との決定的対立の原因は、単純化すれば中国問題を巡る両国の国益の深刻な衝突であった。そして、21世紀前半の日本が直面している最大の外交課題は、台頭する中国を日本外交の中にどのように位置づけ、どのように日中関係を構築していくべきかということである。いずれにせよ、中国問題が日本の最大の外交課題であることには変わりがないと認識する次第である。

今後の日中関係を考える上で、日本として念頭に置くべきいくつかの重要な視座につき最後に個人的な考えを述べてみたい。

引っ越しのできない隣人関係

「友人を選ぶことはできるが、隣人を選ぶことはできない」と言われる。日中はお互いに逃げることのできない隣人関係である。残念ながら好き嫌いで相手を取捨選択することはできない関係となっている。特に経済面、人物交流面での関係の重要性が戦後かつてない規模で拡大している中、好むと好まざるとに拘わらず、日中経済関係は、「運命共同体」となっている。隣国にある14億の巨大市場をどう活用できるかは、今後の日本経済にとり死活的重要性を持つ。中国経済は、評論家的、第三者的に好悪の観点から論じることのできる対象ではなく、その動向が日本経済に直接影響を与える存在になってしまっているという現実を認識する必要がある。また、中国にとっても隣国の1億3千万人近くの人口を有する経済・技術大国、そして課題先進国である日本を無視することは不可能である。このような両国関係の現在を最も感じるのが、4万5千名の登録在留邦人と1万拠点を越える日系企業が集積し、日本の在外公館が世界各地で発給するビザ件数の3分の1が集中する総領事館のある上海という街である。

戦略的互恵関係の推進

日中関係は、国交正常化当初の友好関係、その後の日中関係の変化に伴って生じた複雑な心理状況から来る相手国への反感といういずれにしても情緒的な関係から、あらゆるレベルの交流と関係の深まりを経て共通利益に根ざした経済的ＷＩＮ‐ＷＩＮの相互互恵の戦略的関係を構築していくべき時代となっている。引っ越しのできない重要で影響力のある隣人どうしであるという現実認識から出発すれば、論理必然的にＷＩＮ‐ＷＩＮを目指さざるを得ない。

経済的には「中国の発展は日本の発展、日本の発展は中国の発展」という視点が重要である。両国の国民感情が日中関係を左右する不安定な関係から、共通利益に根ざした冷静で戦略的な互恵関係を推進していかなければならない。

もちろん、そのＷＩＮ‐ＷＩＮは双方にとり単にプラスになるという意味に留まらず、少なくとも等しくプラスになるということでなければならない。０対０の出発点から、中国が10で日本が５のＷＩＮ‐ＷＩＮではなく、あくまで10対10のＷＩＮ‐ＷＩＮにしなければならない。この点、中国が今後如何に責任ある大国として振る舞う意思と矜持があるかが国際社会から厳しく問われることとなろう。

世論外交の重要性

昨今、ソフト・パワー、パブリック・デプロマシーへの関心が世界的に高まっている。インターネットやスマートフォンが普及する中、また、中国市民の権利意識が高まる中で、中国共産党と雖も世論への配慮や働きかけという広報マインドなしでは政策の円滑な遂行が達成しにくくなっている。また、一党独裁の体制であるが故に、中国共産党は「世論」というものの動向を注意深く見ながら統治していることが窺える。

日中双方の相手国に対する親近感の極端な低下の中で、世論外交の重要度が増している。その意味では、人物交流、特に青年間の交流が重要である。昨今の中国人旅行者の訪日数増加（２０１６年は約６３７万人）は、その多くが日本に対して好感を持って帰国するという意味でも意義深い。彼らは、日本社会のシステムが効率的に機能していること、街が清潔で整っていること、日本人が総じて親切なこと、商店のサービスが良いこと、自然が多様で豊かなこと、食事が美味しいこと、伝統文化が保存され最新文化が洗練されていること等、日本社会の積極的な面に触れ、訪日前の対日イメージと実際の日本との違いに気付き始めている。

また、上海のような沿海部大都市の所得水準の高い層、特に若者たちの日本文化や生活スタイル、日本的嗜好への関心が大いに高まっている。ユニクロや無印良品の上海での高人気に象徴されるようにシンプルで洗練されたデザインが好まれる点では日中の若者の嗜好にも最近は都市部で類似性が見られる。

残念なことに、訪日中国人数が急速に伸びている反面、日本人の訪中者数はピークの60％程度に減っている。2016年3月に公表された内閣府の外交に関する世論調査では、中国に親しみを感じないと答えた日本人が83・2％を占め、1975年の調査開始以降最悪レベルの数字となった。交流は双方向によって成り立つものである。訪日中国人増加の最近の傾向、特に若者の訪日を更に一層促進し、中国人の対日イメージの向上を図ると同時に、是非、日本人の中国に対する関心が再び高まり、現実の中国社会や中国人を自分の眼で見て、隣国で起きている大きなかつ速い変化を感じ取ることを期待したい。

脆弱さを残す日中関係

日中関係は、歴史、台湾、領土、海洋に係る問題あるいはその他お互いの民族感情を刺激する問題等の展開次第では急激に不安定化する可能性を常に孕んでいる。共産党の愛国主義教育は、アヘン戦争以来の近代中国における日本を含めた欧米列強の侵略と半植民地主義の屈辱の歴史を克服する過程において果たした共産党の歴史的役割を強調し、その正当性を絶えず中国国民の心の中に再生産させることであるとすれば、それは換言すれば、「日本」を欠くべからざる負の要素として、絶えずスケープゴートに位置づけて行くことも意味しかねない。

もっとも、政府としてもあからさまに抑圧しにくい「愛国」運動の簑を借りて、社会や政治に対する不満を表現する手段として「反日」が使われる可能性があり、また、歴史的に中国社会における反日運動は反政府運動に容易に転化しかねない側面をもっており、共産党がこのような運動を、インターネットが急速に発展拡大し、個人が様々な情報に接して、また自ら発信している中、完全に自らの意図通りにコントロールできる時代ではなくなったことを考えると、歴史カードは、「諸刃の剣」ではある。また、日本側からすれば、日清戦争以来近現代史で初めて遭遇する「強大な中国」に直面しての感情的なとまどいが日中関係の冷静客観的なとらえ方を鈍らせている面がある。

この関係では、筆者は、以下の諸点に留意する必要があると考える。

（ア）上は指導層から下は現場担当者に亘り、日中間の各レベルに幅広く重層的なコミュニケーション・チャネルを確立し、双方が慎重に行動するとともに、緊急事態に際して迅速かつ正確な意思の疎通を可能にし、相手の意図についての誤解を防止する。

（イ）個別の政治的な問題を経済活動や文化・人的交流分野に波及させずに局限化し、大局観に立って問題の処理に当たる。

（ウ）両国の国民感情やナショナリズムを慎重かつ抑制的に取り扱い、民族感情が両国関係全般を支配しないよう注意する。

冷静・客観的な中国分析の必要性

日本国内では、ややもすると、日本側の中国に対する焦燥感や懸念、不満、嫌悪や希望的観測を投影した悲観的、否定的、消極的な中国論調がマスコミ誌上で好まれる傾向にある。

日本の25倍の面積と10倍の人口を擁する広大で地域格差・貧富の格差を伴う中国社会には、様々な弱点と強みが併存している。弱点を集めれば「中国崩壊論」のシナリオを描くこともできるし、強みを集めれば「中国脅威論」ともなる。日本国内では、それぞれの立場の人間が中国に対する一定の先入観を持ち、それを補強する情報に反応して主観的な中国像を作っているきらいがある。

対外行動を含めた現在の中国の振る舞いや政治社会体制に懸念を抱くことには理由があるが、バランスの欠いた対中認識に基づく判断は結局日本の国益に資さない。隣国であり大国である中国の動向につき、先入観を持たず、冷静、客観的、包括的、多層的でバランスのとれた研究と調査・分析を行うことが、日本の将来にとって死活的に重要と考える。「希望的観測」に基づく情勢判断の誤りがもたらす恐さを、日本は第二次大戦で痛い程経験したはずである。日本の長期的国益の観点から、単純な「中国脅威論」や「中国崩壊論」といった情緒的かつ雑駁な捉え方ではなく、等身大の中国を冷静、客観的に捉えて日本にとっての意味合いを判断する必要がある。

基本的価値や体制を異にする国

中国は我々と基本的価値（自由、民主、人権、法の支配）を異にする政治社会体制の国であり、そのことが日本にとって中国の将来への不透明性、不確実性を孕んでいるということは改めて認識しておく必要がある。これは、軍事力の近代化を推進し、宇宙・サイバー空間での活動を活発化させている中国の安全保障上の懸念に備えるべく、引き続き日米同盟を中心とした価値を共有する国々との連携を更に強化していく重要性を我々に再認識させる根拠でもある。日本と中国は、「利益」の共同体を目指して協力することは可能であるが、残念ながら現在の体制が続く限り、「価値」の共同体を構築することはできない。

一党独裁や官僚統制経済は、経済社会開発を短期間で初期段階から一定水準まで強権的に実行し易い反面、異なった意見が市民から公の場で自由に表明され、選挙結果によってそれが政治に反映されて政策が決定・修正されていくという政治社会システムをもたない体制である。中国の政治社会体制が持つ我々と異質なこの側面を忘れてはならない。ある意味では、中国の「脅威」が存在するとすれば、それは対外的に台頭する「強さ」そのものというよりは、内部に孕むこの「弱さ」の反映としての対外強硬姿勢にあるのかもしれない。

中国との差別化

日本は、中国と「量」において競争しても自ずと限界がある。「質」において中国と異なる特性を世界に示していかなければならない。中国には提供できない、あるいは中国の追随を許さない経済貿易、社会システム、科学技術、学術研究、文化芸術、健康衛生、環境保護といった各分野におけるハード・ソフト両面の日本の先進性や独自性、魅力を世界に向けて絶えず示し続け、優位性を切り開いていくこと、そのことにより中国との差別化を図り、日本のアジア及び世界への貢献を考えていく必要がある。強国化を図る巨大な中国が形成しようとする東アジアのシステムの中に埋没することなく、独自性をもった日本の存在感を示し続けることは、中国に一目置かれ、日本の生存を図る上でも死活的重要性を持つと考える。日本は、中国の歴代王朝を中心とする東アジアの朝貢・冊封システムから一定の距離を置き国家運営を行い、独自の存在意義を発揮してきた歴史を有する国である。

日本の先端技術力、ノーベル賞受賞者が続く基礎研究力、細部に亘り他人を気遣う国民性から進化した高度なおもてなしサービス、安心で安全な自然・社会環境。これら、日本が有する総合力を都市化、少子高齢化、社会保障制度、環境保護・省エネ、食品安全等国際社会が21世紀に共通に直面する重大な諸課題解決のために活用し貢献していくことが求められている。

内向き志向の打破

最近の日本人は内向き志向が強いと言われる。筆者が米国に留学していた80年代半ば、アジア留学生の中で日本人が数としては最大であった。２０１３~２０１５年に亘って米国中西部ミシガン州デトロイト総領事をしていた当時のある調査によれば、米国の大学に学ぶ中国人留学生は約27万人であったのに対して、日本人留学生はわずか2万人足らずであった。筆者が北京に留学していた80年代前半、日本人留学生は中国内で最大グループであったが、最近の調査によれば韓国人留学生が7万人を越えて第1位、日本人は1万3千人で第9位にまで低下している。

確かに、客観的に見て、日本は自然が豊かで、食べ物がおいしくて、社会が安全で、安心で、街が清潔で、人々が親切で、サービスが行き渡り、生活水準が高く、あらゆるものが揃っており、文化・教育水準も高く、世界レベルの学問研究を日本語を通じて享受できる世界有数の素晴らしい国であることは間違いない。しかしながら、「井の中の蛙」になって閉じこもってしまうと、やがて世界の潮流から置いて行かれてしまう。

1492年、クリストファー・コロンブスがサンタ・マリア号他2隻の船で乗員総数約90名を従えて大西洋を渡ったその90年前に、明の鄭和は船の長さがサンタ・マリア号の約4倍ある1，000トンの巨船60数隻、乗員3万名近くを率いて、7回にも亘り東南アジア、アフリカまで航海していた。東アジアの朝貢・冊封体制の頂点に位置していた中国という巨大で高度な文明システムが、19世紀前半からの約100年間、日本を含めた欧米列強の蚕食されるままとなってしまった最も根本的な原因は、自らが文明の中心であり頂点に君臨することを当然視して、そのことに安住してしまい、外への関心や外から学ぼうという謙虚な姿勢や好奇心が欠如し、欧米で起きていた産業革命、社会の近代化や市民社会の形成という大きな歴史の潮流から結局取り残されて行ったからだと考える。

何千年も続いた中国社会には、社会や制度に対する信頼度の低さといった本質的に変わらない部分もあるし、インフラ建設や、ビッグデータの活用を含めたインターネットによる経済・社会構造の転換等日本国内のスピード感では信じがたい速度で変化している部分もある。中国への嫌悪感から、この国の社会で現在起きているダイナミックで大きな変化を真剣に見つめようとする関心を失ってしまうと、その方向性を正しく理解できなくなってしまう。日本にも、現在の閉塞状況を打破するために、再び新たな開国とチャレンジ精神が求められているのではないだろうか。

あとがき

上海は、日本が、欧米列強による東アジア植民地支配の足音を聞き、近代化の必要性を痛感した場所であり、近代日本の対中外交の玄関口であった。帝国主義の時代に、不安の中で出航を余儀なくされた小船「日本丸」は、日清・日露の両戦役に勝利を収め、20世紀初頭には非西洋国で唯一近代化に成功し、独立を強固なものとした。そして、第一次大戦の勝利と国際連盟常任理事国入りは、日本の列強入りを確たるものとした。

中国との関係では、辛亥革命や民族運動に共感し、アジアの友邦として共に立ち上がろうとする気運が日本側の一部にない訳ではなかった。しかしながら、そのような人たちを含め、日露戦争の勝利により得た満州における「特殊権益」を保護しようとする中で、近代化に遅れ、停滞と混乱、そして内戦に明け暮れる中国に対する侮蔑意識と、日貨排斥や抗日・排日運動の「暴慢無礼」な行動に対して、武力をもって日本の考える「東亜新秩序」建設に協力させるしかないとの「暴支膺懲」の思想が、この国の官民を問わず広く覆ってしまった。

その結果、中国で高まりつつあった民族統一と半植民地打破という歴史の大きな流れの方向を見誤ってしまい、それとの「協調」ではなく「対決」の道を選択してしまった。そして、最終的には中国問題を巡って米国と決定的に対立し、明治以降、先人が営々として築き上げた蓄積を灰燼に帰すという近代日本外交にとって取り返しの付かない致命的な国策の誤りを犯すことになるのである。

日露戦争当時、連合艦隊司令長官であった東郷平八郎は、日本海海戦でバルチック艦隊を撃滅した年である1905年の12月21日に、連合艦隊解散の辞を述べている。秋山真之の起案によるものと伝えられるが、その辞は、「古人曰く、勝って兜の緒を締めよと」で終わっている。その後の日本の進路は、歴史的勝利に奢ることなく冷静に将来を見据えようとしたこの教訓を残念ながら活かすことができなかった。

戸部良一「日本陸軍と中国―「支那通」にみる夢と蹉跌―」（講談社）は、中国専門家が嵌まってしまった陥穽を見事に描いている。かつて、陸軍士官学校での教育に始まって、「支那通」を日本のあらゆる組織の中で最も大量に養成し、中国大陸に外務省が及びもつかない広範な情報ネットワークを張り巡らして来たのが帝国陸軍であった。

当初は中国の覚醒と近代化に共鳴し、寄り添おうとさえしたこれら陸軍「支那通」も、結局は中国の現状に幻滅して、実力をもって知らしめるしかないという威圧的な対中政策に彼らの結論は収斂してしまったのである。日中関係における失敗の本質を、文芸評論家の江藤淳氏は、彼ら「支那通」には中国が「他者」であるという認識が欠けていたと一言で喝破した。

中国に暮らして中国語を流暢に操り中国を知り尽くしていると自負していた専門家にも、あるいは、中国に対する深い知識や理解もなかった一般日本人にも共通に指摘できることは、日本側の主観的な理想や正義を一方的に中国に投影し、期待した反応が得られないと、今度は幻滅と失望の感情を抱き、最後は実力行使によって懸案を一気に処理しようとエスカレートしてしまう。事程左様に日本にとって中国との距離感の取り方は難しい。

時代は変わり、日中関係も日中各々の国際的地位や実力も当時とは大きく変わっているが、この中国との距離感の取り方、換言すれば「他者」認識というのは、隣国である日本が対中関係を考える上で、現在にも通じる命題であると痛感する次第である。

本書を執筆する過程でいろいろな「縁」を感じた。肉親や故郷との縁、上司との縁、母校との縁、同級生との縁、旧い友人との縁、戦前の建物との縁、官民の縁。そして日本と中国の縁。様々な縁を引き寄せる強い磁場を上海は持っている。筆者がこのタイミングで上海に赴任し、これらの縁を手繰り寄せることとなったことにも何か運命的なものを感じるのである。

この場を借りて、本書出版の機会を与えて頂いた段躍中日中交流研究所所長・日本僑報社編集長及び段景子日本僑報社代表取締役社長に感謝申し上げる。当時は面識がなかったが、本文で触れた杉本信行元上海総領事の出版記念会で段躍中氏と時間と場所を共にしていたことを本書の執筆過程で知った。また、夫人である段景子氏はかつてミシガン大学（アナーバー）で研究生活を送っているが、ミシガン州は私がデトロイト総領事を務めていた際に住んでいた州であり、同大学も数え切れないくらい訪問したことがある。これもまた不思議な縁である。

また、１９８０年代から今日に至るまで留学を含む5回の中国在勤をはじめ本省や米国、欧州、東南アジアでの勤務を通じて、日本外交にとっての対中関係の意味合いを、各時代、各場所から長年に亘って考える機会を与えてくれた外務省及び筆者の中国への好奇心を刺激してくれた上司・同期・後輩諸氏に感謝したい。特に、上海総領事館で筆者の優秀な秘書として総領事の超過密スケジュールを管理してくれた竹田光希氏に御礼申し上げる。今回初めての上海勤務をきっかけに、同地における戦前の先輩外交官の足跡を学ぶことができたことは、望外の収穫であった。

最後に、この本を、10年を越える連続した海外生活に同行し、各赴任地で筆者を公私に亘って懸命に支え、現地での交友関係の幅を拡げてくれた妻ゆかりに捧げたい。

２０１７年6月吉日　上海にて

参考文献

▩日本語文献

芥川龍之介「上海遊記　江南遊記」講談社　２００１
浅田奈美「晩霞」生涯学習研究社　１９９７
浅田百合子「日中の架け橋―影佐禎昭の生涯―」新風舎　２００３
東和男「創成期の豊田と上海　その知られざる歴史」時事通信社　２００９
有田八郎「馬鹿八と人はいう　一外交官の回想」光和堂　１９５９
石射猪太郎「石射猪太郎日記」中央公論社　１９９３
石射猪太郎「外交官の一生」中央公論新社　１９８６
石子順「中国明星物語」社会思想社　１９９５
依田憙家「戦前の日本と中国」三省堂　１９７６
伊藤武雄「満鉄に生きて」勁草書房　１９６４
犬養健「揚子江は今も流れている」文藝春秋　１９６０
井上寿一「日中戦争下の日本」講談社　２００７
井上寿一　編「日本の外交　第1巻外交史戦前編」岩波書店　２０１３
今井武夫「支那事変の回想」みすず書房　１９６４
今井貞夫「幻の日中和平工作　軍人今井武夫の生涯」中央公論事業出版　２００７
岩井英一「回想の上海」回想の上海出版委員会　１９８３
岩間一弘　他編「上海　都市生活の現代史」風響社　２０１２
上野英信「天皇陛下萬歳　爆弾三勇士序説」筑摩書房　１９７１
臼井勝美「新版日中戦争　和平か戦線拡大か」中央公論新社　２０００

臼井勝美編「現代史資料（13）日中戦争（五）」みすず書房　1966
内山完造「花甲録　日中友好の架け橋」平凡社　2011
内山完造「そんへえ・おおへえ　上海生活三十五年」岩波書店　1949
内山完造「魯迅の思い出」社会思想社　1979
内山清・山田修作・林太三郎「大上海」大上海社　1915
エドウィン・O・ライシャワー「円仁唐代中国への旅『入唐求法巡行記』の研究」講談社　1999
エドガー・スノー　松岡洋子訳「中国の赤い星」筑摩書房　1975
NHK取材班・臼井勝美「張学良の昭和史最後の証言」角川書店　1991
榎本泰子「楽人の都・上海　近代中国における西洋音楽の受容」研文出版　1998
榎本泰子「上海オーケストラ物語　西洋人音楽家たちの夢」春秋社　2006
榎本泰子「上海　多国籍都市の百年」中央公論新社　2009
遠藤誉「毛沢東　日本軍と共謀した男」新潮社　2015
NHK取材班　編「魔都上海十万の日本人」角川書店　1995
王勇「唐から見た遣唐使　混血児たちの大唐帝国」講談社　1998
大杉一雄「日中十五年戦争史　なぜ戦争は長期化したか」中央公論社　1996
太田尚樹「伝説の日中文化サロン上海・内山書店」平凡社　2008
大田祐介「永遠の四一　歩兵第四一連隊の足跡を訪ねて」福山健康舎　2014
岡田酉次「日中戦争裏方記」東洋経済新報社　1974
岡林隆敏「上海航路の時代　大正・昭和初期の長崎と上海」長崎文献社　2006
岡本隆司「中国『反日』の源流」講談社　2011
尾崎秀樹「上海1930年」岩波書店　1989
尾崎秀樹「ゾルゲ事件と中国」勁草書房　1989
尾崎秀樹「ゾルゲ事件　尾崎秀実の理想と挫折」中央公論社　1963

尾崎秀実「現代支那論」岩波書店　1939
尾崎秀実「ゾルゲ事件上申書」岩波書店　2003
外務省編「天皇皇后両陛下の中国御訪問」外務省　1992
外務省編「日本外交年表竝主要文書（上・下）」原書房　1965
影佐禎昭「曾走路我記」口述筆記　1943（現代史資料（13）日中戦争（五）みすず書房に所収）
笠原十九司「海軍の日中戦争　アジア太平洋戦争への自滅のシナリオ」平凡社　2015
風見章「近衛内閣」日本出版協同株式会社　1951
鹿地亘「魯迅評伝」日本民主主義文化連盟　1948
梶谷懐「日本と中国経済—相互交流と衝突の一〇〇年」筑摩書房　2016
加瀬俊一「日本外交の主役たち」文藝春秋　1974
片岡修身「福山連隊史（中国編）」古川書店　1978
加藤隆則「上海36人圧死事件はなぜ起きたのか」文藝春秋　2015
金子光晴「どくろ杯」中央公論新社　1976
加山泰記念文集刊行会　編「黄浦江の流れに　回想の加山泰」私家版　1986
川合貞吉「ある革命家の回想」新人物往来社　1973
木之内誠　編「上海歴史ガイドマップ（増補改訂版）」大修館書店　2011
木下博民「上海タイムスリップ　元『日軍俘兵』の長江悠々再訪記」第三書館　1992
草柳大蔵「実録満鉄調査部（上・下）」朝日新聞社　1979
栗田尚弥「上海東亜同文書院　日中を架けんとした男たち」新人物往来社　1993
小林英夫「満鉄調査部　『元祖シンクタンク』の誕生と崩壊」平凡社　2005
滬友会　監修「実録中国踏査記　上海東亜同文書院大旅行記録」新人物往来社　1991
呉建中「上海の図書館と社会　1840—1949」京都図書館情報学研究会　2013
小島直記「洋上の点　情報戦略家森恪の半生」中央公論社　1982

小堀倫太郎「写真集　懐かしの上海」国書刊行会　１９８４
斎藤良衛「欺かれた歴史　松岡と三国同盟の裏面」読売新聞社　１９５５
酒井哲哉　編「日本の外交　第3巻外交思想」岩波書店　２０１３
佐野眞一　他「上海時間旅行　蘇る〝オールド上海〟の記憶」山川出版社　２０１０
在華日本紡績同業会編「船津辰一郎」東邦研究会　１９５８
重光葵「昭和の動乱（上・下）」中央公論社　１９５２
重光葵「外交回想録」中央公論新社　２０１１
幣原喜重郎「外交五十年」中央公論新社　１９８７
（社）滬友会「東亜同文書院大学史」大学史編纂委員会　１９８２
受験新報編集部「外交官試験問題集　１９８４年版」法学書院　１９８３
生薬の「仁丹」生誕１００年記念委員会「仁丹物語」大和印刷株式会社　２００５
杉本信行「大地の咆哮　元上海総領事が見た中国」ＰＨＰ　２００６
鈴木健二「在外武官物語」芙蓉書房　１９７９
須磨未千秋　編「須磨弥吉郎外交秘録」創元社　１９８８
関根真保「日本占領下の〈上海ユダヤ人ゲットー〉『避難』と『監視』の狭間で」昭和堂　２０１０
高橋信也「魔都上海に生きた女間諜」平凡社　２０１１
高橋博文「『国際都市』上海の中の日本人」研文出版　２００９
高村直助「近代日本綿業と中国」東京大学出版会　１９８２
竹内好「竹内好評論集第三巻『日本とアジア』」筑摩書房　１９６６
武田泰淳「上海の蛍」中央公論社　１９７６
田中重光「大日本帝国の領事館建築」相模書房　２００７
中央大学人文科学研究所　編「日中戦争　日本・中国・アメリカ」中央大学出版部　１９９３
陳祖恩「上海に生きた日本人　幕末から敗戦まで」大修館書店　２０１０

陳祖恩「上海の日本文化地図」上海錦繡文章出版社　２０１０
塚本誠「ある情報将校の記録」中央公論社　１９９８
鶴見和子「パール・バック」岩波書店　１９５３
殿木圭一「上海」岩波書店　１９４２
戸部良一「外務省革新派　世界新秩序の幻影」中央公論新社　２０１０
戸部良一「日本陸軍と中国　『支那通』にみる夢と蹉跌」講談社　１９９９
伴野朗「上海便り」朝日新聞社　１９８８
中西功「中国革命の嵐の中で」青木書店　１９７４
西里竜夫「革命の上海で―ある日本人中国共産党員の記録―」日中出版　１９７７
西谷格「上海裏の歩き方」彩図社　２０１３
西所正道「『上海東亜同文書院』風雲録」角川書店　２００１
西春彦「回想の日本外交」岩波書店　１９６５
日本上海史研究会編「上海　重層するネットワーク」汲古書院　２０００
日本上海史研究会編「上海人物誌」東方書店　１９９７
野林健・納家政嗣編「聞き書緒方貞子回顧録」岩波書店　２０１５
服部龍二「広田弘毅　「悲劇の宰相」の実像」中央公論新社　２００８
羽根田市治「夜話上海戦記　昭和六～二十年」論創社　１９８４
原田勝正「満鉄」岩波書店　１９８１
春名和雄「生かされてきた日々―私の履歴書―」厚徳社　１９９１
林京子「上海　ミッシェルの口紅」講談社　２００１
樋口正士「日本の命運を担って活躍した外交官芳澤謙吉波乱の生涯」グッドタイム出版　２０１３
樋口正士「藪のかなた　駐華公使・佐分利貞男変死事件」グッドタイム出版　２０１４
平野純　編「上海コレクション」筑摩書房　１９９１

福山市編「福山市史（下）」福山市史編纂会　1978
藤井省三「現代中国文化探検―四つの都市の物語―」岩波書店　1999
藤井省三「中国見聞一五〇年」日本放送出版協会　2003
藤井省三「中国語圏文学史」東京大学出版会　2011
古川貞二郎「霞が関半生記」佐賀新聞社　2005
堀内干城「中国の嵐の中で―日華外交三十年夜話―」乾元社　1950
堀田善衛「上海にて」筑摩書房　1995
堀井弘一郎・木田隆文　編「戦時上海グレーゾーン　溶解する『抵抗』と『協力』」勉誠出版　2017
本庄豊「魯迅の愛した内山書店　上海雁ヶ音茶館をめぐる国際連帯の物語」かもがわ出版　2014
増田渉「魯迅の印象」講談社　1956
松岡洋右「動く満蒙」先進社　1931
松本重治「上海時代　ジャーナリストの回想（上・中・下）」中央公論新社　1974、1975
松本重治「近衛時代　ジャーナリストの回想（上・下）」中央公論社　1986、1987
松本重治「昭和史への一証言」毎日新聞社　1986
丸山直起「太平洋戦争と上海のユダヤ難民」法政大学出版局　2005
丸山昇「上海物語　国際都市上海と日中文化人」講談社　2004
満鉄調査部編「支那抗戦力調査報告（1940）」三一書房　1970
箕原俊洋　編「『戦争』で読む日米関係100年　日露戦争から対テロ戦争まで」朝日新聞出版　2012
宮田道昭「上海歴史探訪」東方書店　2012
三輪公忠「松岡洋右　その人間と外交」中央公論社　1971
村上正名「今昔物語福山の歴史（下巻）」歴史図書社　1978
村松伸「上海・都市と建築　1842―1949」PARCO出版　1991
村松伸「図説上海　モダン都市の150年」河出書房新社　1998

森島守人「陰謀・暗殺・軍刀　一外交官の回想」岩波書店　１９５０
森田靖郎「上海セピアモダン」朝日新聞社　１９９０
森時彦　編「在華紡と中国社会」京都大学学術出版会　２００５
森山康平「日中戦争の全貌」河出書房新社　２００７
安澤隆雄「東亜同文書院とわが生涯の１００年」あるむ　２００６
山口恵以子「月下上海」文藝春秋　２０１５
山口勝治「三井物産技師平野勇造小伝」西田書店　２０１１
山口隆「4月29日の尹奉吉　上海抗日戦争と韓国独立運動」社会評論社　１９９８
山口淑子・藤原作弥「李香蘭私の半生」新潮社　１９８７
山田豪一「満鉄調査部　栄光と挫折の四十年」日本経済新聞社　１９７７
山本条太郎「山本条太郎」図書出版社　１９９０
山本悌二郎　編「信念に生きた人　有田八郎の生涯」考古堂　１９８８
横光利一「上海」岩波書店　１９５６
芳澤謙吉「外交六十年」中央公論社　１９９０
吉田重信「『中国への長い旅』元外交官の備忘録」田畑書店　２０１０
吉田重信「不惑の日中関係へ　元外交官の考察と提言」日本評論社　２０１２
米谷匡史「尾崎秀実時評集」平凡社　２００４
読売新聞西部本社　編「盟約ニテ成セル梅屋庄吉と孫文」海鳥社　２００２
劉建輝「増補　魔都上海　日本知識人の『近代』体験」筑摩書房　２０１０
魯迅　駒田信二訳「魯迅作品集」講談社　１９７９
渡邉行男「重光葵　上海事変から国連加盟まで」中央公論新社　１９９６
和田博文　他著「共同研究　上海の日本人社会とメディア　１８７０—１９４５」岩波書店　２０１４
和田博文　他著「言語都市・上海　１８４０—１９４５」藤原書店　１９９９

■中国語文献

薄井由《东亚同文书院大旅行研究》上海书店出版社 ２００１

蔡亮《互利与双赢：日本对上海ＯＤＡ研究》合肥工业大学出版社 ２０１０

陈祖恩《老上海城记 西洋人与东洋人》上海锦绣文章出版社 ２０１１

陈祖恩《上海的日本文化地图》上海锦绣文章出版社 ２０１０

大桥毅彦 等编《上海租界与兰心大戏院》上海人民出版社 ２０１５

戴季陶 蒋百里《日本论 日本人》上海古籍出版社 ２０１３

复旦大学日本研究中心 编《郑励志文集》复旦大学出版社 ２０１０

高仲泰《上海犹太人》上海远东出版社 ２０１６

高纲博文《近代上海日侨社会史》上海人民出版社２０１４

高纲博文 主编《战时上海 １９３７—１９４５》上海远东出版社 ２０１６

晃悠《日本、去１０００次也不够》东方出版中心 ２０１５

金学俊《〝４·29上海义举〟英雄梅轩尹奉吉》上海社会科学院出版社 ２００８

菊池敏夫《近代上海的百货公司与都市文化》上海人民出版社 ２０１２

李长声 主编《中日之间：误解与错位》社会科学文献出版社 ２０１４

沐涛 孙志科《大韩民国临时政府在中国》上海人民出版社 １９９２

潘光 主编《犹太人在上海》上海画报出版社 ２００５

上海鲁迅纪念馆 编《中国现代作家手稿及文献国际学术研讨会论文集》上海文化出版社 ２０１６

上海市档案馆 编《日军占领时期的上海》上海人民出版社 ２０１５

上海市房地产行业教育中心 编《上海优秀建筑鉴赏》上海远东出版社 ２００９

上海市历史博物馆 编《上海租界研究》学林出版社 ２０１２

上海市孙中山宋庆龄文物管理委员会 编《孙中山》上海教育出版社 ２０１０

上海市文化广播影视管理局 上海市文物局 编《上海抗战重要史迹》上海人民出版社 ２０１５

上海市文物保护研究中心 上海市测绘院 上海淞沪抗战纪念馆 编《上海抗战史迹图集》中华地图学社 ２０１５
盛承洪 主编《盛宣怀与日本 晚清中日关系之多面目》上海书店出版社 ２０１４
宋路霞《细说盛宣怀家族》上海辞书出版社 ２０１５
孙科志 金光载《上海的韩国文化地图》上海锦绣文章出版社／上海故事会文化传媒有限公司 ２０１０
完颜绍元《王正廷的外交生涯》团结出版社 ２００８
王慧敏 选文《上海 经典历史建筑游》中国旅游出版社 ２００７
王秀丽 梁云祥《日本人眼中的中国形象》北京大学出版社 ２０１６
汪之成《上海的俄国文化地图》上海锦绣文章出版社／上海故事会文化传媒有限公司 ２０１０
星屋秀幸《中国情缘 我的人生之旅》上海人民出版社 ２０１７
熊月之 主编《上海 一座现代化都市编年史》上海书店出版社 ２００９
徐以骅 主编《上海圣约翰大学 １８７９—１９５２》上海人民出版社 ２００９
尹骐《潘汉年的情报生涯》人民出版社 ２０１１
张鸿声 主编《上海 文学地图》中国地图出版社 ２０１２
周武 主编《二战中的上海》上海远东出版社 ２０１５

■英語他外国語文献

BROSSOLLET, Guy. Les Français de Shanghai 1849-1949. Paris : Belin, 1999.
EARNSHAW, Graham. Tales of Old Shanghai : The Glorious Past of China's Greatest City. Hong Kong : Earnshaw Books Ltd., 2012.
FAIRBANK, John King. Chinabound : A Fifty-Year Memoir. New York : Harper & Row, Publishers, Inc., 1983.
GAO, Bei. Shanghai Sanctuary : Chinese and Japanese Policy toward European Jewish Refugees during World War II. New York : Oxford University Press, 2013.
GUILLAIN, Robert. Orient Extrême : Une vie en Asie. Paris : Points Actuels, 1986.
HARMSEN, Peter. Shanghai 1937 : Stalingrad on the Yangtze. Havertown : Casemate Publishers（US）, 2013.

HENRIOT, Christian and Wen-Hsin Yeh. In the Shadow of the Rising Sun. New York : Cambridge University Press, 2004.
HEPPNER, Ernest G. Shanghai Refuge : A Memoir of the World War II Jewish Ghetto. Lincoln & London : University of Nebraska Press, 1993.
LAFFONT, Robert. Shanghai : Histoire, Promenades, Anthologie et Dictionnaire. Paris : Bouquins, 2010.
MA, Xueqiang et Cao Shengmei. Carte culturelle française à Shanghai. Shanghai : Co.Ltd du Groupe d'éditions de la littérature et de l'art de Shanghai, 2010.
POTT, F.L. Hawks, D.D. A Short History of Shanghai. Shanghai : Kelly & Walsh, Limited, 1928.
REISCHAUER, Edwin O. My Life between Japan and America. New York : Harper & Row, Publishers, Inc., 1986.
SERGEANT, Harriet. Shanghai. London : John Murray (Publishers) Ltd, 1991.
SMEDLEY, Agnes. Battle Hymn of China. New York : Alfred A Knopf, 1943.
SNOW, Edgar. Red Star over China. New York : Grove Weidenfeld, 1973.
TOKAYER, Marvin and Mary Swartz. The Fugu Plan: The astonishing untold story of the Jews in wartime Japan. London : Paddington Press Ltd, 1979.
TOKAYER, Marvin and Ellen Rodman. Pepper, Silk & Ivory: Amazing Stories about Jews and the Far East. Jerusalem : Gefen Publishing House Ltd., 2014.
WAN, Jian. Shanghai Jewish Cultural Map. Shanghai : Shanghai Brilliant Publishing House / Shanghai Stories Culture Media Co., Ltd., 2013.
WHITE, Theodore H. In Search of History: A Personal Adventure. New York : Warner Books, Inc., 1978.
WHYMANT, Robert. Stalin's Spy : Richard Sorge and the Tokyo Espionage Ring. London : I.B.Tauris & Co Ltd, 1996.
XIONG, Yuezhi et al. Shanghai American Cultural Map. Shanghai : Shanghai Brilliant Publishing House / Shanghai Stories Culture Media Co., Ltd., 2013.
XU, Guoqi. Strangers on the Western Front : Chinese Workers in the Great War. Cambridge : Harvard University Press, 2011.

その他の在中国公館長歴任表（戦後）

■**在広州総領事**（1980年3月1日総領事館開設）

1980	田熊利忠	1991	古森利貞	2006	吉田雅治
1981	高橋　迪	1995	柳瀬友彦	2009	田尻和宏
1984	大倉喜代司	1997	小原育夫	2012	伊藤康一
1986	蓮見義博	2001	若山喬一	2015	斎藤法雄
1988	有信　宗	2004	渡邉英雄		

■**在瀋陽総領事**（1986年1月16日総領事館開設）

1986	有信　宗	1999	渡邉英雄	2008	松本盛雄
1988	高橋　迪	2001	岡崎　清	2012	田尻和宏
1992	大和滋雄	2002	小河内敏朗	2013	大澤　勉
1998	花田麿公	2006	阿部孝哉	2016	石塚英樹

■**在重慶総領事**（2005年1月1日総領事館開設）

2005	冨田昌宏	2012	光岡英行
2009	瀬野清水	2015	星山　隆

■**在青島総領事**（2009年1月1日総領事館開設）

2009	斎藤法雄	2011	平木場弘人	2014	遠山　茂

■**在香港総領事**（1873年副領事派遣、1909年10月総領事館に昇格、1942年2月20日閉鎖、1952年10月17日再開）

（戦前省略）		1977	野田英二郎	1998	槙田邦彦
1952	板垣　修	1979	枝村純郎	2000	梅津　至
1954	伊関勇次郎	1981	山田中正	2002	横田　淳
1957	安藤吉光	1983	藤井宏昭	2004	北村隆則
1960	小川平四郎	1985	松浦晃一郎	2006	佐藤重和
1963	新関欽哉	1988	佐藤行雄	2010	隈丸優次
1966	遠藤又男	1990	久保田穣	2013	野田　仁
1968	岡田　晃	1992	折田正樹	2015	松田邦紀
1972	須磨未千秋	1994	野上義二		
1974	原冨士男	1996	上田秀明		

1979	吉田健三	〃	
1981	鹿取泰衛	〃	
1984	中江要介	〃	
1987	中島敏次郎	〃	
1989	橋本　恕	〃	
1992	國廣道彦	〃	
1995	佐藤嘉恭	〃	
1998	谷野作太郎	〃	
2001	阿南惟茂	〃	
2006	宮本雄二	〃	
2010	丹羽宇一郎	〃	
2012	西宮伸一	〃	（未赴任）
2012	木寺昌人	〃	
2016	横井　裕	〃	

■ **在上海総領事**（1870年に上海出張所設置。1872年に日本公館、翌年領事館に改称。機構上は1891年総領事館に昇格するが、それ以前にも総領事は存在。1946年4月4日引揚げ、1975年9月2日再開）

1875	品川忠道
1894	大越成徳
1895	珍田捨巳
1902	小田切萬寿之助
1905	永瀧久吉
1909	有吉　明
1919	山崎馨一
1921	船津辰一郎
1923	矢田七太郎
1929	重光　葵
1930	村井倉松
1932	石射猪太郎
1936	若杉　要
1936	河相達夫
1937	岡本季正
1938	日高信六郎
1939	三浦義秋
1940	堀内干城
1942	矢野征記
1945	豊田　薫
1975	西沢憲一郎
1978	浅田泰三
1981	堀野重義
1983	有地一昭
1985	吉田重信
1988	蓮見義博
1993	小林二郎
1996	橋本逸男
1999	市橋康吉
2001	杉本信行
2005	隈丸優次
2008	横井　裕
2010	泉　裕泰
2013	小原雅博
2015	片山和之

1982	安倍晋太郎	1994	河野洋平	2005	麻生太郎
1986	倉成　正	1996	池田行彦	2007	町村信孝
1987	宇野宗佑	1997	小渕恵三	2007	高村正彦
1989	三塚　博	1998	高村正彦	2008	中曽根弘文
1989	中山太郎	1999	河野洋平	2009	岡田克也
1991	渡辺美智雄	2001	田中真紀子	2010	前原誠司
1993	武藤嘉文	2002	小泉純一郎	2011	松本剛明
1993	羽田　孜	2002	川口順子	2011	玄葉光一郎
1994	柿澤弘治	2004	町村信孝	2012	岸田文雄

■**在中国特命全権公使・大使**（1873年に公使館設置。1935年に公使館から大使館に昇格、1972年日中国交正常化）

戦前（北京、南京、上海等駐在）

1873	山田顕義	二等特命全権公使
1874	柳原前光	〃
1875	森　有礼	特命全権公使
1879	宍戸　璣	〃
1882	榎本武揚	〃
1886	塩田三郎	〃
1889	大鳥圭介	〃
1895	林　董	〃
1897	矢野文雄	〃
1899	西徳二郎	〃
1901	小村寿太郎	〃
1901	内田康哉	〃
1906	林　権助	〃
1908	伊集院彦吉	〃
1913	山座圓次郎	〃
1914	日置　益	〃
1916	林　権助	〃
1918	小幡酉吉	〃
1923	芳澤謙吉	〃
1929	佐分利貞男	〃
1931	重光　葵	〃
1932	有吉　明	〃
1935	有吉　明	特命全権大使
1936	川越　茂	〃
1940	阿部信行	〃
1940	本多熊太郎	〃
1942	重光　葵	〃
1943	谷　正之	〃

日華平和条約締結（1952）以降（台北駐在）

1952	芳澤謙吉	〃
1955	堀内謙介	〃
1959	井口貞夫	〃
1963	木村四郎七	〃
1966	島津久大	〃
1969	板垣　修	〃
1972	宇山　厚	〃

日中国交正常化（1972）以降（北京駐在）

1973	小川平四郎	〃
1977	佐藤正二	〃

外務大臣・中国大使（公使）・上海総領事歴任表

（下線は本書で扱った人物）

■外務大臣（1885年内閣制度創設以降）

1885	井上　馨
1887	伊藤博文
1888	大隈重信
1889	青木周蔵
1891	榎本武揚
1892	陸奥宗光
1896	西園寺公望
1896	大隈重信
1897	西徳二郎
1898	大隈重信
1898	青木周蔵
1900	加藤高明
1901	曾祢荒助
1901	小村寿太郎
1906	加藤高明
1906	西園寺公望
1906	林　董
1908	小村寿太郎
1911	林　董
1911	内田康哉
1912	桂　太郎
1913	加藤高明
1913	牧野伸顕
1914	加藤高明
1915	大隈重信
1915	石井菊次郎
1916	寺内正毅
1916	本野一郎
1918	後藤新平
1918	内田康哉
1923	山本権兵衛
1923	伊集院彦吉
1924	松井慶四郎
1924	幣原喜重郎
1927	田中義一
1929	幣原喜重郎
1931	犬養　毅
1932	芳澤謙吉
1932	斎藤　実
1932	内田康哉
1933	広田弘毅
1936	有田八郎
1937	林銑十郎
1937	佐藤尚武
1937	広田弘毅
1938	宇垣一成
1938	近衛文麿
1938	有田八郎
1939	阿部信行
1939	野村吉三郎
1940	有田八郎
1940	松岡洋右
1941	豊田貞次郎
1941	東郷茂徳
1942	東条英機
1942	谷　正之
1943	重光　葵
1945	鈴木貫太郎
1945	東郷茂徳
1945	重光　葵
1945	吉田　茂
1947	芦田　均
1948	吉田　茂
1952	岡崎勝男
1954	重光　葵
1956	石橋湛山
1956	岸　信介
1957	藤山愛一郎
1960	小坂善太郎
1962	大平正芳
1964	椎名悦三郎
1966	三木武夫
1968	愛知揆一
1971	福田赳夫
1972	大平正芳
1974	木村俊夫
1974	宮沢喜一
1976	小坂善太郎
1976	鳩山威一郎
1977	園田　直
1979	大来佐武郎
1980	伊東正義
1981	園田　直
1981	櫻内義雄

第二次近衛声明（東亜新秩序建設）（11月）
松本重治同盟通信上海支局長、帰国（12月）
汪兆銘、重慶を脱出（12月）
第三次近衛声明（善隣友好、共同防共、経済提携の対中和平三原則）（12月）
汪兆銘の密使梅思平、高宗武と影佐禎昭らが上海重光堂で秘密会談を重ねる

1939年 日本語新聞「大陸新報」創刊（1月）
有田八郎、平沼内閣の外相に就任（1月）
日本人倶楽部、日本倶楽部に改称（4月）
上海日本人中学校開設（4月）
汪兆銘、訪日（5月）
上海第二北部日本人小学校開設（6月）
川喜多長政を責任者に中華電影公司（映画会社）、上海に設立（6月）
第二次世界大戦勃発（9月）
上海東亜同文書院、高等専門学校から大学に昇格（12月）
影佐禎昭が汪兆銘政権樹立のための工作機関を設立（梅機関）

1940年 有田八郎、米内内閣の外相に就任（1月）
汪兆銘、南京で中華民国政府樹立を宣言（3月）
中華民国臨時政府、維新政府合流
上海第二中部日本人小学校開設（4月）
上海日本女子商業学校開設（4月）
阿部信行中国大使着任（上海・南京）（4月）
松岡洋右、近衛内閣の外相に就任（7月）
中日文化協会発足（7月）。上海にも分会
英軍主要部隊、上海より撤退（8月）
日独伊三国軍事同盟調印（9月）
堀内干城上海総領事・公使館参事官着任（9月）
英国政府、上海居留民に退避勧告（10月）
宋子良を窓口とする重慶政府への「桐工作」失敗に終わる（10月）
日本で大政翼賛会発足（10月）
中日文化協会上海分会設立（10月）
日本政府、汪兆銘政権を正式承認（11月）
松岡外相による船津辰一郎らの「銭永銘工作」失敗に終わる（11月）
本多熊太郎中国大使着任（上海・南京）（12月）
李香蘭、「支那の夜」のロケで初めて上海来訪

1941年 上海租界工部局参事数が英、米、日それぞれ3名の同数となる
「国民学校令」により、北部、東部、西部、中部、第二北部、第二中部の各小学校が、それぞれ第一、第二、第三、第四、第五、第六日本国民学校に改称
尾崎秀実、ゾルゲ等と共に治安維持法で検挙（10月）
真珠湾攻撃、日米開戦（12月）
黄浦江停泊の出雲、英砲艦ペトレルを撃沈、米砲艦ウェーキを拿捕（12月）
共同租界を占領（12月）
上海第七国民学校開校

1942年 重光葵中国大使着任（上海・南京）（1月）
上海第八、第九、第十国民学校開校（4月）
上海第二日本高等女学校開校（4月）
堀内干城上海総領事、南京に転勤（公使）（11月）
工部局交響楽団、上海交響楽団として定期演奏会開始（10月）
大東亜省設立（11月）

1943年 汪兆銘政権にフランス租界、共同租界の返還を決定（1月）
重光葵、東条内閣の外相に就任（4月）
上海楊樹浦にユダヤ難民区を設定・実施（5月）
谷正之中国大使着任（5月）
日本、治外法権を汪兆銘政権に返還（7月）
イタリア無条件降伏（9月）
「大東亜会議」東京で開催、「大東亜共同宣言」採択（11月）
ルーズベルト、チャーチル、蒋介石によるカイロ会談（11月）
朝比奈隆、上海交響楽団の常任指揮者を務める

1944年 小林秀雄、日本文学報国会駐在員として上海到着（1月）
堀田善衛、国際文化振興会就職のため上海到着（1月）
武田泰淳、中日文化協会勤務のため上海到着（6月）
重光葵、小磯内閣の外相に就任（7月）
尾崎秀実、東京拘置所で絞首刑（11月）
汪兆銘、名古屋で病死（11月）

1945年 ドイツ、無条件降伏（5月）
李香蘭、上海グランド・シアターで「夜来香幻想曲」リサイタル公演（6月）
有田八郎、「大東亜戦争終結に関する上奏文」を木戸幸一内大臣に提出（7月）
日本敗戦（8月）
日本人居留民2,165名、第一陣として帰国（12月）

1946年 上海地区からの日本人送還、基本的に終了（124,000名が帰国）（5月）
上海ユダヤ難民第一陣出国（7月）

林京子（作家）、父親（三井物産）の赴任に伴い上海に渡る

1932年 関東軍、錦州占領（1月）

日蓮宗托鉢僧、楊樹浦で襲われ、一人死亡（1月）

第一次上海事変勃発（1月）

尾崎秀実、帰国（1月）

岩井英一、上海総領事館に赴任（公使館兼任）（2月）

「肉弾（爆弾）三勇士」事件（2月）

瑞金中華ソビエト政府、日本に宣戦布告（2月）

国民党19路軍上海から撤退（3月）

重光公使、松岡洋右代議士とともに白川陸軍総司令官説得、日本軍戦闘中止（3月）

天長節爆弾事件（朝鮮人尹奉吉の爆弾により白川司令官、重光葵公使他死傷）（4月）

停戦協定締結（5月）

5・15事件（5月）

須磨弥吉郎、上海公使館赴任（一等書記官、情報部長）（7月）

満州国承認（9月）有吉明中国公使着任（上海・南京）（9月）

石射猪太郎上海総領事着任（9月）

上海海軍特別陸戦隊、常設部隊に昇格（10月）

松本重治、連合通信支局長として上海赴任（12月）

1933年 日本、国際連盟を脱退（3月）

塘沽停戦協定（5月）

ナチス、一党独裁体制成立（7月）

上海神社設立（11月）

上海海軍特別陸戦隊本部建物完成

上海パラマウントホール（ダンスホール）開業

1934年 須磨弥吉郎南京総領事着任（2月）

蔵本英昭南京総領事館書記生失踪事件（6月）

パークホテル（国際大廈）落成（1960年代末まで上海一高い建物）

ブロードウェイ・マンション（上海大廈）落成

1935年 遵義会議で毛沢東の共産党内主導権確立（1月）

日中両国公使館を大使館に格上げ（5月）

有吉明中国大使着任（上海・南京）（6月）

上海の雑誌「新生」不敬事件（6月）

中山水兵（兵曹）射殺事件（共同租界）（11月）

映画「風雲児女」上映。劇中歌「義勇軍行進曲」は後に中国の国歌となる

1936年 同盟通信発足。松本重治、初代上海支局長（1月）

鹿地亘、上海へ（1月）

2・26事件（2月）

有田八郎中国大使着任（上海・南京）（2月）

有田八郎、広田内閣で外相に就任（4月）

川越茂中国大使着任（上海・南京）（5月）

若杉要上海総領事着任（7月）

松岡洋右、満鉄総裁に就任（8月）

「出雲」乗組員4名死傷事件（共同租界）（9月）

魯迅死去。内山完造葬儀委員会に名を連ねる（10月）

西安事件発生（12月）

河相達夫上海総領事着任（12月）

満鉄上海事務所に調査課設置

上海大新百貨店開店

チャールズ・チャップリン、上海に立ち寄りアスター・ハウスに宿泊

1937年 盧溝橋事件（7月）

廬山会議で蒋介石、「最後の関頭」演説（7月）

日本政府、揚子江沿岸在留邦人約3万名の引揚訓令（7月）

「船津工作」失敗に終わる（8月）

海軍特別陸戦隊大山勇夫中尉他1名殺害事件（虹口）（8月）

第二次上海事変勃発（8月）

上海居留民及び奥地からの引揚者のうち婦女子約2万名、上海から帰国（8月）

上海派遣軍呉淞口、小川沙に上陸（8月）

第二次国共合作（8月）

柳川兵団（第10軍）、杭州湾金山衛敵前上陸（11月）

中国軍、上海から撤退（11月）

上海東亜同文書院虹橋路校舎、戦火で焼失（11月）（敗戦まで近くの上海交通大学校舎を使用）

南京陥落（12月）

中華民国臨時政府（北京）成立。王克敏行政委員長（12月）

1938年 大阪朝日新聞北支版発行（1月）

第一次近衛声明（爾後国民政府を対手とせず）（1月）

岩井英一、上海総領事館に副領事として着任（2月）。総領事館に「特別調査班」を設置。また、影佐禎昭の汪兆銘工作に連動して興亜建国運動のため「岩井公館」を設置

中華民国維新政府（南京）成立。梁鴻志行政院長（3月）

日高信六郎上海総領事着任（3月）

石射猪太郎アジア局長、日中戦争収拾に関する意見書を宇垣外相に提出（7月）

藤田嗣治、従軍画家として上海訪問（10月）

有田八郎、第一次近衛改造内閣の外相に就任（10月）

ワシントン会議に基づき上海郵便事業、中国に移管（12月）
上海パブリックバンド、工部局交響楽団に改称

1923年 日本郵船、上海—長崎間の定期航路運航開始（長崎丸と上海丸）（2月）
村松梢風、初めて上海訪問（3月）。翌年「魔都」を発表 、
芳澤謙吉中国公使着任（北京）（7月）
上海東部日本人小学校開校

1924年 第一次国共合作（1月）
孫文、神戸で大アジア主義講演会を開催(11月)
満鉄上海事務所設立
福民病院、上海に開設

1925年 中国共産党第4回党大会、上海で開催（1月）
五・三〇事件、上海で発生（5月）
広東国民政府成立（7月）

1926年 谷崎潤一郎、上海訪問（1月）
金子光晴、上海訪問（3月）
近衛文麿、東亜同文書院院長に就任（5月）
船津辰一郎、在華日本紡績同業会総務理事(上海）に就任（6月）
蒋介石、北伐開始（7月）
上海新新百貨店開店

1927年 武漢国民政府樹立（1月）
北伐軍と反英運動を受けて英国、漢口・九江の租界を返還（2月）
呉鎮守府特別陸戦隊300人、北伐に対抗して上海に派遣される（2月）
国民革命軍、南京占領（3月）
共産党、上海でゼネストを指令（3月）
上海西部日本人小学校開校（4月）
蒋介石による四・一二上海反共クーデタ(4月)
蒋介石、南京国民政府樹立（4月）
日本、山東出兵(5月)。翌年にかけ3次の出兵
森恪外務政務次官、田中義一内閣の下、「東方会議」を主宰（6月）
武漢政府と南京政府合流。第一次国共合作終焉（7月）
共産党、南昌蜂起（8月）
魯迅、許広平夫人と共に上海に到着。翌々日、内山書店を来訪（10月）
呉昌碩（日本人収集家に人気の書家・画家・篆刻家）上海で死去（11月）
蒋介石と宋美齢、上海で結婚

1928年 第二次山東出兵（4月）
済南事件（5月）。事件抗議の反日デモ
北伐軍、北京入城（5月）
張作霖、奉天（瀋陽）近郊で関東軍により爆殺（6月）
米国、中国と関税協定を結び中国の関税自主権を承認（7月）
蒋介石、国民政府主席に就任（10月）
尾崎秀実、朝日新聞上海支局員として赴任(11月)
張学良、東三省の国民政府への合流を通告(易幟)（12月）
横光利一、上海訪問。後に小説「上海」を執筆
エドガー・スノー上海訪問

1929年 日本、中国の改訂輸入税率を承認（1月）
芳澤謙吉公使、済南事件処理のため上海長期出張（1月）
重光葵上海総領事着任（2月）
上海中部日本人小学校開校（4月）
佐分利貞男中国公使着任(上海・南京)(10月)
佐分利公使、箱根富士屋ホテルで謎の死(11月)
中国、小幡酉吉公使のアグレマンを拒否(12月)
アグネス・スメドレー上海赴任
サッスーン・ハウス落成（現和平飯店）
内山書店、移転（現中国工商銀行）

1930年 日本、中国の関税自主権を条件付で承認(1月)
重光葵中国臨時代理公使（上海・南京）(1月)
中国左翼作家連盟、上海に成立（3月）
日本、日華関税協定締結により中国の関税自主権承認（5月）
聶耳、昆明から上海に移住（7月）
上海東亜同文書院内に「日支闘争同盟」結成（9月）
村井倉松上海総領事着任（11月）
上海東亜同文書院、全学ストライキ（11月）
上海東亜同文書院、反戦ビラ事件。学生8名検挙（12月）
上海日本商業学校設立
リヒャルト・ゾルゲ、上海赴任
堀内干城、公使館赴任（上海）

1931年 芳澤謙吉、犬養内閣の外相に就任（1月）
上海自然科学研究所開所式（4月）
西本願寺、本堂と会館を建設（5月）
重光葵中国公使着任（上海・南京）(6月)
米国人女性ニム・ウェールズ（エドガー・スノー夫人）上海来訪（8月）
満州事変勃発（9月）
鹿地亘、上海来訪

	六三亭開店
1901年	小村寿太郎中国公使着任（北京）（1月）
	上海東亜同文書院開院式（5月）
	内田康哉中国公使着任（北京）（11月）
1902年	芳澤謙吉、上海総領事館着任（3月）
	上海日本婦人会設立（11月）
	三井洋行（三井物産）、上海紡績株式会社工場を設立（12月）
1903年	「上海日報」創刊（3月）
	上海在住帝大出身者により「赤門倶楽部」設立
1904年	日露戦争勃発（2月）
	上海東亜同文書院一期生卒業式（4月）
	上海日本人倶楽部誕生（10月）
	松岡洋右、上海総領事館領事官補として赴任（12月）
1905年	松岡洋右上海総領事事務代理（2月）
	中国革命同盟会（東京に設立）（8月）。上海分会会長に蔡元培が就任
	上海実業倶楽部組織（10月）
	上海日本人協会設立（11月）
	上海―横浜間の海底ケーブル開通
1906年	上海日本人基督教協会設立（2月）
	林権助中国公使着任（北京）（7月〕
	西本願寺開院式（8月）
1907年	日清汽船（日本郵船、大阪商船、湖南汽船、大東汽船の合弁会社）上海支店を開設（4月）
	上海日本人居留民団設立（9月）
1908年	日本人倶楽部と上海実業倶楽部が合併して日本人倶楽部発会（4月）
	上海に初の映画専門館虹口大劇院建設
	滬上神社、上海六三園内に設立
1909年	有吉明上海総領事着任（12月）
1910年	日韓併合条約締結（8月）
1911年	内外綿、工場を開設（7月）
	上海日本総領事館新館竣工（設計は平野勇造）（9月）
	辛亥革命発生（10月）
	上海日本人実業協会設立（1919年に上海日本商工会議所に改称）（11月）
	北一輝、上海来訪（11月）
	台湾銀行、上海支店開設
1912年	中華民国成立（1月）
	諏訪神社（上海初の神社）、六三園内に落成（4月）
	日本、中華民国を承認（10月）
1913年	内山完造、上海に渡る（3月）
1914年	日本人倶楽部新館落成（3月）
	第一次世界大戦勃発（7月）
	日置益中国公使着任（北京）（8月）
	「上海日日新聞」（宮地貫道）創刊（10月）
1915年	21ヶ条要求（1月）
	日本、上海租界工部局参事会に初めて参事ポストを得る
	孫文と宋慶齢、日本で結婚
1916年	住友銀行、上海支店開設（11月）
1917年	上海東亜同文書院虹橋路校舎落成（4月）
	上海北部日本人小学校落成（4月）
	中国、ドイツに宣戦布告（8月）
	三菱銀行、上海支店開設（11月）
	三井銀行、上海支店開設（12月）
	内山完造、上海に内山書店を開設
	上海先施百貨店開店
1918年	上海日本人ゴルフ会設立（4月）
	上海実業野球協会設立（7月）
	上海日本綿糸同業会設立（7月）
	日本人水兵の暴力事件（日本人2名死亡）（虹口騒乱）（7月）
	上海日本人各町内連合会設立（9月）
	内山完造ら上海懇談会組織（10月）
	第一次世界大戦休戦（11月）
	上海日本綿布同業会設立（11月）
	小幡酉吉中国公使着任（12月）
	朝鮮銀行、上海支店開設
	日華紡績、上海工場開設
	上海取引所成立（日本の紡績会社が連合で設立した最初の証券取引所）
	上海永安百貨店開店
1919年	上海日本人実業協会、上海日本商業会議所に改名（4月）
	大韓民国臨時政府、フランス租界に設立（4月）
	五・四運動（5月）
	ヴェルサイユ条約調印（中国は参加せず）（6月）
1920年	国際連盟発足（1月）
	上海日本高等女学校開校（4月）
	上海東亜同文書院に中華学生部開設（9月）
	鐘淵紡績、同興紡績、上海工場を開設
1921年	芥川龍之介、大阪毎日新聞の特派員として来訪（2月〕
	船津辰一郎上海総領事着任（3月）
	中国共産党第1回党大会、上海で開催（7月）
	東洋紡績、上海工場設立
	豊田紡織、上海工場設立
1922年	中国共産党第2回党大会、上海で開催（7月）

戦前期上海関連年表

年	出来事
1832年	ジャーディン・マセソン商会（怡和洋行）、マカオに設立
1840年	アヘン戦争勃発（6月）
1842年	南京条約締結（8月）
1843年	上海開港（11月）
1845年	英国租界設立（11月〕
1848年	米国租界設立
1849年	フランス租界設立（4月）
1850年	上海の英字紙ノース・チャイナ・ヘラルド紙創刊
	英国、上海で最初の競馬場建設
1851年	太平天国の乱（1月）
1856年	第二次アヘン戦争（アロー号事件）勃発（10月）
1860年	ゴードンの常勝軍、上海で太平天国軍と戦闘
1861年	上海倶楽部創設（上流英国人クラブ）
1862年	高杉晋作等千歳丸で上海に到着（6月）
1863年	英米租界が合併し共同租界成立（9月）
1864年	英国、上海フィルハーモニック協会設立
1865年	香港上海銀行、上海支店開設
1866年	岸田吟香、上海に赴きヘボンの「和英語林集成」の印刷・出発を補助（9月）
1868年	長崎出身の田代源平、上海で最初の日本人商店「田代屋」を開業
	上海にパブリック・ガーデン建設
1870年	外務省上海出張所を設立（10月）
	パシフィック・メール社が上海—長崎—横浜間の航路開設
	租界当局に初めて日本人居留民7名が登録
1871年	日清修好条規締結（9月）
	上海にて電信サービス開始
1872年	品川忠道上海代領事着任（2月）
	外務省上海出張所、日本公館に改称（3月）
1873年	日本公館改め日本領事館開設（5月）
	上海馬車路に日本人居留民の共同墓地購入（後に東本願寺が管理）
1874年	上海で日本から輸入された人力車が最初に走る
1875年	三菱汽船、上海—東京間を結ぶ（2月）
	品川忠道上海総領事着任（11月）
1876年	上海で日本郵便局営業開始（4月）
	東本願寺別院開設（8月）
1877年	最初の日本人医師早川純段、外務省から派遣される（8月）
	三井洋行（三井物産）、上海支店を開設（12月）
1879年	上海パブリックバンド設立
	上海にセント・ジョーンズ大学設立
1881年	大阪朝日新聞、上海に通信員を置く旨社告（9月）
1882年	上海にて電話サービス、電気街頭照明開始
1883年	上海にて水道サービス開始
1884年	大阪朝日新聞、上海に長野一枝を特派（8月）
1885年	日本郵船、支店を開設（10月）
1886年	旅館東和洋行、上海初の日本人旅館を開業
1888年	東本願寺別院内に開導学堂（上海初の日本人小学校）設立（1月）
1889年	内外綿、上海事務所を開設（3月）
	大鳥圭介中国公使着任（北京）（6月）
1890年	上海初の日本語新聞「上海新報」創刊（6月）
1891年	上海日本領事館、総領事館に正式昇格（6月）
1892年	宮崎滔天、上海初訪問
1893年	横浜正金銀行、上海支店を開設（5月）
	上海日本基督教会設立
1894年	金玉均、上海で暗殺さる（3月）
	大阪商船、上海支店を開設（7月）
	日清戦争勃発（8月）
	上海日本総領事館引揚。米国総領事館利益代表（8月）
1895年	下関条約締結（4月）
	イザベラ・バード（英国人女性旅行家）、上海来訪（12月）
1896年	日清通商航海条約調印（最恵国待遇、製造業営業権、領事裁判権等獲得）（7月）
	上海で初の映画上映（徐園）（8月）
	清朝政府、上海に日本専用居留地の設定を承認（10月）
1897年	盛宣懐、南洋公学設立（上海交通大学の前身）（4月）
1899年	日蓮宗本圀寺別院、上海に設立
1900年	東亜同文会（1898年東京で創立）、南京同文書院（5月）を上海に移転し東亜同文書院設立を決定（8月）
	義和団事件発生、上海日本義勇隊結成（6月）

ベバリッジ　172
茅盾　67, 70, 76
ヴォーゲル、エズラ　12, 113
朴槿恵　127-128
星野直樹　172
ホフマン、スタンレー　12
堀内干城　89-90, 137, 155-158, 182-183, 213, **225-232**, 249
ホワイト、セオドア　293-294
本庄繁　126
本多熊太郎　137, 143

ま

マイジンガー　124
前川國男　113
牧野虎次　68
増田渉　67, 95
松岡洋右　102, 137, 149, 151, **167-177,** 191, 203, 207, 215, 230
松本重治　50-51, 93, **101-114,** 149, 156-159, 173
松本俊一　166
マルロー、アンドレ　76
三島由紀夫　192
宮澤喜一　66, 277
宮本雄二　38
武者小路公共　137
ムッソリーニ　168, 175
陸奥宗光　54, 106, 158, 162
武藤章　175-176
武藤嘉文　89
村井倉松　128, 130-131, 137, 216
村松梢風　243
毛沢東　70, 88, 105, 241, 248-249
森恪　164, 187, 189, 201, 205, 214, 227
森下博　60-62
森島守人　14, 256
モンデール　34

や

安江仙弘　119
柳川平助　47
山口淑子　83
山西由之　89
山本熊一　89-90, 213, 249
山本薩夫　13
山本条太郎　135, 145, 167, 169-170, 214
山本悌二郎　185, 187
楊虎城　108-109
楊尚昆　277, 279
楊振亜　275
姚文元　284
楊雄　127
横光利一　76
芳澤謙吉　137, **160-167**, 180, 187-188, 199-201, 206-207, 267
吉田茂　143, 166, 200, 211
吉村順三　113
米内光政　185, 190-191, 220

ら

ライシャワー、エドウィン　110
ライシャワー、ロバート　111
陸徴祥　197
李香蘭　83
李承晩　126-127
李宗仁　236
リットン　172
李鵬　29, 280
李奉昌　126, 129
李嵐清　275
黎元洪　140
老舎　26, 67
魯迅　46, 67-73, 76, 94-96, 107-108, 283
ロックフェラー、ジョン・D　112-113
若杉要　89-90, 137, 213, 249
若槻礼次郎　214, 227
渡辺美智雄　278

張作霖　96, 143, 200-201
張純華　72
張春橋　258, 284
趙正平　104
張伯苓　104
陳歌辛　83
陳調元　269
塚本誠　246
鄭和　304
出淵勝次　143
寺内正毅　141
田漢　67
土肥原賢二　50, 52
東郷茂徳　166
東郷平八郎　306
東条英機　53, 59, 80, 172
鄧小平　24, 35, 76, 276-277, 285
董道寧　51
董必武　25
唐有壬　238
トケイヤー、マーヴィン　115, 117-118, 122-123
友野盛　130
豊田佐吉　135, 145, 163, 267-274
豊田貞次郎　191, 206

な

中江要介　29, 259, 262
中川健造　65
中島敏次郎　29
中曽根康弘　20, 26, 259
永田鉄山　47
中西功　87, 89
中村震太郎　204
中山時子　67
ニコルソン、ハロルド　257
西里竜夫　62
西義顕　51
新渡戸稲造　102
丹羽宇一郎　38
ネタニヤフ　121, 123
根本博　156
野林健　12
野村吉三郎　129-130, 172, 207, 216

は

梅思平　111
白崇禧　236
白清才　280
橋本龍太郎　33-34, 66
バック、パール　239
服部良一　83
鳩山一郎　165
花谷正　14, 256
濱口雄幸　47, 179, 182, 188, 201, 235
林祐一　258
原吉平　89
春名和雄　89
潘漢年　91, 241, 248-249
ビーアド、チャールズ・A　102
日置益　140, 199, 202
東久邇宮　193, 212
樋口季一郎　47, 119
日高信六郎　137
ヒトラー　168, 175
火野葦平　67
平沼騏一郎　185, 190, 239
平野勇造　135, 267
広田弘毅　184, 186, 189-190, 209-211, 218-219
深代淳郎　13
溥儀　65, 140, 163
福永嫮生　65
溥傑　65
ブッシュ、ジョージ・W　37
船津辰一郎　81, 105, 136, **137-152,** 174, 219
古川貞二郎　33-34
ブルメンソール、マイケル　123

佐藤正　59
佐藤春夫　67
佐藤嘉恭　35
里見甫　49, 89
佐分利一武　183
佐分利貞男　96, 137, **177-184,** 199, 228
重光葵　72, 96, 129-131, 135, 137, 164, 171-173, 180-181, **193-212,** 216, 228-230, 242-243, 268
幣原喜重郎　91, 96, 141, 143, 177-184, 186-188, 199, 201-203, 226-228
品川忠通　134
柴山兼四郎　147
シフ、ジェイコブ　118-119, 124
周恩来　108, 193, 258, 276
周海嬰　72
周作民　104
周令飛　72
聶衛平　26
蒋介石　51-53, 56-59, 107-109, 146-148, 154, 166-167, 174, 211, 219-222, 228-229, 235, 239, 241-242, 247-248, 254
蒋方震　104
徐淑希　102, 170
白石六三郎　64
白川義則　129-130, 207-208, 216
白鳥敏夫　188-189, 191, 209, 220
秦徳純　56
杉原千畝　115, 122, 124
杉本信行　259, 308
杉山元　166, 220
スターリン　168, 175
須藤五百三　71
スノー、エドガー　88, 105
須磨未千秋　233
須磨弥吉郎　104, 137, 154, 217, **232-239,** 243-244
スメドレー　67, 70, 95-96
盛宣懐　25, 85, 135, 139, 268
銭永銘　104, 149-151, 174-175
銭其琛　275, 277
銭復　269
宋慶齢　70
宋子文　58, 204, 230
宋子良　58-59, 248
宋哲元　56
宋美齢　58
曽広　60
ゾルゲ、リヒャルト　87, 95-98
孫科　236

た

高杉晋作　78
高瀬侍郎　246
高野雄一　16
高橋是清　118
高橋わき子　118
田口謙吉　68
竹下登　29
田尻愛義　174
田代皖一郎　104, 207
田中角栄　10, 258, 276
田中義一　96, 170, 182, 185, 187-188, 201, 214, 227, 235
田中隆吉　128, 204, 206
谷崎潤一郎　67
谷野作太郎　35
谷正之　137, 188, 200
田畑茂二郎　16
多門二郎　215
段祺瑞　140-141, 178, 200, 227, 269
端方　140
チャンセラー　104-105
張学良　108-109, 182, 204, 211, 239, 248
張勲　140-141
張群　104, 238
張奚若　192
張公権　104

温家宝　275

か

カウフマン　119
何応欽　56, 83
香川英史　89
郭沫若　67, 94
影佐禎昭　**49-54,** 58, 111, 242, 244-247
風見章　93, 252
香椎浩平　210
鹿地亘　67
加瀬俊一　173, 175-176, 190, 211
片倉衷　215
加藤紘一　276
金子光晴　67
何鳳山　122
加山泰　**263-266**
カレルギー、グーテンホーフ　191
河相達夫　137, 244
川合貞吉　96
川越茂　109, 133, 148, 219, 238
河端貞次　130-131, 216
岸信介　172, 193
北岡春雄　207
鬼頭銀一　95
喬輔三　108
金九　126-127, 129
久保田勤　124
熊井啓　14
蔵本英昭　154, 237
栗原蘆水　**64**
黒田礼二　254
厳復　275
ゴア、アル　37
小泉純一郎　39
小磯國昭　166, 193
呉貽芳　104
香西茂　16
高坂正堯　12
孔祥熙　104, 108
江青　284
康生　25
高宗武　51, 104, 111, 148, 219, 238
江沢民　33, 36-37, 275, 280, 284
合屋叶　122, 124
呉越　64
胡潔青　67
児島亨　46, 70-71
呉昌碩　64
五代友厚　78
児玉誉士夫　246
胡適　104
呉鉄城　104, 128, 206
後藤新平　169, 173
近衛文磨　51-52, 58-59, 120, 169, 185, 220, 223, 252
小林正樹　13
小丸成洋　66
五味川純平　13
小村欣一　183
小村寿太郎　96, 162, 173, 178, 183, 226
胡耀邦　20-21, 26, 28-29, 132, 276
胡霖　104, 140
コロンブス、クリストファー　305

さ

蔡元培　70
斎藤良衛　176, 251
坂口幸雄　89
坂倉準三　113
坂本義孝　89
笹井芳樹　10
サッスーン、ヴィクター　45, 114-115
サッチャー　24
佐藤明久　46, 70-72
佐藤脩　104
佐藤賢了　220
佐藤三郎　204

人名索引

・記載されているページ数の多い人物は、一部の主要なものを抜粋しています。
・本文中で名字のみ記載されているページも含んでいます。
・中国および朝鮮の人名については、日本語の音読みに従って五十音順に並べています。

あ

アーベント、ハレット　109
相沢三郎　47
秋山真之　307
阿南惟茂　259
安倍晋三　39, 296
阿部信行　151, 239
鮎川義介　172
荒木貞夫　165-166
有田八郎　120, 137, **184-193,** 211, 229, 238
有野寧　158
有吉明　106-107, 137, **153-160,** 216-217, 229
郁達夫　67
石射猪太郎　89-90, 106, 137, 153, 181-182, **213-224,** 244
石原莞爾　51, 218
磯谷廉介　60, 154-156, 160
磯村尚徳　110
板垣征四郎　14, 58-59, 256
伊藤喜久蔵　89
伊藤博文　54
伊藤芳男　51
犬養健　51-53, 93
犬養毅　51, 147, 161, 165-166, 188
犬塚惟重　115, 119-120
井上靖　14
今井武夫　**54-60,** 111, 150, 175
岩井英一　89-92, 137, 237, **240-250**
岩崎小彌太　113
岩崎彌太郎　113
岩永裕吉　102, 173
殷汝耕　56, 189
尹奉吉　129-132, 193, 208, 216, 228
ヴィシー　76, 116-117
ウィットフォーゲル　94
植田謙吉　130, 239
植原悦二郎　201
宇垣一成　126, 221, 223
内田康哉　126, 189, 209
内山完造　67-71, 107, 132, 265
梅津美治郎　56, 120, 193
栄毅仁　269
衛藤瀋吉　233
袁殊（袁学易）　91, 247-248
袁世凱　162, 197
王洪文　284
王克敏　252
王正廷　184, 200-203, 228
汪兆銘　49, 51-53, 58-59, 76, 104, 111-112, 149-151, 154-155, 174-175, 236-238, 247
大倉邦彦　89
大城立裕　89
大角岑生　165
大竹省二　89
大鳥圭介　138-139
大山勇夫　57, 110, 148, 220
岡田酉次　53
緒方貞子　161
岡村寧次　60, 83
小川平四郎　258
尾崎秀実　67, 87, **93-101**
小幡酉吉　140, 142, 184, 202 228

■著者紹介

片山 和之（かたやま かずゆき）

在上海日本国総領事。1960年、広島県福山市生まれ。1983年、京都大学法学部を卒業し、外務省入省。香港中文大学、北京語言学院（現北京語言大学）、北京大学、スタンフォード大学に留学し、1987年、ハーバード大学大学院修士号取得（MA 地域研究）、2011年、マラヤ大学大学院博士号取得（PhD 国際関係論）。外務省アジア局中国課首席事務官、内閣官房副長官（事務）秘書官（橋本内閣）、在中国日本国大使館一等書記官、在米国日本国大使館参事官、外務省経済局国際エネルギー課長、大臣官房広報文化交流部文化交流課長、在マレーシア日本国大使館公使（次席）、在中国日本国大使館公使（経済部長）、在ベルギー日本国大使館公使（次席）、2013年、在デトロイト日本国総領事、2015年、在上海日本国総領事。
著書に「ワシントンから眺めた中国」（東京図書出版会 2003）、「CHINA'S RISE AND JAPAN'S MALAYSIA POLICY」（University of Malaya Press 2013）。日本国際政治学会会員。

The Duan Press

対中外交の蹉跌 ～上海と日本人外交官～

2017年9月29日　初版第1刷発行
2018年3月10日　　　第2刷発行

著　者　在上海日本国総領事 片山 和之（かたやま かずゆき）
発行者　段景子
発売所　日本僑報社
〒171-0021 東京都豊島区西池袋3-17-15
TEL03-5956-2808　FAX03-5956-2809
info@duan.jp
http://jp.duan.jp
中国研究書店 http://duan.jp

Printed in Japan.　ISBN 978-4-86185-241-1

教材・副教材にぴったり、中国研究におすすめ書籍

「言葉や文化」を深く学びたいなら

日中文化DNA解読
心理文化の深層構造の視点から
尚会鵬 著　谷中信一 訳
2600円＋税
ISBN 978-4-86185-225-1

中国人と日本人の違いとは何なのか？文化の根本から理解する日中の違い。

日本語と中国語の落し穴
用例で身につく「日中同字異義語100」
久佐賀義光 著　王達 監修
1900円＋税
ISBN 978-4-86185-177-3

中国語学習者だけでなく一般の方にも漢字への理解が深まり話題も豊富に。

日本の「仕事の鬼」と中国の〈酒鬼〉
漢字を介してみる日本と中国の文化
冨田昌宏 編著
1800円＋税
ISBN 978-4-86185-165-0

ビジネスで、旅行で、宴会で、中国人もあっと言わせる漢字文化の知識を集中講義！

中国漢字を読み解く
～簡体字・ピンインもらくらく～
前田晃 著
1800円＋税
ISBN 978-4-86185-146-9

中国語初心者にとって頭の痛い簡体字をコンパクトにまとめた画期的な「ガイドブック」。

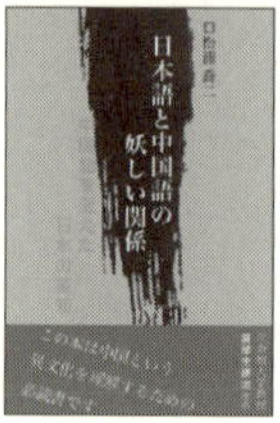

日本語と中国語の妖しい関係
～中国語を変えた日本の英知～
松浦喬二 著
1800円＋税
ISBN 978-4-86185-149-0

「中国語の単語のほとんどが日本製であることを知っていますか？」という問いかけがテーマ。

これからの中国と経済を知るために

SUPER CHINA
-超大国中国の未来予測-
胡鞍鋼 著　小森谷玲子 訳
2700円＋税
ISBN 978-4-9909014-0-0

2020年にはGDP倍増という急速な発展、中国は一体どのような大国になろうとしているのか。

中国政治経済史論
—毛沢東時代（1949～1976）
胡鞍鋼 著　日中翻訳学院 訳
16000円＋税
ISBN 978-4-86185-221-3

新中国建国から文化大革命まで、毛沢東時代の功罪と中国近代化への道を鋭く分析した渾身の大作。

中国の百年目標を実現する第13次五カ年計画
胡鞍鋼 著　小森谷玲子 訳
1800円＋税
ISBN 978-4-86185-222-0

中国「国情研究」の第一人者である有力経済学者が読む"中国の将来計画"

中国のグリーン・ニューディール
—「持続可能な発展」を超える緑色発展」戦略とは—
胡鞍鋼 著
石垣優子・佐鳥玲子 訳
2300円＋税
ISBN 978-4-86185-134-6

経済危機からの脱出をめざす中国的実践とは？

日本人論説委員が見つめ続けた
激動中国
中国人記者には書けない「14億人への提言」
加藤直人 著　〈日中対訳版〉
1900円＋税
ISBN 978-4-86185-234-3

中国特派員として活躍した著者が現地から発信、政治から社会問題まで鋭く迫る！